VOYAGE

DANS

L'ITALIE MÉRIDIONALE.

VOYAGE

DANS

L'ITALIE MÉRIDIONALE,

PAR

J.-C. Fulchiron,

DÉPUTÉ DU DÉPARTEMENT DU RHÔNE.

—

ÉTATS-ROMAINS EN 1841.

PREMIÈRE PARTIE.

—

Seconde Édition, revue et corrigée.

TOME TROISIÈME.

❖

PARIS.

IMPRIMERIE DE PILLET AÎNÉ,

Rue des Grands-Augustins, 7.

—

1843.

1844.

AVERTISSEMENT.

Dans le plan primitif que l'auteur de cette relation s'était tracé, un seul volume aurait dû suffire à la statistique des pays pontificaux et à la description de Rome; mais ses propres observations se sont tellement étendues, et on a bien voulu lui confier tant de précieuses notes et d'utiles documents, qu'il s'est vu forcé de diviser son travail en deux parties. La première est consacrée à l'agriculture, au commerce, à l'industrie manufacturière, aux administrations religieuse, civile et judiciaire, à l'instruction publique et aux établissements de bienfaisance. La seconde contiendra tout ce qui concerne la topographie, les arts et les monuments anciens et modernes de la ville éternelle.

En terminant ce bref avertissement, c'est un devoir pour l'auteur d'exprimer toute sa reconnaissance aux administrateurs, aux magistrats, aux savants, que la plus aimable bienveillance portait à faciliter ses recherches, à lui procurer, sur les intérêts nationaux, une foule de renseignements et une liberté d'examen qui avait toujours manqué aux autres voyageurs. Qu'il lui soit donc permis de proclamer ici les noms de S. Em. le cardinal Tosti, de Mgr Cioja, prélat-administrateur de l'immense hôpital du Saint-Esprit; de MM. Lasagni, avocat de l'ambassade française; Drach, bibliothécaire de la Propagande; Maggiorani, professeur à l'Université; Viale, médecin distingué, long-temps attaché aux hôpitaux; Coppi, membre de la Société d'agriculture; Marini, architecte de Saint-Pierre; Campo, directeur de l'établissement agricole destiné aux jeunes libérés, et Neri, chancelier de la prison Neuve et des maisons de réclusion. Ils agréeront, sans doute, un sentiment profond de respect et de gratitude.

ÉTATS-ROMAINS.

———◆———

CIVITA-VECCHIA, CORNETO, TOMBEAUX ÉTRUSQUES,

ROUTE DE ROME.

Après avoir traversé la Campagne de Rome de l'ouest à l'est, en allant de Florence à Naples par Bolsena, Viterbe (*Viterbo*), Montefiascone, Albano, Velletri, Cisterna, les Marais-Pontins et Terracine (*Terracina*), il faut maintenant faire connaître la partie sud de ce territoire, décrire Civita-Vecchia, Corneto, ses tombeaux étrusques, la Tolfa, les routes nouvellement tracées, le port abandonné d'Ostie (*Ostia*), et, selon le plan suivi dans les deux premiers volumes, présenter, avant d'entrer dans Rome, des considérations générales sur la superficie, la population, l'agriculture, le commerce et l'administration des Etats pontificaux,

Occupé d'abord de détails statistiques, arides trop souvent, mais nécessaires pour arriver au but que l'écrivain de ce voyage s'est proposé, celui de montrer les pays romains sous un nouvel aspect, le lecteur s'arrêtera peut-être ensuite avec plus de plaisir à l'examen des nobles monuments, et de tous ces chefs-d'œuvre antiques ou modernes légués à la ville éternelle, et qui font à la fois et sa richesse et son juste orgueil.

Civita-Vecchia, où relâchent les paquebots de la poste française et ceux des entreprises particulières, est le seul port situé sur les côtes méridionales des Etats-Romains, qui puisse être honoré de ce nom, et dont l'importance soit réelle. Les autres points de débarquement de cette longue plage, tels qu'Ostie et Terracine, ne sont que des rades foraines peu sûres dans les gros temps; cette ville est donc le centre où aboutissent tous les approvisionnements tirés de l'étranger par les contrées placées entre l'Apennin et la Méditerranée. Au chapitre du commerce, il sera fait mention de son mouvement commercial d'entrées et de sorties. Quant aux marchandises encombrantes, et aux céréales que produit le littoral, elles n'entrent pas à Civita-Vecchia, et remontent à Rome par l'embouchure du Tibre.

Civita, dont la population est de 10,000 âmes, fut assise sur l'antique emplacement de *Centum*

Cellæ ; maison de campagne de Trajan ; cet empereur y fit construire un port, dont les deux jetées, avancées dans la mer, subsistent encore ; courbées en forme d'arc, et renfermant une superficie de 87 hectares, l'une a un développement de 170 mètres et l'autre de 250. L'ancrage est bon, et présente une profondeur de 5 à 6 mètres ; on y pénètre par deux étroits passages ouverts à l'est et au sud-est, et permettant de profiter de presque tous les aires de vent ; ceux-ci troublent difficilement ce bassin artificiel, que protègent contre les tempêtes de hautes murailles destinées à la défense extérieure et intérieure et à feux croisés. Cependant plus pittoresques par leurs grosses tours que fortes réellement, et pouvant être battues de la base au sommet, elles ne résisteraient pas long-temps à l'attaque de trois ou quatre bâtiments de guerre qui forceraient l'entrée (1). Sur la jetée, tournée vers l'occident, un phare est placé, et sur l'orientale s'élève la citadelle érigée par Michel-Ange, qui, aux talents de peintre, de sculpteur et d'architecte, unit celui d'ingénieur. Au long de ces jetées s'étendent les vastes prisons des forçats, employés non-seulement à draguer le port, mais

(1) Ces bâtiments ne devraient être que des corvettes, à cause du peu de profondeur du port ; mais la destruction de Saint-Jean-d'Ulloa montre ce que peuvent faire de pareils navires, commandés par d'habiles officiers.

aussi aux travaux des routes et de la côte, et que le soir on voit rentrer en ville escortés par des soldats armés comme pour une expédition militaire. Disons, en passant, que l'insouciance et même la gaîté de ces bandits offrent un déplorable spectacle et dangereux pour les populations, qui s'accoutument ainsi à regarder sans effroi la honte et les fers. Du côté de la terre, la cité est protégée par une enceinte bastionnée, des demi-lunes, et un fossé assez mal entretenu, ainsi que le chemin couvert et le glacis. Dominée par les derniers contreforts d'une montagne, la place, régulièrement attaquée, serait d'une difficile défense ; au reste, ces fortifications sont un signe de souveraineté, plutôt qu'un boulevart contre une invasion étrangère, puisque les Etats pontificaux ont une suffisante garantie dans le caractère sacré du chef, et dans les conventions diplomatiques qui protègent leur intégrité. Naples seule jette toujours un regard d'envie sur la principauté de Bénévent, enclavée dans son territoire ; mais cette puissance du second ordre ne peut rien par elle-même, et son ambitieux désir est sans danger.

L'ancienne ville, comme toutes celles du moyen-âge, a des rues étroites, et ses maisons portent des marques de vétusté ; la nouvelle, au contraire, présente de larges voies publiques, des places spacieuses et d'élégantes constructions. En 1841, on

y ajoutait un théâtre et plusieurs vastes monuments. Partout, en Europe, le perfectionnement
matériel marche d'un pas rapide : en est-il de
même du moral ? Je laisse au lecteur à décider cette
question. Si quelques voyageurs ont pu croire, et
même imprimer, que la ville était commerciale-
ment en prospérité, c'est l'aspect de ces modernes
bâtiments qui le leur a fait croire ; mais un examen
plus approfondi eût démontré qu'ils ne sont dus
qu'à l'oisiveté des capitaux, ainsi qu'on le verra
tout-à-l'heure.

Civita, municipalement gouvernée, jouit d'un
revenu considérable, relativement à sa population,
puisqu'il monte à 160,000 fr. ; la perception de
cette somme est entièrement établie sur l'octroi, et
les boissons en paient les deux tiers ; aussi, le conseil municipal n'a-t-il pas voulu encourager la culture de la vigne dans son territoire, où elle est complètement abandonnée, quoique le sol et le climat
lui soient favorables ; il aurait perdu les droits
d'entrée qu'il perçoit sur les vins arrivant de Naples, et dont la valeur s'élève annuellement de 4 à
500,000 fr.; au reste, la mairie fait avec intelligence l'emploi de ses moyens pécuniaires ; une entreprise d'utilité publique accomplie d'accord avec
le conseil provincial, et presque malgré le gouvernement, le prouvera. La route, conduisant de Florence à Rome, est longue et fatigante par la fré-

quence et la rapidité de ses montées entre Sienne et Acqua-Pendente, elle traverse les plateaux les plus élevés des Apennins, et même franchit, à Radico-fani, un des points culminants de la chaîne. Il était question de tracer dans la plaine un nouveau chemin longeant le littoral, traversant les Maremmes toscans, aboutissant à Pise, et de là, se rendant à Florence. L'administration pontificale n'osait y consentir à cause de l'opposition d'Acqua-Pen-dente, de Bolsena, de Viterbe, de Montefiascone, situés sur l'ancienne route ; le conseil municipal fut tellement pénétré des avantages qu'offrait cette entreprise, qu'il n'hésita pas à lui appliquer 24,469 écus (132,984 fr.), afférents à la portion du tracé se prolongeant jusqu'aux confins de la Toscane, et que d'actifs travaux ont permis de livrer à la circu-lation en 1841. Les fonds, remboursables à lon-gues échéances, furent empruntés au grand-duc, qui vint exprès à Civita conclure cette affaire, et en presser l'exécution si importante pour le midi de ses États. De son côté, l'entrepreneur prit l'en-gagement de terminer la route en trois ans, et con-sentit néanmoins à n'être payé qu'en cinq termes espacés sur un même nombre d'années. C'est le chemin que nous suivrons bientôt en nous rendant à Corneto.

Il est inconcevable qu'appréciant aussi bien l'u-tilité des voies de communication, Civita néglige

les avantages de sa position, puisqu'elle est le seul
point romain de la Méditerranée où puissent entrer
des vaisseaux d'un fort tonnage ; elle reste, et res-
tera probablement long-temps encore, simple lieu
de transit. Le petit nombre de maisons de commerce qui y résident ne sont, dans le fait, que les
commissionnaires des négociants de la capitale, et
se contentent de recevoir et d'expédier pour leurs
commettants. La cause de cette langueur d'un port
franc si bien situé, provient de la répugnance prononcée qu'ont ses habitants pour le commerce et
surtout pour le négoce maritime. Il existe, dans la
cité et parmi les diverses classes bourgeoises, dix
à douze capitalistes possédant des fortunes très-
considérables acquises et maintenues par une stricte
économie ; ils pourraient donner de la vie aux affaires, en plaçant une partie de leurs fonds chez des
armateurs ; mais constamment on les a vus augmenter leurs propriétés rurales par des achats successifs, ou même affermer celles de la haute noblesse,
des hospices, des établissements publics, et se livrer à l'éducation des bestiaux. Un d'eux, M. G...,
dont les terres sont évaluées de 10 à 12,000,000
de francs, n'a pas une seule barque pour envoyer
ses blés à Rome par le Tibre ; 15,000 bêtes ovines,
plusieurs milliers de bœufs couvrent ses champs,
et il attend que les spéculateurs génois et toscans
viennent enlever ses fromages et ses laines ; celles-

ci, grâce à des croisements dont il sera parlé plus tard, sont de qualité supérieure, comme toutes celles de la contrée, et passent immédiatement après les mérinos d'Andalousie. La France, que trois jours de navigation conduisent à Civita, aurait un profit réel à s'emparer de ce commerce, au lieu d'aller, à grands frais, chercher sa matière première en Syrie et à Smyrne. Cependant, en novembre 1841, un navire français embarquait 500 balles de laines du pays, du poids chacune de 5 à 600 kilog.; mais c'était le premier chargement de cette espèce ou de quelque importance opéré pour Marseille.

C'est à peu de distance de Civita que se trouvent les célèbres alunières de la Tolfa, encaissées entre deux montagnes et entourées de forêts servant à leur exploitation. Le sulfate d'alumine y est mêlé à une roche que je crois schisteuse. La calcination de la pierre, que l'on attendrit en la mouillant fréquemment, dispose le sel à une plus facile dissolution; les eaux qu'il a saturées, et que l'on soumet à l'ébullition, sont ensuite transvasées dans de grandes cuves, où elles déposent les cristaux connus sous le nom d'alun de Rome. Long-temps cette alunière, source d'un important revenu pour les finances romaines, fournit à la consommation de presque toute l'Europe, mais la découverte du sulfate d'alumine artificiel lui a porté un coup fatal ; cependant la Tolfa occupe encore 6 à 700 ouvriers, demeurant tous au milieu des bois, dans des maisons entourant les bâtiments de l'administration. C'est un village industriel remarquable par son ordre, la propreté et l'espèce de confortable que le directeur a su y introduire. Cette alunière, seul établissement minéral exploité au compte du trésor public, fut découverte, dès 1461, par Giovanni di Castro, domicilié en Grèce, et qui, fuyant Constantinople tombée au pouvoir des Turcs, vint chercher un refuge à Rome. Depuis lors, la Tolfa est restée attachée au domaine de l'État. Pie II en défendit l'aliénation, et tous ses successeurs ont maintenu la défense. Un édit du 31 mai 1824 a renouvelé encore ces dispositions conservatrices.

Avant de se rendre à Rome et de quitter le littoral, il faut visiter la vieille cité de Corneto, située à 12 milles de Civita-Vecchia, du côté de la Toscane, et bâtie sur une hauteur escarpée, comme toutes les villes romaines fondées au moyen-àge ; hauteur volcanique où les traces du feu se révèlent à chaque pas. Peuplée de 4,000 habitants en été et de 6,000 en hiver, elle est devenue fameuse par la découverte successive de tombeaux souterrains, dont l'antiquité remonte probablement, pour plusieurs, à des époques antérieures à la fondation de Rome, et qui faisaient partie de la nécropole de

Tarquinies (*Tarquinii*), une des principales cités de la confédération étrusque. Le chemin conduisant à Corneto est le même dont il a été question tout-à-l'heure, et que la mairie de Civita fit construire à ses frais, et diriger sur les frontières toscanes ; bien tracé et bien entretenu par la méthode de Mac-Adam, il traverse des champs désolés depuis le mois de juin jusqu'à la fin d'octobre, moment où les pluies automnales viennent rendre la ver-dure aux prairies naturelles, fournir le pâturage à de nombreux troupeaux, et permettre aux labou-reurs de répandre les céréales sur un cinquième en-viron de ces terres fortement accidentées; car les 12 milles de ce pays ne sont qu'un amas de colli-nes, se dirigeant dans tous les sens, et formant à leurs pieds un labyrinthe d'étroites vallées; n'é-tant point le produit de soulèvements ou de cou-rants sous-marins, mais volcaniques la plupart, elles sont nées là où l'incendie intérieur a fait son éruption; leur face rougeâtre et brûlée atteste encore leur origine. Cette aridité des cinq mois chauds de l'année pourrait être cependant, à ce qu'il m'a semblé, convertie, pour plusieurs val-lons, en constante fertilité, au moyen de deux pe-tites rivières profondément encaissées. Ne pour-rait-on pas, avec des barrages peu coûteux, élever leurs eaux et les destiner à l'irrigation? Reste à savoir si le mauvais air permettrait une culture assidue, et le séjour prolongé de l'homme sur un sol malsain, et pareil en tout à celui de la Campagne de Rome? Telle qu'elle est actuellement, la contrée ne permet qu'un travail temporaire et le rapide enlèvement des récoltes, surtout dans la partie voisine du littoral : aussi est-ce à peine si l'on découvre à de grands intervalles quelques habitations. Le lecteur voudra bien se souvenir qu'à la fin du premier volume, la manière de semer et de recueillir, là où règne l'*aria cattiva,* a été longuement décrite; il est donc inutile d'y revenir. Les sommets des collines et quelques plateaux, sur les deux tiers de l'espace parcouru , sont couverts de chênes verts (*ilex arborea*) d'une misérable végétation, et sans cesse attaqués par la dent des troupeaux. Ce n'est qu'à trois ou quatre milles de Corneto que les oliviers commencent à paraître , d'abord chétifs et en petit nombre ; mais à mesure que le terrain s'élève davantage, l'arbre grandit, ses rangs se serrent, et enfin il forme une productive forêt autour des remparts de la cité, dont le territoire, outre les fourrages nécessaires à la nourriture des troupeaux, produit abondamment des céréales, du maïs, des fèves et du chanvre, surtout dans la région placée au-dessus des dangereuses émanations de la plaine ; aussi, une réelle aisance règne-t-elle parmi les habitants, et Corneto est une des villes les plus riches du Latium. Sa population est belle, les femmes ont de nobles traits, et parmi le sexe masculin le même avantage et une taille svelte distinguent les jeunes gens. Quant au costume national il n'existe plus, les vêtements français l'ont remplacé, et la toile imprimée de Mulhouse couvre les attraits des dames, des grisettes et même des paysannes.

Elevés au moyen-âge, remarquables par leur solide construction et l'élégance de leurs nombreuses tours, les murs d'enceinte sont tous en pierres équarries et habilement appareillées ; presque partout une première muraille, une fausse-braie, laissait entre elle et le rempart un large chemin de ronde, doublait la force de la place, et avant l'invention de l'artillerie en faisait un vrai lieu de sûreté. L'intérieur de la ville présente, en plusieurs endroits, le désordre des constructions fondées en un temps où l'on tenait peu à la régularité des voies publiques et aux exigences de l'alignement ; maintenant, à mesure que les vieilles maisons tombent sous le marteau, celles qui les remplacent prennent l'aspect moderne ; les rues s'élargissent et se rectifient, mais au détriment du pittoresque si cher aux artistes et que bientôt ils chercheront en vain dans nos anciennes cités. Il faut visiter deux principaux monuments, l'un le palais Vitteleschi, aujourd'hui Soderini, qui doit dater du quatorzième au quinzième siècle, et l'autre Santa-Maria Castello.

La façade du palais est bizarre et pourtant grandiose ; par sa masse, par ses robustes assises, il a quelque chose de florentin ; sauf cependant que ses immenses fenêtres sont à peu près gothiques et ressemblent beaucoup à celles de nos cathédrales du Nord, surtout les deux qui sont percées dans la grande tour carrée et dont le travail est remarquable. On doit aussi examiner la cour formée de trois portiques superposés. Les arcs du premier sont en ogives peu allongées et portés par des colonnes d'un corinthien incorrect et raccourci. Le second portique est presque semblable au premier, et le troisième, plus surbaissé, se compose de minces colonnettes. Le tout présente une composition à la fois noble et singulière ; on voit que son architecte vécut dans un temps de transition, et que, se ressouvenant des anciens types, il cherchait pourtant du nouveau et prévoyait la Renaissance.

Santa-Maria Castello doit être, si je ne me trompe, du neuvième siècle, et conserve tout le caractère bysantin ; elle possédait une coupole qu'un tremblement de terre fit écrouler ; les habitans prétendent que cette coupole fut la première édifiée en Italie ; j'ignore si leur assertion est fondée ; mais ce que je sais, c'est que dans ce pays il faut toujours se défier des antiquaires de l'endroit et des vanités locales. La chaire mérite l'attention des archéologues, et parait aussi âgée que l'église ;

ses ornements consistaient principalement en petits cubes d'émaux ou de pierres dures incrustés
dans les encadrements des panneaux ; mais le temps
en a détruit la plus grande partie. Le pavé, presque tout brisé par la chute de la coupole, était une
belle mosaïque en marbre de diverses couleurs, où
dominaient le porphyre rouge et l'ophiolite verte ;
on ne peut bien distinguer ses fragments que du
côté de l'entrée. Les fonts baptismaux ont la forme
d'une cuve octogone profonde de deux mètres,
d'une largeur égale, et servaient au baptême par
immersion. L'usage auquel ils étaient destinés indique leur antiquité, car, depuis une longue série
de siècles, le premier sacrement que le chrétien
reçoit s'administre par ondoiement ; mais peut-être
le revêtement en marbre et en albâtre, quoique
d'une époque assez reculée, est-il plus moderne
que le corps de cette petite construction ; c'est ce
qui semble résulter de l'inspection du placage. Importante sous tous les rapports de l'art, mais ébran-
lée par la chute de son dôme, Santa-Maria Castello se dégrade tous les jours, et l'on ose rarement
y célébrer le service divin. D'une porte de la ville,
qui lui est contiguë, on jouit d'une admirable vue ;
devant le spectateur, un immense horizon se dé-
roule, abaisse successivement ses pentes pour se
relever en une belle chaîne de montagnes, et à
droite, les murs et les tours de la ville couronnent

de hautes roches aux formes variées ; panorama austère, agreste, et pourtant plein de charmes.

Mais il est temps de s'occuper des tombes étrusques, principal but de l'excursion, et seul témoignage encore existant des antiques splendeurs de Tarquinies, jadis rivale de Rome, et, vaincue par elle, devenue la simple résidence d'un préteur. Les ravages continuels des Goths, des Vandales, et même des soldats de Bélisaire et de Narsès, détruisirent la plupart des villes de l'Etrurie, et Tarquinies fut de ce nombre ; il n'en reste que quelques bases de temples et de fortifications situées sur un plateau élevé et séparées par un vallon de la nécropole (1) occupant une partie de la colline où Corneto est bâti. Les tombeaux de cette nécropole, étant souterrains et recouverts par le sol des champs, échappèrent heureusement à la rapacité des barbares, et furent si bien dérobés aux regards, que ce n'est qu'en 1780 que le cardinal Garampi en découvrit quelques-uns ; mais les fouilles les plus fructueuses ont été faites en 1831. Le plus grand nombre de ces sépulcres est encore inconnu à cause de l'opposition des propriétaires, qui ne veulent pas laisser excaver et bouleverser leurs champs, et, en conscience, on ne peut pas trop les blâmer de cette résistance :

____

(1) Nécropole, ville des morts.

l'amour de la famille, de son bien-être, passent avant celui de l'archéologie. Ces tombes ne sont pas les seules et les premières qu'on ait trouvées dans la contrée. Des recherches, suivies du succès, en avaient déjà révélé plusieurs à Cère et à Vulci; mais les plus importantes, les plus riches en produits de la civilisation étrusque, sont celles de Tarquinies, tantôt isolées, tantôt communiquant entre elles par des corridors, et quelquefois formant de grandes salles, soutenues par des piliers, et servant de sepulcretum commun. Toutes furent creusées dans un tuf compacte, et on y descend par des marches taillées à ciel ouvert, mais que les éboulements des terres supérieures avaient ensevelies depuis une longue suite de siècles. Ces temples de la mort appartiennent à diverses époques, et plusieurs, moins anciens, ont des inscriptions du temps de la bonne latinité; d'autres, plus jeunes, si l'on peut s'exprimer ainsi, et répandus çà et là sur les cantons du littoral, sont intérieurement chargés de sculptures monstrueuses à têtes gigantesques, à corps de nains, avec des bras et des jambes d'une petitesse extrême. De pareils défauts proviennent-ils de la complète décadence de l'art? ce qui semblerait le prouver, c'est que leurs inscriptions sont toutes en latin corrompu. Il n'en est pas de même des tombeaux ornés de peintures et de caractères étrusques; ceux-ci portent évidemment le cachet d'un temps très-reculé : les figures tracées sur leurs parois ont des proportions assez exactes, quoiqu'un peu trop sveltes pour le sexe masculin, et conservent la marque de l'antique école étrurienne, savoir une certaine rudesse de style et la sécheresse d'exécution. Plusieurs personnages attirent l'attention par la grandeur de leurs nez, et la même extension de cette partie proéminente du visage est reproduite dans plusieurs statues étrusques. Etait-ce une fidèle représentation des défauts ou un signe conventionnel de puissance? On pourrait le croire, et d'autant plus qu'il se trouve porté à un bien plus haut degré dans les anciennes peintures mexicaines. Une même observation ou tradition asiatique aura conduit au même résultat deux nations si éloignées l'une de l'autre. Le pinceau ne contribuait pas seul à décorer ces sépulcres; ils contenaient encore des instruments, des lits, des urnes en bronze, des armes, des boucliers, des bijoux, de la verrerie et des vases en terre cuite. Tous ces objets sont aujourd'hui au musée du Vatican et à celui de Paris, qui a hérité d'une partie considérable de la collection. Les vases en sont, sans nul doute, les plus précieux ornements. On peut les diviser en quatre manières, répondant à quatre époques différentes : la première, et la plus antique, présente une pâte grossière et d'une cuisson incomplète, la forme est lourde, le vernis rude et plein d'aspérités : les ornements ne sont que linéaires, les figures humaines et d'animaux, raides et privées de mouvement : tout annonce la naissance de l'art. La seconde est à fonds rouges, à personnages noirs avec quelques teintes blanches et pourprées dans l'ornementation ; le dessin a quelque chose encore de bizarre et de maniéré ; cependant le progrès s'y fait sentir, et peut-être les défauts proviennent-ils d'obligations traditionnelles imposées aux artistes ? Les Étrusques, qui eurent tant de ressemblance avec les Égyptiens par leur hiérarchie religieuse et civile, durent aussi, comme eux, se dégager lentement des types primitifs. La troisième est la grecque et la plus parfaite ; les champs sont noirs et les figures de couleur de minium. Les vases qu'elle a produits peuvent aller de pair avec ceux enlevés aux tombeaux de Nola, près de Naples ; leur coloris est même plus éclatant et le travail aussi pur et aussi élégant. Enfin, la quatrième manière, née sous la domination romaine, annonce la décadence de l'art ; les lettres et les mots latins, les teintes pâles et le dessin médiocre ne le prouvent que trop.

Les plus remarquables de ces poteries, celles d'élite et de la troisième manière, paraissent être archaïques ; elles représentent les dieux, les héros de la Grèce, tels que Jupiter, Neptune, Junon,

Minerve, Hercule, Achille, Patrocle, Priam, Andromaque, et retracent fréquemment des luttes d'athlètes. Les inscriptions, auxquelles les artistes joignent leurs noms, sont également en lettres et en dialecte attiques. D'après l'opinion d'habiles antiquaires, le temps de leur production serait compris entre la 74ᵉ et la 124ᵉ olympiade ; c'est-à-dire depuis le troisième siècle jusqu'au cinquième de la fondation de Rome. Les arts grecs avaient-ils donc pénétré en Etrurie plus tôt que chez les Romains ? Ce fait, s'il était authentique, confirmerait l'existence de peintres et de sculpteurs corinthiens et doriens, venus de Tarquinies à la suite de Démarate ; car, pour des colonies helléniques, l'histoire ne nous apprend point qu'il y en eût d'établies dans cette partie de la péninsule italienne. De plus, excepté ces vases, tout ce que l'on a découvert dans les tombes de cette époque, ustensiles, armures, peintures, inscriptions, est dans le style et en langage étrusques. Une colonie n'eût-elle acquis de l'influence que sur un seul genre de manufacture, et n'aurait-elle pas également modifié d'autres usages et d'autres fabrications ! Il est, toutefois, un moyen de résoudre cette question si controversée : c'est d'admettre que ces plastiques, portant l'empreinte grecque, étaient tirées, comme objets de luxe, de la grande Grèce, si voisine de l'Etrurie, et apportées par ces peuples, de tous temps

adonnés au commerce et habiles navigateurs. J'a-
voue que cette opinion me paraît la plus probable;
mais ce n'est point ici la place d'un traité archéologique, auquel, du reste, mon insuffisance en
pareille matière ne peut aspirer; il faut passer
à la description particulière d'un des plus remarquables tombeaux, creusé dans le territoire de
Corneto, à 5 ou 600 mètres de la ville; par celui-
là, on aura une idée des autres, sauf le plus ou
le moins d'importance et de beauté de la décora-
tion.

Ainsi que je l'ai déjà dit, son escalier est ex-
cavé dans le roc volcanique, et depuis sa base
jusqu'en haut et en face de ses marches, le même
tuf a été taillé perpendiculairement, jusqu'au terrain supérieur, sur une largeur d'un mètre et
demi environ; en sorte que, dans cette espèce de
muraille, on a pu ouvrir une porte étroite et sur-
baissée, par laquelle un peu de jour éclaire le sé-
pulcre. Le monument est un équilatéral de cinq
mètres, et son élévation en a quatre à peu près.
Si son plafond, ou plutôt sa voûte, n'était pas lé-
gèrement courbé en segment d'arc, la forme totale représenterait un parallélipipède. Cette voûte
est peinte, des deux côtés, en damier à carreaux
jaunes, rouges et bleus; les deux premières couleurs proviennent des ocres, la dernière m'a paru
tirée du cuivre, comme celle si fréquemment em-

ployée à Pompéia. Sur une plate-bande en saillie, imitant une poutre transversale et divisant le damier en égales parties, serpentent des feuilles et des fruits de lierre assez grossièrement imités. Le vert de ces feuilles, moins solide que le bleu, s'est presque évanoui ; mais la teinte noire violette des fruits n'a rien perdu de son intensité, et l'on pourrait croire qu'elle provient d'un oxide de manganèse. Des figures de 80 centimètres de hauteur, peintes à fresque, d'une carnation brune rougeâtre, d'un dessin maigre et sec, mais d'un mouvement assez vrai, ornent les parois de cette tombe ; circulant autour de la muraille, groupées deux à deux et rangées sur une seule ligne, elles n'ont exigé aucune connaissance de perspective ou de composition. Les hommes ne portent qu'une simple draperie entourant le bas du torse, et laissant à découvert les jambes, les deux tiers des cuisses et les bras, ainsi que la poitrine ; les femmes, au contraire, sont enveloppées d'amples et longs vêtements en étoffes façonnées, dont la transparence laisse quelquefois deviner les formes de la matrone ; ainsi, l'on connaissait déjà les étoffes brochées et les moyens mécaniques nécessaires pour les fabriquer. A ces larges habits est ajouté un manteau, une espèce de pèlerine à vaste collet ; ouverte par devant et retombant jusque sur les hanches, elle ôte, par sa raideur, toute élégance à la taille, car son tissu est épais et ne permet aucun pli. Plusieurs de ces figures se livrent à la danse, agitent des castagnettes, et ont les pieds enfermés dans des brodequins paraissant composés d'un cuir ou d'une forte toile de teinte grise. Des hommes, entièrement nus, s'exercent à l'équitation ; mais, au lieu de se placer sur le coursier, comme le faisaient les Romains, et comme nous le faisons encore, ils sont assis, les deux jambes pendantes, sur le flanc du montoir : c'est exactement la manière de se placer à cheval dont nos dames usent aujourd'hui. Les chevaux représentent une très-petite race, ou bien l'artiste a rabaissé exprès leur taille pour faire valoir celle des cavaliers ; artifice conventionnel que l'on retrouve souvent dans les peintures et les bas-reliefs antiques. Un personnage qui paraît le plus important, et désignant peut-être le défunt, est à table et a devant lui un esclave prêt à le servir ; sous cette table on voit un chat, un coq et une perdrix : des arbres fort mal faits et des oiseaux voltigeant sont jetés entre les figures. Tel est ce monument, plutôt semblable à un boudoir qu'à un lieu de sépulture, et dont l'aspect choque tellement nos mœurs actuelles et nos croyances, qu'on y éprouve un sentiment pénible ; dernière demeure où rien ne rappelle la mort, et n'indique même un souvenir de famille, un regret, une idée religieuse : on n'aperçoit, au contraire, au milieu des danses et des festins, que l'insouciante expression d'une joie toute terrestre. Cependant, les Etrusques furent un peuple grave, attaché à une religion austère, ayant accordé un grand pouvoir à l'ordre sacerdotal, et l'on ne peut expliquer cette apparente indifférence pour des séparations éternelles, qu'en admettant qu'imbus des dogmes orientaux, répandus par les initiations en Europe, ils regardaient la mort comme un bien et l'heureux passage à une meilleure vie ; dans cette hypothèse, pleurer le défunt eût été s'affliger de son bonheur.

Entre Corneto et la mer, on voit des salines qui remplacent celles d'Ostie, devenues trop malsaines, et suffisent, en partie, à la consommation des Etats-Romains. Ce sont des forçats qu'on emploie à leur exploitation sous la surveillance de postes militaires. Le sel est embarqué au petit port Clémentino, et en remontant, le Tibre se répand dans l'intérieur du pays.

En arrière de la route ramenant à Civita, et presque à égale distance de cette ville et de Corneto, il existe un village, Monte-Romano, fondé depuis une vingtaine d'années, et qui mérite qu'on se détourne du plus court chemin pour le visiter ; l'administration de l'hôpital du Saint-Esprit, à Rome, l'établit sur un plateau inculte jadis, et ses premiers habitants, dont le nombre a sans cesse augmenté, furent des enfans trouvés sortis de cet

hospice; distingué par l'alignement de ses habitations, leur propreté et les belles cultures qui les
entourent, ce village est un exemple de ce que
peuvent accomplir une active charité, une habile
et prudente persévérance. Mille colons, presque
tous dans l'aisance, peuplent actuellement Monte-
Romano.

En faisant une courte excursion à gauche de
Civita, et en suivant la plage orientale, on pourra
traverser, au-delà de Palo, un sol fertile, mais inculte et presque entièrement occupé par une forêt
et le lac de Macarese. Le but de cette course est de
visiter le port fondé par Trajan, à l'embouchure de
la branche occidentale du Tibre; quoique entièrement déchu de son antique splendeur, *Portus
Trajani* offre encore aux regards le mur pentagone
qui l'entourait, des vestiges de magasins, de vastes
bâtiments, et la preuve des immenses travaux exécutés par un des plus grands empereurs appelés à
régir le monde romain; mais ce port, comblé par
la vase et devenu inabordable maintenant, n'est
plus qu'un marais bourbeux. Les alluvions formées
par le fleuve sont si considérables, que ce bassin,
établi jadis à l'entrée du Tibre dans la mer, en est
éloigné aujourd'hui de 2,400 mètres, et que la
tour construite, depuis deux siècles, sur le bord du
rivage, par Alexandre VII, a déjà vu les atterrisse-
mens la dépasser de plus de 600 mètres. Le port

de Trajan était le lieu de débarquement pour tous les approvisionnements de Rome, le principal marché où affluaient les précieuses marchandises d'Orient, les blés d'Afrique et de Sicile, et les métaux d'Espagne et d'Angleterre ; il est actuellement remplacé par le hameau de Fiumicino, situé sur la branche navigable, et qui reçoit les barques destinées à remonter jusqu'à la capitale. Si le vieux port est silencieux et désert, Fiumicino, au contraire, composé de maisons bien bâties et même élégantes, est riche et animé.

Sur la rive gauche, et à l'embouchure également du Tibre, existait Ostie, l'ancien *Ostium*, que le quatrième roi de Rome, Ancus Martius, construisit pour s'assurer une libre communication avec la Méditerranée ; mais le limon du fleuve, la comblant sans cesse, obligea enfin Trajan à donner aux navigateurs l'abri dont il vient d'être question. Ruinée entièrement par les Goths et les Sarrasins, cette ville ne se releva jamais de ses désastres. En 850, Nicolas Ier édifia une seconde Ostie ; mais le mauvais air augmentant sans cesse d'intensité, les terribles fièvres intermittentes mirent les habitants en fuite ou les conduisirent au tombeau, et maintenant il y reste à peine une douzaine de familles en proie aux maladies. Les débris d'un temple et d'une porte sont tout ce qui reste des anciens monuments.

De retour à Civita-Vecchia, on suit, pour se rendre à Rome, un chemin parallèle, sur les deux tiers de sa longueur, aux rives de la mer ; les vagues viennent, en mugissant et blanches d'écume, se briser au pied de la chaussée. La campagne a le même aspect que celui déjà retracé en allant à Corneto ; il est donc inutile de s'en occuper de nouveau ; c'est la même aridité, le même genre de culture, la même absence d'habitations isolées. Seulement, le terrain est encore plus accidenté, et de hautes collines encaissent profondément les vallons. Aucun village, excepté dans le lointain et sur la croupe des montagnes, ne se présente à la vue sur une route de sept postes. Deux seules constructions, imposantes par leurs masses, arrêtent les regards et s'élèvent avec majesté au milieu du désert. La première, dont la poste dépend, appartient à l'hospice du Saint-Esprit, et, avant d'être convertie en une vaste ferme remplie de grains et de fourrages, a dû être la propriété d'un grand seigneur, et lui servir quelquefois de domicile pendant la saison de la *villegiatura ;* on le voit à l'élégance de son architecture, à ses puissantes terrasses dominant l'horizon, le rivage et le flot qui les attaque incessamment. La seconde, Castello-Palo, propriété du prince Odescalchi, semble ressusciter toute la puissance, tout l'orgueil féodal. Une immense enceinte de murs crénelés et à machicoulis portés par des arcades, lui donne de loin l'apparence d'une ville ; au milieu surgit le château , plus robuste encore , et flanqué de tours colossales. Là, sans doute, au moyen-âge, des barons, feudataires indociles, auront bravé la colère des papes ou du peuple romain. C'est en face de ce château que vient se terminer la chaîne des monts, où l'on trouve les alunières ; outre l'alun , elle contient aussi de l'albâtre , de l'argile propre à la fabrication plastique et des cristaux de roche, connus dans le commerce sous le nom de diamants de la Tolfa. De Palo on se rend à la capitale, et l'on y entre par la porte Cavallegieri, après avoir contourné le mont Vaticano et la partie des remparts entourant la cathédrale du monde chrétien, Saint-Pierre de Rome, œuvre immortelle du Bramante et de Michel-Ange.

SURFACE DU PAYS ET POPULATION.

Les Etats pontificaux s'étendent du Pô à Terracine, en ligne diagonale, du 41me au 45me degré de

latitude, et leur configuration longue, étroite, ir-
régulière, est bornée par l'Adriatique, la Méditerranée, la Toscane et le royaume de Naples. Le pays
est traversé du nord-ouest au sud-est par l'Apennin, mais d'une manière inégale, et la principale
chaîne, prolongation des montagnes toscanes, se
rapprochant davantage de l'Adriatique que de la
Méditerranée, va rejoindre celle des Abruzzes sur
la frontière napolitaine. Plusieurs rameaux s'en
détachent, et pénètrent dans les contrées comprises entre l'Apennin et le littoral du midi; le sol y
est donc fortement accidenté, et l'on estime que
les plaines n'en occupent qu'un tiers et les montagnes les deux autres. Il en résulte que plusieurs
plateaux, situés sous la même latitude, mais non à
la même hauteur, éprouvent des températures diverses et donnent des produits différents. La grande
chaîne et ses principales branches sont calcaires;
mais des groupes volcaniques surgissent irrégulièrement çà et là, surtout dans le Latium, aux environs de Rome, sur l'emplacement même de la ville,
et plusieurs lacs amassent leurs eaux dans de vieux
cratères. Albano et ses alentours sont un des points
où l'action des feux souterrains eut le plus d'étendue et de violence. Au-delà du versant du nord
des Apennins, la constitution du pays change entièrement, les terres d'alluvion s'y étendent en
vastes plaines, et Ferrare (*Ferrara*), Bologna

(*Bologna*), Ravenne (*Ravenna*), s'élèvent au milieu de campagnes basses, éminemment fertiles et fières d'une luxuriante végétation. Plusieurs parties du Ferrarais et du Ravennais seraient même inondées si l'art ne s'opposait pas à l'invasion des rivières. Le manque d'espace entre la mer et les montagnes et leur direction transversale, ne permettent à aucun fleuve d'avoir un long cours , et bien peu sont navigables. Des pentes méridionales à la Méditerranée, le Tibre, et le Teverone qui s'y joint, servent seuls à la navigation intérieure, et encore les bateaux ne peuvent parcourir que peu d'espace au-dessus de Rome. Au nord, le Pô amène les marchandises de l'Italie supérieure ; mais à peine touche-t-il le territoire romain, et sur quelques milles seulement, ses rives forment les limites des Etats de l'Eglise et du royaume Lombard-Vénitien. Voilà pourquoi les denrées, les matières premières propres à un des versants, sont souvent apportées dans l'autre par des navires étrangers, et tirées de Trieste, de la Lombardie, de Livourne et même de la France, les transports par terre étant d'un prix trop élevé et les communications trop difficiles. C'est là un des plus grands obstacles au développement du commerce intérieur ; mais pour y obvier, il faudrait établir une canalisation au-dessus des moyens financiers dont le gouvernement peut disposer. Le sol recèle plusieurs substances minérales utiles aux arts et aux manufactures ; elles seront énumérées dans le chapitre du commerce , cependant on peut dire à l'avance que le pays est peu riche en métaux.

On a procédé plusieurs fois à sa mensuration, et en prenant la moyenne de ces opérations géodésiques, on trouve qu'il contient 12,120 milles italiens de 60 au degré, répondant à 40,955,138 tables (*tavole*), de mille mètres carrés chacune, soit 15 par tête ou 4 arpents 6 dixièmes de Paris. Il existe aussi une autre mesure plus considérable, dont les arpenteurs se servent pour les grandes propriétés ; c'est le *rubbio* équivalant à 18,484 mètres carrés ou 184 ares 843. Ainsi 100 rubbi égalent 184 hectares 84 ares, et 122 rubbi 16/22 forment la contenance d'un mille.

Voici la surface de chaque province exprimée en *tavole,* et sa fortune territoriale évaluée en écus romains (1) et en bajoqui. Mais, pour connaître la richesse entière de l'Etat, il faudrait pouvoir présenter l'estimation du mobilier, et malheureusement aucun document n'en peut donner un aperçu.

(1) L'écu se divise en 10 paoli, et chaque paolo en un nombre égal de bajoqui ; 3 écus 71 bajoqui équivalent à 20 francs.

VERSANT NORD DE L'APENNIN.	TAVOLE.	ESTIMATION EN ÉCUS.	
			bajoqui.
Bologne (*Bologna*)........	5,358,505	19,046,841	05
Ferrare (*Ferrara*)........	2,756,093	14,295,823	59
Forli..............	1,774,165	12,489,821	66
Ravenne (*Ravenna*)......	1,751,908	10,270,544	91
Urbin (*Urbino*)........	5,559,086	10,060,274	50
Ancône (*Ancona*)........	1,155,758	7,251,281	25
Macerata............	2,135,278	9,869,941	98
Fermo.............	890,294	5,606,128	89
Total...........	17,360,865	86,868,627	81

VERSANT SUD DE L'APENNIN.	TAVOLE.	ESTIMATION EN ÉCUS.	
			bajoqui.
Rome, son gouvernement et la Campagne de Rome...	4,197,189	23,166,616	74
Velletri.............	1,595,420	4,589,789	56
Ascoli..............	1,145,084	2,426,557	87
Perouse (*Perugia*)......	5,975,570	13,585,842	71
Spolète (*Spoleto*).......	2,820,683	6,920,604	81
Rieti.............	1,458,655	4,492,890	51
Viterbe............	2,900,985	9,245,772	59
Orviète............	762,159	1,717,985	49
Civita - Vecchia........	968,509	5,555,944	87
Frosinone et Ponte-Corvo..	1,875,281	5,052,802	95
Bénévent...........	159,191	1,546,555	»
Camerino............	811,847	1,187,047	89
Total...........	23,594,575	74,282,290	52

D'après ce tableau, il apparaît que la richesse territoriale est beaucoup plus grande au versant du nord, puisque 17,360,865 *tavole* sont estimées 86,868,627 écus, ce qui donne à chaque *tavola* une valeur de 5, tandis qu'au versant méridional

23,594,373 mesures pareilles ne représentent que 74,282,290 écus et 3 et une fraction par contenance; cependant la capitale est située dans cette partie des Etats pontificaux, mais elle contient aussi les Marais-Pontins, la Campagne de Rome et les Maremmes, entre Civita-Vecchia et la Toscane.

En général, la population habitant ces diverses contrées, belle de formes, vigoureuse et propre au travail quand elle y trouve un bénéfice, n'est pas d'une stature élevée, et déjà, du temps de la république romaine, les soldats des légions n'atteignaient qu'à la taille moyenne. Cependant plusieurs races se sont répandues et cantonnées sur la terre pontificale, et il en est résulté des organisations et des caractères différents; celle occupant l'ancien Latium, la Sabine, Spolète, est peu portée aux nouveautés et contenue par les idées religieuses. Les habitants de Ferrare, de Bologne, de la Marche d'Ancône, conservant encore dans leurs veines du sang ostrogoth et lombard, ont un peu hérité de leurs ancêtres pour le mouvement, et c'est de leur pays que sont parties, dans ces derniers temps, plusieurs tentatives d'indépendance; néanmoins, elles n'eurent pas la gravité qu'on a voulu leur attribuer en France, et surtout elles furent privées de l'assentiment des hommes sensés, qui comprenaient fort bien qu'on ne pouvait répudier les lois papales que pour passer sous les lois autrichiennes ; car, dans la constitution actuelle de l'Europe, quelle force inhérente à elles-mêmes, quel appui auraient eu de petites républiques ferraraise ou bolonaise ? Toutefois, ce caractère entreprenant des peuples transapennins leur a procuré un avantage réel ; ils sont devenus meilleurs agriculteurs, plus industrieux et plus commerçants. La population des champs, et surtout des montagnes, diffère essentiellement de celle des villes, devenue casanière et bourgeoise dans toute la force du terme. Au contraire, l'habitant des lieux élevés, actif, nerveux, intelligent, a gardé son caractère primitif. On retrouve encore en lui le descendant des Sabins, des Volsques, des Samnites ; son front est large, ses sourcils sont arqués, ses yeux grands et bien fendus, et son nez droit ou aquilin donne une mâle expression à sa physionomie. C'est parmi ces paysans que les peintres choisissent ordinairement leurs modèles. Les femmes, au teint brun et sanguin, aux regards brillants et veloutés, se distinguent aussi par la noble régularité de leurs traits et l'élégante attache du cou aux clavicules et à de belles épaules. C'est un signe distinctif de la race purement indigène, et qu'à Rome on retrouve aussi chez les Transtévérines. Les connaissances pratiques de ces montagnards sont plus développées que celles des colons de la plaine; il y a du positif, du clairvoyant dans leur esprit, et l'on est souvent étonné de la justesse de leurs réflexions, nettement et laconiquement exprimées; courageux comme leurs ancêtres, sobres, patients, infatigables, ils seraient encore d'excellents soldats sous des chefs capables de les discipliner, de les conduire et d'exciter en eux le sentiment de l'honneur national. Je dis exciter; car il ne fait que sommeiller au fond de leur âme, et par instants on le voit se réveiller : alors, fiers de sortir des vainqueurs du monde, leur tête se redresse et l'œil étincelle. Malheureusement, à ces qualités, plusieurs d'entre eux unissent l'amour du brigandage, amour paraissant surtout endémique en certaines localités; que le gouvernement réprime autant que possible, mais qui subsiste toujours, et d'autant plus que le vol à force ouverte, et même le meurtre, ne sont point regardés, par leurs compatriotes, comme des crimes honteux : dans l'opinion de ceux-ci, le métier de bandit est empreint de quelque grandeur, et dénote du courage. Ainsi qu'à Naples, souvent la jeune fille préfère unir son sort au brigand heureux plutôt qu'au paisible cultivateur, et avoue avec orgueil sa préférence. *E bravo,* dit-elle, *con questo avrò danaro è ricca acconciatura.* « C'est un brave, avec lui j'aurai de l'argent et de riches atours; » mais elle méprise souverainement le filou ou le voleur par adresse; il faut que le profit lui paraisse obtenu au prix du danger. Soit par crainte, soit par sympathie, le brigand est protégé contre le gendarme; s'il est arrêté, on entend s'écrier : *Ohimè! che poveretto!* En France, en Angleterre, en Allemagne, il est traité en ennemi public, et la justice trouve partout aide et approbation; ici, on cherche à le sauver : c'est ce qui rend la police romaine si difficile à faire, et si peu sûre de ses opérations. Elle est quelquefois obligée de négocier avec les chefs de bandes pour mettre un terme à leurs déprédations, et le fameux Gasparoni, coupable de cinquante assassinats, en est un exemple; cependant, depuis quelque temps, cette police est parvenue à rendre les attaques sur les routes et dans la campagne moins fréquentes.

A Rome, l'observateur distingue aisément trois races différentes; la plus nombreuse, mêlée de sang étranger, n'offre aucun caractère particulier et occupe presque toute la rive gauche du Tibre. La transtévérine, élevant la prétention de descendre des anciens Romains, ordinairement ne s'alliant qu'entre elle, et demeurant sur la rive droite, est remarquable par des traits prononcés, par sa force, par des mœurs plus dures et quelque tendance à l'émeute; c'est de Transteverino que sortent, en grande partie, les bouchers, les portefaix et les bateliers. Près de ces deux races dominatrices, végète la juive, que le gouvernement resserre dans un hideux quartier appelé Gheto, où elle doit prendre ses logements : ce sont principalement les femmes qui la font reconnaître ; elles ont mieux que les hommes conservé le type oriental.

On ne connaît, d'une manière authentique, la population des États-Romains que par les publications officielles de 1829 et 1835. Plusieurs auteurs en avaient précédemment donné des aperçus pour les années 1800, 1816, 1823 et 1826 ; mais comme ils n'ont pas dit à quelles sources ils puisaient leurs documents, c'est avec une certaine défiance que j'adopte leurs chiffres.

1800. . . .	2,400,000 âmes.	
1816. . . .	2,445,000	
1823. . . .	2,531,000	
1826. . . .	2,590,000	
1829. . . .	2,679,000	} avoué par le gouver-
1835. . . .	2,732,000	{ nement.

Un tableau plus détaillé va maintenant produire, aux yeux du lecteur, le nombre des habitants de chaque province, tel qu'il fut établi par les recensements de 1829 et 1835.

PROVINCES.	1829.	1835.
	Individus.	Individus.
Rome et son gouvernement. . .	303,265	283,456
Bologne.	518,991	522,228
Ferrare.	212,059	210,885
Forli	189,692	194,599
Ravenne	152,426	156,552
Urbin et Pesare.	220,697	225,806
Velletri (inconnu pour 1829). .	. . . . .	56,550
Ancône.	157,569	158,159
Macerata	264,535	256,722
Camerino.		
Fermo.	167,256	168,550
Ascoli.		
Perouse.	194,513	202,660
Spolète	181,783	176,155
Rieti.		
Viterbe		
Orviète	150,410	157,519
Civita - Vecchia.		
Frosinone et Ponte-Corvo. . . .	171,760	139,979
Bénévent	22,808	25,040
Total.	2,679,524	2,752,436

On voit par ce tableau que, de 1829 à 1835, la
population n'a augmenté que de 7,500 âmes par
année, tandis qu'en Toscane sur 1,400,000 seulement, l'accroissement, dans la même période, a
été de 16,000 ; proportionnellement, celui des
États-Romains aurait dû être de 28 à 30,000. Il
existe donc une cause qui empêche l'entière action
des forces productives : probablement c'est la vi-
cieuse répartition des terres, laissant, dans plu-

sieurs provinces, beaucoup d'habitants sans propriétés ; et en d'autres, surtout aux bords de l'A-
driatique, divisant les biens-fonds en trop petits
fermages, en sorte qu'il y a excès des deux côtés ; il
en résulte un défaut de travail pour les prolétaires,
qui les excite à l'émigration. Si en masse la population a augmenté de 52,912 individus, elle a cependant diminué dans les provinces de Macerata,
de Camerino, de Frosinone et de Ponte-Corvo ; ces
deux dernières contrées l'ont vue descendre de
171,760 à 139,979 : énorme diminution de 31,781.
Les Israélites ne sont pas compris dans les chiffres
qui viennent de passer sous les yeux du lecteur;
on peut estimer leur nombre à 10,000, ainsi réparti :

Rome	4,500
Ancône	1,800
Sinigaglia	500
Pesaro	400
Urbin	150
Ferraro	1,800
Lugo	300
Cento	150
Perouse, Bologne, Spolète, Ferni, Gubbio . .	400
Total	10,000

Depuis long-temps, les habitants de la capitale
sont annuellement recensés, non point au commencement ou à la fin de l'an, mais à Pâques. Ce

recensement, inséré dans le *Diario*, est donc une pièce officielle. Je me borne à le donner succinctement par séries de cinq années, depuis 1800 à 1825, et réserve les détails pour le temps écoulé de 1830 à 1841.

1800.	155,000
1805.	154,000
1810.	125,000
1815.	128,000
1820.	155,000
1825.	158,000

La grande diminution du chiffre pour les années 1805 et 1810, provient de l'occupation française; il remonta aussitôt après le retour de la papauté à Rome.

Années.	Naissanc.	Morts.	Mariages.	Hommes.	Femmes.	Total.
1830.	4,690	4,995	1,088	77,475	69,810	147,285
1831.	4,725	5,102	1,291	79,170	71,496	150,666
1832.	5,045	4,649	1,165	78,869	69,589	148,458
1833.	4,465	5,629	1,156	79,702	70,218	149,920
1834.	4,454	5,480	1,579	78,456	71,560	150,016
1835.	5,142	3,977	1,272	80,828	71,629	152,457
1836.	4,273	5,275	1,119	81,488	72,190	155,678
1837.	4,718	5,404	1,069	83,034	73,618	156,552
1838.	4,665	12,565	1,253	78,686	70,217	148,900
1839.	4,555	5,665	1,596	81,161	72,558	155,720
1840.	4,920	4,140	1,440	81,799	72,855	154,652
1841.	4,152	5,585	1,505	84,558	74,558	158,868

Il y a plusieurs observations à faire sur ce ta—

bleau. D'abord, la diminution de 1837 à 1838 de 8,000 âmes ; elle est due au choléra ; secondement, le rapide remplacement des morts par de nouveaux habitants accourus à Rome des provinces voisines, puisque de 1838 à 1841, le déficit a été plus que comblé ; troisièmement, l'extraordinaire quantité de mariages accomplis immédiatement après ce choléra et l'année suivante : il faut l'attribuer au nombre considérable de successions ouvertes à la fois, et qui ont aussi permis aux héritiers de multiplier en même temps les établissements de famille ; quatrièmement, la différence des décès d'une année à l'autre, et qui est quelquefois de plus de 1,000, provient du plus ou du moins de malignité des fièvres intermittentes engendrées en été par le mauvais air.

On a vu qu'en 1841 la population a augmenté de 4,236 âmes. Pendant cette courte période, les naissances ont été dans la proportion de 1 à 38 habitants environ, les morts de 1 à 28, et les mariages comme 1 à 3 naissances. Sur le chiffre de 158,868 accusé pour cette année, Rome contenait 1,478 ecclésiastiques séculiers, 2,208 religieux, 1,581 religieux et 672 séminaristes, soit 5,869, et le vingt-septième du total. Il ne faut pas cependant attribuer à ces recensements une exactitude rigoureuse. Ils sont faits tous les ans un mois avant Pâques par les curés, qui vont de maison en maison

compter les propriétaires, locataires et domestiques, et souvent ils portent des étrangers sur le
rôle comme domiciliés; mais ce qui peut néanmoins contrebalancer cet excédant, c'est que les
Juifs et les enfans trouvés ne sont jamais compris
dans les états de population.

Entre le nombre des habitants d'une ville et la
consommation des principales substances alimentaires, il existe un rapport immédiat. Cette consommation est le thermomètre de l'aisance dont
jouit la cité. Je crois donc pouvoir la produire ici,
et d'autant plus qu'ailleurs elle trouverait difficilement sa place sans intervertir l'ordre des matières.

CONSOMMATION DE ROME EN 1835.

Vins.	851,500 barils (1).
Blé.	163,620 rubbi.
Riz.	1,575,910 livres.
Bœufs.	19,240 nombre.
Veaux.	6,570
Moutons.	76,310
Agneaux.	170,612
Chevreaux.	27,482
Porcs.	21,520
Viande salée.	510,920 livres.
Poissons frais	3,900,000

(1) Le rapport du poids et des mesures de capacité avec no:
poids et nos mesures françaises va être expliqué ci-après.

Poissons salés. . . . .　790,400 livres.
Fromages . . . .　215,155
Huile d'olive. . . . .　5,129,660

Paris ayant à peu près 1,000,000 d'habitants, et Rome seulement 158,000, on voit que sa consommation est proportionnellement plus considérable que celle de la capitale française. Ainsi, en prenant les bœufs pour terme de comparaison ; Paris devrait en consommer 115,440, et ce n'est point le bas prix de la viande qui est cause de cette différence, car elle est à peu près aussi chère à Rome qu'à Paris ; la livre de bœuf, équivalant aux deux tiers du demi-kilogramme, s'y vend, la bonne qualité, 45 centimes.

POIDS ET MESURES.

Avant de parler de l'agriculture, il faut faire connaître au lecteur les poids et les mesures de surface et de capacité, dont les noms reparaîtront fréquemment dans les chapitres suivants.

La livre romaine est égale à 339 grammes, en sorte que 100 livres représentent 33 kilogrammes 907 grammes ; 100 kilogrammes répondent à 294 livres, 11 onces, 1 denier, 18 grains. La livre se subdivise en 12 onces, 12 deniers et 24 grains.

Les mesures de surface et d'arpentage sont la *tavola* et le *rubbio*, dont les contenances ont déjà été données.

Celle de capacité, pour le froment, porte aussi le nom de *rubbio*, et pèse 640 livres romaines ou 217 kilogrammes 29 ; soit 2 hectolitres 944. Pour éviter la confusion, il est important de ne pas oublier que les deux grandes mesures de surface et de capacité sont homonymes. Un autre rubbio sert pour les autres grains, et son poids est de 720 livres.

Pour les liquides on emploie le baril, se divisant en 32 bocali, et contenant 56 litres. Le bocale équivaut à 1 litre 8 décilitres ; mais pour l'huile, le baril a une capacité différente. Celui-ci contient 5 décalitres, 3 litres, 3 décilitres, et se subdivise en 28 bocali de deux litres chacun.

AGRICULTURE.

Déjà un aperçu de l'agriculture romaine a été donné dans le premier volume, pour les lieux envahis par le mauvais air, et où il faut se borner à venir, deux fois par an, semer et recueillir. La culture des autres contrées varie et ressemble, selon la nature du terrain, à celle de la Toscane ou du royaume de Naples. En général, les méthodes napolitaines, appliquées à des produits analogues, sont en usage dans la partie enfermée entre l'Apennin et la Méditerranée. Les habitudes morales et agricoles du montagnard romain ressemblent à celles du paysan des agrestes Abruzzes. Du versant nord à l'Adriatique, les usages toscans ou lombards prévalent sur un sol profond et souvent humide. Cette portion du pays est la mieux cultivée, la plus productive, et par conséquent la plus riche, comme l'a prouvé le tableau comparatif de la valeur en numéraire de chaque province.

Dans les légations de Bologne, de Ferrare, comme dans toute la Romagne, les terres sont de la plus grande fertilité, et l'on pourrait les appeler la Belgique de l'Etat pontifical. Les Maremmes (1), qui s'étendent sur les bords de la mer jusqu'à la Toscane, reçoivent le même genre de culture que la Campagne de Rome, et par la même cause, ils sont donc divisés en propriétés de 5oo à 1,000 hectares ; plusieurs même dépassent de beaucoup cette contenance, et la plus étendue est l'immense ferme de Campo-Morto de 8,6oo. Sous la dénomination de Maremmes, et à cause de leur situation littorale, on comprend également les Marais-Pontins, et ces deux longues zônes, placées à droite et à gauche de Civita-Vecchia, ne contiennent que 18,ooo habitants, presque toujours en proie à des fièvres endémiques ; c'est-à-dire, qu'il n'y demeure que le nombre d'hommes nécessaires à la garde des bâtiments renfermant les récoltes et aux soins des troupeaux. Tous les ans les montagnards de la Sabine et des Abruzzes, au nombre de 25 à 3o,ooo, descendent au mois de juillet dans ces plaines pestilentielles, et viennent y scier les blés. En quelques jours beaucoup de ces malheureux sont frappés de mort. Une telle constitution du sol ne

(1) Maremma ne signifie pas, comme on pourrait le croire, marécage, mais pays situé sur le littoral, pays maritime.

permet donc pas de varier la production, et dans
beaucoup d'autres localités la routine s'y oppose;
on y laisse encore des terres en jachère; les engrais
sont rares, les assolements intelligents ignorés, les
prairies artificielles peu répandues, et aux environs
de Rome la charrue, mauvaise et construite peut-
être comme elle l'était du temps de Numa, opère
un labour incomplet et seulement de 12 à 15 centimètres de profondeur. Si, dans le Latium, aux environs de la capitale, les propriétés sont trop vastes,
et semblent par leur grandeur s'opposer à une
bonne culture, ce qui pourtant est encore un problème, puisque le climat ne permet guère que de
semer des céréales, et de laisser croître des prairies
naturelles sur les sillons se reposant trois années,
d'une autre part, l'extrême division des terres ou
des fermages dans la Marche d'Ancône, le Bolonais et quelques autres provinces, est un mal réel
qu'on ne saurait se dissimuler : mal, toutefois,
peut-être nécessaire, vu la surabondance de la
population, et qui continuera jusqu'au moment où
les manufactures et une industrie plus dévelop-
pée permettront aux prolétaires de chercher des
moyens d'existence ailleurs que sur des parcelles
d'hectares. A côté des immenses terres appartenant
à Notre-Dame-de-Lorette, s'en trouve une foule
d'autres d'une très-médiocre étendue, et seule fortune de la moyenne bourgeoisie; celle-ci les subdi-

vise à l'infini à des paysans hors d'état d'en payer le loyer en argent, cultivant à moitié fruits, et chargés encore de redevances en nature par l'avide propriétaire; le métayer est donc dans une continuelle misère, et souvent obligé d'emprunter à 8 et 9 p. o/o d'intérêt, taux exorbitant, si l'on considère que les exportations de ces provinces, en riz, vins, chanvre, soie, et même en quelques objets manufacturés y font, chaque année, affluer le numéraire. Les biens de Lorette auraient pu s'affermer en plus grandes contenances; mais, soit pour se conformer à l'usage, soit pour donner à vivre, tant bien que mal, à une foule de malheureux, cette église a aussi adopté le système de la trop grande division. On peut dire que, sous ce rapport, plusieurs cantons de ces provinces en sont presque arrivés à l'état de l'Irlande. Cependant cette multitude de minimes exploitations ne suffit pas au nombre des habitants, et beaucoup d'entre eux sont forcés d'aller chercher du travail agricole dans les autres contrées voisines de Rome; là leurs peines sont mieux payées. Chez eux, la concurrence que se font ces journaliers est telle, que leur salaire ne monte qu'à 60 centimes pour les hommes et à 40 pour les femmes. Le matin, on y ajoute un potage à la farine de maïs appelé *polenta;* mais la nourriture du reste de la journée est à la charge du travailleur.

Après ces brèves considérations sur la culture des Etats-Romains, passons à ses divers produits, et commençons par celui que la nature donne d'elle-même, et que l'homme entretient et perfectionne avec peu de labeur, les forêts.

Le cadastre les a réparties en quatre classes; premièrement, bois donnant de la glandée et des châtaignes sauvages; deuxièmement, des châtaignes greffées et des marrons; troisièmement, du bois à brûler et du charbon; quatrièmement, des bois propres à la construction. La première couvre 194,349 rubbi, la seconde 15,728, la troisième 358,778, et la quatrième 12,437, à laquelle cependant il faut ajouter ce que les forêts à glands et à châtaignes sauvages peuvent fournir pour la même destination. Quant aux bois à brûler et à charbon, ordinairement aménagés à douze ans, leurs coupes réglées sont, en moyenne, de 29,898 rubbi; ceux de construction, propres à la marine, à la confection des tonneaux, à la menuiserie, sont encore abondants au midi des Apennins, et même suffisent à de nombreuses exportations. Par contre, la matière ligneuse manque sur les pentes nord et les plaines s'étendant jusqu'à l'Adriatique. Il n'y a d'exception, dans ces provinces, que pour la célèbre forêt de pins située près de Ravenne, nommée la *Pineta*, et les bouquets de châtaigniers du Bolonais. La Pineta, fournissant des mâtures et des charpentes à la marine, est aménagée par le gouvernement. En général, c'est la France qui achète les tiges et les merrains. Les douves, les cercles de tonneaux sont transportés en Espagne et en Languedoc, et les bois de chauffage, ainsi que le charbon, à Naples. Quant aux pays transapennins, ils doivent tirer leur combustible de l'Istrie, de la Dalmatie, et de Venise ce qui est nécessaire à la charpente des habitations et des vaisseaux. Le bois, qui, d'un côté, couvre une notable partie du sol, est donc rare de l'autre, et le défaut de communications empêche l'équation de s'établir. Par terre, les transports sont impossibles, et par mer, l'obligation de contourner toute l'Italie méridionale les rendrait lents et coûteux.

Les principales essences des forêts sont les chênes blancs et rouges, l'yeuse et le chêne-liége augmentant en grandeur et en produit à mesure que l'on approche du royaume de Naples. L'orme, l'érable, le frêne s'entremêlent aussi à ces végétaux, et parviennent souvent à de colossales dimensions. Trois espèces de pins sont indigènes, le maritime, le sauvage (*pinus silvestris*), qui se plaît sur les hauteurs calcaires, et celui à pignon, arbre magnifique, roi de la végétation européenne, que les jardins de plaisance des environs de Rome ont adopté comme leur plus bel ornement. Sa tige, élancée en svelte colonne, s'épanouit à son sommet en admirable parasol, et rien ne peut rendre l'effet que ce majestueux végétal produit dans la Villa-Pamphili. Après ces arbres forestiers, on doit faire mention du cyprès, dont la pyramide contraste si bien avec les têtes élargies des pins, du laurier, arrivant à la taille de 12 à 15 mètres, et même du thym (*viburnum thymus*), grand et robuste arbrisseau, qui ne ressemble point à celui que la gelée mutile en France. En général, ces forêts sont mal entretenues, et la dent des bestiaux attaque sans cesse les taillis. En vain des ordonnances du gouvernement ont voulu remédier à cet abus; les propriétaires, en le tolérant par ignorance ou incurie, laissent diminuer l'utile récolte du gland et la valeur de leurs coupes annuelles.

Le châtaignier aime les terrains volcaniques; lorsque le sol lui convient, il étend au loin son branchage, et acquiert des formes admirables que les peintres de paysage s'empressent d'étudier. Son fruit est un objet important d'alimentation pour les pays montagneux. Les arbres fruitiers ne sont pas assez répandus, et, chose étonnante, on en trouve peu autour de Rome, de ce grand centre de population où le débit semblerait assuré. La figue et la pêche à chair jaune, dure et indigeste, ont presque seules le privilége d'être cultivées dans les vignobles, où quelquefois la grenade se colore et mûrit près d'elle. Cependant les poi-

riers, les pruniers, les cerisiers, plantés en petit
nombre sur les champs, y réussissent fort bien,
et leur belle végétation le prouve. L'oranger peut
vivre en pleine terre dans le Latium, ainsi que le
citronnier exigeant une température plus élevée;
mais ce n'est qu'à l'extrémité des Marais-Pontins,
à Terracine, que leurs productions sont assurées
et viennent à parfaite maturité. Il est étonnant que
près de cette ville on ne les cultive pas en grand
comme à Gênes et à Hyères, placées plus au nord,
car à Rome on fait une immense consommation
d'oranges et de citrons, que l'on désigne sous le
nom collectif d'*agrumi*, et qui sont tirés du
royaume de Naples. Le palmier prospère aussi sous
ce climat, mais il ne donne point de fruit. Je n'en
fais mention que pour indiquer la température
moyenne du pays, qui doit être par conséquent de
13 à 14 degrés.

La culture des grains, surtout celle du froment,
étant la plus importante, sinon comme profit pour
le propriétaire, du moins comme nécessité d'alimentation, exige quelques détails que je vais tâcher
de restreindre le plus possible.

D'après les nouveaux recensements de terrains
propres à recevoir les céréales, il parait que leur
surface contient 1,000,000 de rubbi sur la totalité
des Etats pontificaux; mais il faut faire observer que
tous ne sont pas soumis au même assolement. Les

uns ne reçoivent de nouveaux grains qu'après être restés long-temps incultes, d'autres au bout de trois ou quatre ans ; quelques-uns sont tous les deux ans alternativement ensemencés en blé ou maïs ; on va même jusqu'à exiger, des terres privilégiées, trois récoltes en quatre années : ainsi, il n'existe aucun système réfléchi de rotation. Chaque cultivateur obéit à la routine ou écoute son intérêt souvent mal entendu. Cependant on peut estimer les parties annuellement productives aux deux cinquièmes du total, soit 400,000 rubbi, mesure de contenance, rendant en poids 1,744,792 rubbi, mesure de capacité (378,519,144 kilogrammes), ce qui ne donne, en moyenne, qu'environ quatre et demi pour un de la semence. A cette quantité de froment, il faut ajouter 839,580 rubbi de maïs (181,186,560 kilogrammes) et 273,567 rubbi (59,394,039 kilogrammes) de grains divers. On doit aussi compter 33,000 rubbi (7,151,000 kilogrammes) de riz cultivé sur les bords de l'Adriatitique, mais dont une partie est exportée. Le total des rubbi s'élève à 2,890,939 ; c'est l'estimation faite par l'annone frumentaire pour la Campagne de Rome et les autres provinces, elle est donc officielle. Il en résulte que la consommation en blé étant évaluée à trois quarts de rubbio par tête, soit 444,316,000 kilogrammes, la récolte de cette céréale serait insuffisante pour 2,732,000 habitants, si dans plusieurs contrées le maïs ne la remplaçait pas, ainsi que les pois, les fèves, les lentilles et le riz. Les pommes de terre, nouvellement cultivées, et les châtaignes, sont encore une précieuse ressource et peuvent fournir 7 à 8,000,000 de kilogrammes; telle est la masse de substances farineuses qui doit se répartir entre l'homme et les animaux domestiques. C'est assez pour les années ordinaires, mais souvent l'apport des blés étrangers, soumis à peu près aujourd'hui à la même législation que celle régissant en France leur introduction, devient une nécessité; alors il faut avoir recours à Naples, à la Sicile, à Odessa, quelquefois même lorsqu'un des côtés de l'Apennin se trouve avoir du surperflu qu'il ne peut verser de l'autre, et toujours à cause de la difficulté des communications. Il semblerait donc que la culture des céréales devrait être avantageuse, puisqu'un trop-plein, une abondance continue ne sont jamais à craindre. Pourtant, il n'en est rien, la main-d'œuvre la rend onéreuse, principalement aux environs de Rome, et jamais les édits des papes pour encourager l'ensemencement des terres et même y contraindre les propriétaires, n'ont eu de succès; sans cesse ils ont échoué devant la force des choses : la perte était trop grande pour le cultivateur. Ainsi pour l'année 1841 et les précédentes, je me sers des calculs de M. Coppi, membre de la Société d'agriculture;

calculs imprimés avec autorisation du gouvernement, et que, d'après les informations que j'ai prises, on doit regarder comme exacts.

Le prix du froment qui, de 1805 à 1821, se
maintint à 12 écus le rubbio (64 fr. 20 cent. les
217 kilogrammes), tomba en 1822 à 10. Depuis
cette époque, les arrivages d'Odessa, ou simplement la crainte qu'ils inspirent, l'ont fait successivement diminuer encore; de 1827 à 1836, il a été
à 8 écus 80 bajoqui, et même, en 1825, on l'a vu
descendre un moment à 5 écus 83 bajoqui (27 fr.
65 cent.) Une fois les prix de vente posés, voyons
celui de culture, et s'il laisse quelques chances de
succès aux propriétaires. Dans les trois dernières
années qui viennent de s'écouler, de 1838 à 1841,
on a répandu sur les champs du Latium, en
moyenne annuelle, 8,150 rubbi de froment, 146
de maïs, 821 de fèves et 803 d'autres grains. Pour
ne pas multiplier les chiffres, bornons-nous à présenter le prix de revient du blé; céréale dont la
valeur est la plus grande et qui devrait offrir le
plus de bénéfice. En calculant, selon l'usage, à 80
écus la dépense partielle qu'exige chaque rubbio
semé en froment, la totale, pour les 8,150, s'est
élevée à 652,000. Le *rendement,* après un long
repos de la terre, peut être, autour de Rome, estimé à 8 pour 1. Ainsi, on a dû récolter 65,240
rubbi (mesure de capacité), qui, à 8 écus 80 bajoqui

chacun, n'ont représenté ensemble qu'une somme
de 527,141 écus; la perte a donc été de 125,141,
et ce qui le prouve, c'est la faillite de presque tous
les fermiers des grandes propriétés. A cette perte
des agriculteurs, il faut joindre l'écoulement du
numéraire payé aux journaliers étrangers et montant à 217,000 écus. Cette exportation contribue à
maintenir le haut intérêt de l'argent dans les provinces cisapennines. La nécessité de vivre et de ne
pas se fier entièrement à l'arrivage des blés exotiques, peut donc seule engager à cultiver encore le
froment, lorsque, sans peine et sans frais, les prairies naturelles et le pâturage donnent un produit
bien supérieur; mais il faut avouer qu'une pente
invincible ramène sans cesse à ce genre de culture
au détriment des céréales; aussi, les papes ont-ils
long-temps combattu pour empêcher de lui donner
la préférence, et la multitude de leurs édits l'atteste. Aucune législation n'a éprouvé plus de changements, aucune branche de l'administration n'a
plus occupé le gouvernement que celle des subsistances, surtout en ce qui concernait l'approvisionnement de la capitale; mais presque toutes ses
mesures coërcitives produisirent un effet contraire
à celui qu'il se proposait, et, en attaquant la liberté
des propriétaires, amoindrirent la production au
lieu de l'augmenter. Des lois furent promulguées
pour obliger à semer du blé dans les pays malsains

et restreindre l'étendue des prairies. On imposa des amendes aux contrevenants ; Sixte IV alla jusqu'à autoriser le premier venu à ensemencer pour son propre compte le tiers des terrains restés incultes ; Pie V, par un sauf-conduit, garantit les cultivateurs contre les poursuites de la justice et des créanciers pendant les semailles et la moisson ; Paul V prohiba la vente des bœufs de labour. Tout en accordant la libre exportation des grains, Pie VI usa cependant de contrainte, et après avoir cadastralement classé les terres du Latium, leur imposa un assolement régulier : 23,140 rubbi durent, par le décret de 1783, se couvrir d'épis chaque année ; les baux et contrats qui s'opposaient à son exécution furent cassés et le droit de parcours aboli ; mais le profit plus grand et plus assuré que donne la dépaissance des troupeaux, fit toujours éluder ces injonctions, et, pour en présenter un exemple, dans les quinze ans qui suivirent l'ordonnance de Pie VI, les 23,140 rubbi astreints à porter annuellement des céréales, se réduisirent à une commune de 13,726, et ne livrèrent à Rome que 16,482,000 kilogrammes, quoique sa consommation en exigeât 26,152,000. Les mêmes ordonnances s'appliquaient également à tous les produits agricoles ; elles s'occupaient de l'accroissement du nombre des bestiaux et déterminaient l'âge auquel on pouvait livrer au boucher les jeunes animaux ; d'autres encore fixaient le prix des grains et de plusieurs denrées, en sorte qu'au même instant où l'on voulait étendre la culture, on la rendait onéreuse.

Placées sous la direction d'un cardinal et veillant au maintien de lois toujours variables, tantôt permettant, tantôt prohibant l'exportation, trois magistratures étaient investies de la juridiction civile et criminelle, faisaient des réglements, possédaient le droit d'ordonner des dépenses, de lever des impôts, et, dans chaque province, un conseil obéissait à leurs prescriptions ; la plus importante était l'*annona frumentaria*, chargée de veiller à l'ensemencement des terres, à la fixation du prix des céréales, à leur achat pour le compte du gouvernement, à leur conservation dans les greniers publics, construits par Benoit XIV, et à leur vente aux boulangers en proportion de la taxation du pain. L'*annona olearia* exerçait le même pouvoir sur les huiles ; elle avait le droit de contraindre le cultivateur à lui céder sa récolte, qu'elle gardait dans d'immenses caves et revendait ensuite aux marchands, après avoir réglé le bénéfice que ceux-ci pouvaient faire au détail ; ces marchands étaient rigoureusement surveillés. L'*annona della grascia* (de l'édilité) s'occupait des autres comestibles, et principalement des bestiaux, du lait et des fromages ; elle faisait exécuter les lois sur la livraison forcée des bestiaux destinés à la consommation, sur la conservation des laines blanches, et ne permettait de conduire à l'abattoir que les agneaux noirs ou ceux dont la toison était maculée. Toutes ces singulières magistratures, toutes ces lois bizarrement oppressives et calquées, en partie, sur celles instituées dans le même but par les empereurs romains, n'aboutirent qu'à multiplier les entraves et les ruses pour s'y soustraire; ainsi, quand la viande était chère, on faisait couvrir par le bélier plus de brebis noires que de blanches. Les subsistances ne furent pas plus assurées, et de fréquentes disettes se firent sentir précisément aux époques où des réglements vexatoires furent le plus rigoureusement exécutés. La seule bonne mesure adoptée, d'accord avec les grands propriétaires, fut l'établissement, dans les villes et centres de population, de bâtiments où des blés étaient déposés et prêtés aux cultivateurs comme semences, moyennant restitution après la récolte. L'intérêt à 6 p. o/o se payait en nature, et au moment où l'acquittement de la dette était le plus facile. C'est à Pie VII que l'on doit la presque abolition de toutes ces lois gênantes pour la culture et n'apportant aucun profit à l'Etat et aux consommateurs. Il comprit que la liberté, que l'assurance de disposer des fruits de son travail au moment où il y a bénéfice à le faire, sont les stimulants du labour, ainsi que de toute autre industrie. Par ses édits de 1800 et de 1801, il abolit entièrement les annones de l'huile et des comestibles, et anéantit à peu près la frumentaire. Aucun inconvénient n'en résulta, et Rome ne subit ni disette ni renchérissement des denrées.

En terminant l'article des céréales, je crois devoir donner la mercuriale des grains sur le marché de Civita-Vecchia avant la moisson de 1830, année où l'on craignait une mauvaise récolte; cette crainte aurait dû en soutenir la valeur, et cependant on verra qu'ils furent au-dessous des 8 écus 80 bajoqui assignés, par M. Coppi, comme prix moyen de 1827 à 1836, et qui constituait en perte le cultivateur. Il faut rappeler ici que le rubbio de froment pèse 640 livres romaines (217 kilogrammes), et celui des autres grains 720 livres (241 kilogrammes).

JANVIER.

Froment.	33 f. 75 c.	le rubbio.
Maïs.	21	60
Fèves	21	60
Avoine.	16	20

FÉVRIER.

Froment.	33 f. 75 c.	le rubbio.
Maïs.	21	60
Fèves	21	60
Avoine.	16	20

MARS.

Froment. . . . . 56 f. 65 c. le rubbio.
Maïs. . . . . 21　72
Fèves . . . . 21　72
Avoine. . . . . 16　29

AVRIL.

Froment. . . . . 58 f. 15 c. le rubbio.
Maïs. . . . . 27　25
Fèves . . . . 24　55
Avoine. . . . . 27　25

MAI.

Froment. . . . . 45 f. 56 c. le rubbio.
Maïs. . . . . 29　84
Fèves . . . . 28　49
Avoine. . . . . 29　84

JUIN.

Froment. . . . . 59 f. 06 c. le rubbio.
Maïs. . . . . 28　28
Fèves . . . . 26　95
Avoine. . . . . 28　28

Acclimaté sur les bords de l'Adriatiq
les terrains susceptibles d'inondations art
le riz, objet considérable de commerce
provinces de Bologne, de Ferrare et la
d'Ancône, est également une précieuse ɪ

alimentaire. Le lecteur a déjà vu que sa récolte produisait 7,151,000 kilogrammes. A moins que de puissantes raisons hygiéniques n'obligent à la proscrire, on doit s'étonner que les Marais-Pontins n'aient pas reçu sa culture. Il semble, au premier examen, que les exhalaisons s'échappant des rizières ne seraient pas plus malsaines que celles qui sortent actuellement d'un sol encore inhabitable presque partout, pendant l'année entière, et dans les lieux les plus favorisés depuis le mois de mai jusqu'au milieu de novembre. Toutefois, un voyageur doit émettre son avis, en pareille matière, avec une grande circonspection, et s'en rapporter à la prudence des peuples et des gouvernements.

Si la production des blés est onéreuse en plusieurs provinces des Etats-Romains, il n'en est pas de même des prairies, source de richesses pour le propriétaire, et qui rétablissent la balance en sa faveur. Excepté dans les terres grasses et humides, et dans le Bolonais et le Ferrarais, on ne fauche ordinairement qu'une fois, et l'on ne peut avoir une seconde récolte que lorsqu'il est possible de se procurer des arrosages artificiels, moyen de fertilisation qui, du reste, est peu pratiqué et loin d'être perfectionné comme en Toscane. Cependant le terrain étant accidenté presque partout entre l'Apennin et la Méditerranée, et les eaux arrivant de hautes vallées, il serait facile de les conduire sur les flancs des collines et de là dans les plaines. Au foin résultant du fauchage, il faut ajouter le trèfle et le sainfoin cultivés en médiocre quantité. Mais si l'on n'obtient qu'une coupe, si, pendant cinq mois, les prés ressemblent à un chaume aride, aux premières pluies d'automne ils se couvrent de verdure, et, rendant moins sensible le défaut de fourrages secs, suffisent à la nourriture hivernale des bestiaux. A l'herbe pâturée on ajoute la paille et les tiges de maïs qui contiennent une notable quantité de matière sucrée, et sont avidement recherchées par tous les animaux herbivores. Les terrains spécialement consacrés aux prairies sont estimés à 69,157 rubbi de superficie; mais eux seuls ne produisent pas du fourrage, et on doit y joindre de grands espaces, compris dans la classification cadastrale, parmi les pâturages vagues et les bruyères. Il est probable que la quantité des terres fauchées égale 150,000 rubbi. Le *rendement* moyen étant par rubbio de 40 charges de 100 kilogrammes chacune, la totalité de la récolte est donc de 6,000,000 de charges (600,000,000 de kilogrammes), quantité insuffisante, ainsi qu'il vient d'être dit, pour nourrir près de 700,000 bœufs ou buffles, 2,600,000 moutons et 60,000 chevaux. Le système de les élever en plein air presque toute l'année, et de leur faire chercher leur pâture dans

les jachères et sur le regain automnal est une nécessité, et le résultat de cette pénurie qui, cependant, se change ainsi en abondance, puisqu'on
peut exporter partie du produit des prairies situées
près de la Méditerranée. De 1831 à 1838, notre
cavalerie d'Alger s'approvisionnait principalement
dans la Campagne de Rome; mais ce commerce
a presque cessé, non faute de matière à livrer,
mais par la volonté de l'acheteur.

L'olivier est cultivé dans les basses régions et
sur les hauteurs, mais sa véritable patrie est la
colline; il suffit, pour s'en convaincre, de voir
ceux qui croissent près de Rome, et ces mêmes
végétaux ornant les pentes élevées de Tivoli, de
Frascati et d'Albano. On les retrouve jusqu'à 5 à
600 mètres au-dessus de la mer; là, ils acquièrent
des dimensions et une longévité inconnues dans
notre France méridionale : on prétend que plusieurs ont mille ans d'existence. Ces arbres exigent des soins assidus, de fréquents binages, d'a-
bondants engrais déposés à leurs pieds, et principalement composés de matières animales, telles
que les débris de draps, de cornes et de cuirs; ce
sont des étrangers, surtout des Lucquois, qui,
dans la partie méridionale, viennent en hiver les
émonder et les tailler, opération cependant que
les indigènes pourraient facilement pratiquer; car
les feuilles de l'olivier étant persistantes, on recon-

naît, sans pouvoir se tromper, le bois mort et les branches gourmandes à retrancher. Quoique si utiles, dans un pays où l'huile sert exclusivement à l'apprêt des aliments et à l'éclairage, long-temps les oliviers ne furent pas multipliés ainsi qu'ils auraient dû l'être, et encore aujourd'hui leur nombre est susceptible d'une grande augmentation. Néanmoins un décret de Pie VII, du 4 août 1820, a eu le plus heureux succès; il accorde un paule par pied planté et en bon état au bout de trois ans. On estime que, depuis cet encouragement, le chiffre annuel des plantations est de 30 à 33,000, et que dans la Campagne de Rome 200,000 ont été faites; comme leur croissance est lente, on les distingue aisément à la petitesse des individus, et il n'y a point d'intermédiaire entre les vieux arbres et les nouveaux. Les terrains portant ces anciennes et jeunes plantations présentent une surface de 52,000 rubbi. En admettant que chaque rubbio contient ordinairement 200 oliviers, ce qui paraît être une exacte estimation, on trouvera que le pays en possède 10,400,000; mais tous ne se chargent pas en même temps de fruits, et, sur deux années, il y en a une de production et l'autre de repos; ainsi l'on peut estimer qu'en trois ans la première récolte est abondante, la seconde à peu près nulle et la troisième médiocre. Le commerce établit ses spéculations sur ces données. Le produit annuel est évalué à

20,800,000 litres d'huile, soit 2 litres par arbre, et donne 8 litres ou 4 bocaux à la consommation de chaque habitant, ce qui n'est pas assez. Aussi les Etats pontificaux reçoivent-ils de l'étranger 1,600,000 bocaux ouvertement introduits et acquittant les droits; mais les deux quantités réunies ne suffisent pas encore, et il se fait une fraude considérable par les frontières montagneuses du royaume de Naples. L'huile est en général très-mal fabriquée: on n'apporte à sa préparation ni soins, ni propreté, et l'on ne vise qu'à la quantité; elle en contracte une odeur qui ne permet à Marseille que de l'employer à la savonnerie. Il faut dire cependant, à l'excuse des producteurs, que les paysans aiment ces huiles âcres et odorantes, et repoussent celles douces et inodores de la Toscane, qui, par cette raison, ne pénètrent qu'à Rome et dans les grands centres de population. Au reste, ce goût pour l'huile forte est répandu chez les basses classes méridionales, et se retrouve en Espagne, en Provence et en Languedoc. Après avoir pressé l'olive à froid, on soumet à une seconde pression le marc chauffé ou mêlé à l'eau bouillante, et l'on obtient une qualité encore plus mauvaise et uniquement destinée aux savons communs et à la préparation des cuirs.

Les terres exclusivement destinées à porter du chanvre ne contiennent, d'après les opérations cadastrales, que 4,227 rubbi; mais en y joignant celles où cette plante est semée tous les deux ans ; on trouve qu'elle occupe annuellement une surface de 17,600 rubbi, donnant par rubbio 3,500 livres (1,166 kilog.), et en totalité 61,600,000 livres (20,533,000 kilogrammes) d'étoupes, auxquelles il faut ajouter 2,200,000 kilogrammes de bourres. Sur cette quantité, les seules provinces de Bologne et de Ferrare produisent 45 à 46,000,000 de livres (15,000,000 de kilogrammes); 20,000,000 de livres sont exportées à l'état brut, et 10,000,000 peignées. Le reste, servant à la consommation du pays, est transformé en fils, toiles et cordages. Le meilleur chanvre est celui de Bologne et de Césène.

La culture du lin n'est pas aussi étendue, et se borne à produire quelques millions de livres. Le plus renommé est celui de Faenza, de Viterbe et des environs de Rome. On en distingue deux espèces, l'hivernale et la printanière; la seconde est préférée dans le commerce. Les chiffons provenant du lin et du chanvre doivent être placés après ces matières premières, car on ne peut leur assigner un rang spécial parmi les objets manufacturés; on en rassemble environ 10,000,000 de livres (3,333,000 kilogrammes), dont une partie est exportée; le surplus trouve son emploi dans les papeteries du pays.

Aucun document positif ne fait connaître la

quantité des mûriers et le poids de la soie filée dans les Etats-Romains ; mais il est présumable qu'il s'élève à 500,000 livres (166,000 kilogrammes), dont une moitié passe à l'étranger, et l'autre alimente les fabriques nationales. Les soies indigènes les plus estimées sont celles de Pérouse et de Fossombrone ; ces dernières surtout, élastiques et nerveuses, jouissent en Europe d'une grande réputation. C'est dans les provinces adriatiques que l'on voit le plus de mûriers. Comment se fait-il que, sous un climat favorable à leur propagation, les propriétaires aient négligé si long-temps une branche de revenu si importante et à peu près assurée ? Les papes cependant ont toujours pris cette culture en grande considération ; mais malheureusement ils procédèrent par voie de contrainte. Dès 1592, Clément VIII ordonna qu'à 30 milles autour de Rome, on plantât un mûrier sur chaque rubbio en grande culture, et deux dans les vignes et jardins. Cette ordonnance resta sans exécution. Pie VII connut mieux le cœur humain, et assimilant aussi à l'olivier l'arbre qui nourrit le ver à soie, il lui accorda, par son même décret de 1820, une prime de 7 bajoqui, en quelque partie de l'Etat qu'il fût planté. Il paraît que, depuis cette sage mesure, le nombre des mûriers augmente de 15 à 17,000 par année.

Il existe plusieurs manières de cultiver la vigne,

et ce n'est point la nature du sol et son exposition qui déterminent leur adoption, mais l'intérêt bien ou mal entendu des propriétaires, et souvent aussi l'habitude locale, si puissante dans les campagnes. Le plus souvent les pampres montent aux sommets de l'orme ou du peuplier, et forment des hautains ; quelquefois on place les tiges, tenues à moyenne hauteur, en files distantes de 3 à 4 mètres, ou bien on les dresse en espaliers fixés à un treillage en roseaux ; en d'autres endroits, mais rarement, des cannes, posées horizontalement d'une file à l'autre, permettent aux sarments de se rejoindre, et de former des berceaux ou plutôt des plafonds de verdure. En général, ces vignobles reçoivent, entre les rangées et leurs ceps, diverses cultures, et se prêtent surtout à celle des céréales et des légumineuses ; le froment, les lentilles, les fèves, le lupin y croissent tour à tour. Les hautains et l'ombre des arbres auxquels ils s'attachent ne nuisent point, sous ce ciel ardent, aux autres végétaux. Les vins qu'ils produisent sont âpres et ne peuvent se garder : il faut les consommer dans l'année ; au contraire, ceux obtenus des vignes basses sont de bonne qualité ; toutefois le hautain est si fécond, que presque tous les vignerons lui donnent la préférence. Le pays possède peu de vins liquoreux : le plus renommé est le muscat de Montefiascone, mais il ne se conserve que quelques mois, et il est impossible de l'exporter. Les vignobles à basses tiges occupent 21,538 rubbi, et les hautains 381,118. En évaluant, en moyenne, la récolte du rubbio à 40 barils, et en multipliant par le nombre des rubbi, on aura 16,106,240 et un peu moins de 6 barils (334 litres) pour chaque habitant. Consommation considérable, car le vin, ne pouvant servir à l'exportation, est bu entièrement par la population, soit dans son état naturel, soit converti en eau-de-vie.

Le tabac réussit parfaitement, et ses feuilles sont une branche importante de revenu, et pour les particuliers et pour l'État. Tous frais payés, il procure au trésor public un bénéfice de 400,000 écus (2,140,000 fr.); mais, pour arriver à ce résultat, il a fallu restreindre la culture à un petit nombre de territoires et la soumettre à une législation analogue à celle qui régit les tabacs français. Cette culture produit 9,000,000 de livres (3,000,000 de kilogrammes) de feuilles assorties, dont les fabriques n'emploient qu'une partie : le surplus est vendu à l'étranger ; les meilleures proviennent de Ciaravale ; mais comme certaines qualités de tabacs ne peuvent s'obtenir avec elles, le gouvernement tire de la Hongrie et de la Hollande environ 2 millions de livres (666,000 kilogrammes) de feuilles exotiques. La pénurie financière de 1831 a forcé le trésor d'affermer le tabac et le sel à M. Torlonia

pour douze années, moyennant la somme annuellement payée de 3,611,250 francs. Cette heureuse
entreprise donne, dit-on, tous les ans un bénéfice
de 500,000 francs à cet habile industriel. Au reste,
je dois prévenir le lecteur que ces renseignements
remontent à 1837 et qu'ils ne doivent plus être
exacts; car le goût du tabac à fumer augmente
sans cesse, surtout dans la classe moyenne, et certainement sa consommation est beaucoup plus considérable.

Le coton, source de spéculations agricoles du
temps de l'empire et du blocus continental, n'est
plus cultivé; il en est de même de la salicorne,
produisant la soude naturelle, depuis que le bon
marché de la soude artificielle lui fait obtenir la
préférence.

Plusieurs matières tinctoriales ligneuses ou her-
bacées, telles que la gaude, le safran, le genêt, la
myrtille, la noix de galle, végètent abondamment
sur le sol romain; quant à la garance, il semble
qu'elle ne répond pas aux besoins du pays, puisque
la France et la Turquie en introduisent une assez
notable quantité. Les écorces de pin, d'yeuse, de
liége, celles de chêne pour la tannerie, et la potasse
provenant, par combustion, des bois d'une minime
valeur, non-seulement suffisent aux fabriques nationales, mais encore à l'exportation. La culture
des jardins fait de remarquables progrès, s'étend

de proche en proche, pénètre en des lieux où elle était inconnue, et a créé un commerce assez actif sur les bords de l'Adriatique; ils transportent maintenant une grande quantité d'herbes potagères et de légumes à Trieste et en Illyrie. La cire et le miel sont des productions affectées à certaines localités, mais qui sont loin d'avoir toute l'extension qu'elles pourraient acquérir. Dans l'état actuel, la récolte de la première ne dépasse pas 40,000 kilogrammes, et celle du miel 200,000; cependant, les églises si nombreuses, et la splendeur du culte, obligent à consommer immensément de cire, et il y aurait profit assuré à multiplier les abeilles.

Malgré la grande quantité des bestiaux que nourrissent les pâturages, la production caséeuse est à peine en proportion avec les besoins du pays, puisqu'elle ne s'élève qu'à 42,900,000 livres (14 millions 300,000 kilogrammes), sur lesquelles 8 millions de livres proviennent de l'espèce bovine, 28 millions 900,000 des brebis, et 6,000,000 des chèvres. La raison de cette presque insuffisance se trouve dans le petit nombre des vaches que l'on élève. Le bœuf est préféré comme étant d'un meilleur produit, soit en l'exportant, soit en le livrant à la consommation intérieure. Le nombre des vaches est donc restreint à celui qu'exige impérieusement la reproduction; on les présente au taureau le plus souvent possible, et il en résulte qu'elles ne sont laitières que quatre à cinq mois par an. Cependant on exporte, par Civita-Vecchia, pour les faire passer en Toscane, en Corse et à Naples, des fromages communs, dits *pecarini*; mais il faut que ce qui sort d'un côté rentre de l'autre : on importe donc pour la table des gens aisés des fromages de Parme, de la Suisse et de la Hollande; cette importation monte à 500,000 kilogrammes. Néanmoins, depuis quelques années, les plaines du Ferrarais commencent à fournir des qualités qui peuvent remplacer le parmesan, et d'autant plus facilement que leurs herbages croissent dans un terrain d'alluvion analogue à celui de Lombardie.

La production de la laine est abondante, donne un excédant considérable sur les besoins du pays, et fournit à l'exportation 1,500,000 livres (500,000 kilogrammes), représentant une valeur de 238,000 écus (1,243,330 francs). La tonte annuelle, en y comprenant celle des agneaux, a, depuis quelques années, rendu environ 6,000,000 de livres (2 millions de kilogrammes); en défalquant le poids de l'exportation, il reste 4,500,000 livres employées par les manufactures locales. La seule province du patrimoine de Saint-Pierre, comprenant les délégations de Civita-Vecchia, de Viterbe et d'Orvieto, en donne 2,000,000 de livres (666,000 kilogrammes). Du temps de Léon XII, et d'après la commission nommée en 1830 pour examiner la question des laines, le nombre des moutons, brebis et agneaux s'élevait à 2,000,000, dont la moitié était nourrie par la Campagne de Rome, et l'autre par la réunion des provinces; mais il paraît que ce nombre a augmenté dans les douze années qui viennent de s'écouler, et qu'il est aujourd'hui de 2,600,000. Cette augmentation est due au zèle des propriétaires et aux efforts du gouvernement pour la multiplication et l'amélioration de l'espèce; il fit venir d'Espagne des mérinos, et par deux fois les distribua généreusement aux cultivateurs; ceux-ci reconnurent ce bienfait en s'appliquant avec un esprit de suite et intelligence à la multiplication de la race pure ou à des croisements successifs; en sorte que maintenant une grande partie des toisons qui en proviennent égalent en finesse et en qualité celles de l'Andalousie et de l'Aragon. On peut diviser tous les produits en quatre classes : la première, donnant des laines superfines et se trouvant principalement aux environs de Rome et dans les territoires de Corneto et de Montalto; la seconde, appelée bâtarde espagnole, est le résultat de l'union du mérinos avec la bonne race nationale, et sa quantité est le double de la première; la troisième et la quatrième sont indigènes, viennent surtout des contrées montagneuses et fournissent 2,000,000 de livres; ainsi, les deux tiers des laines sont déjà ou d'élite ou perfectionnées. Toutes ces diverses qualités ont des emplois spéciaux pour différents tissus : les unes servent à la chaîne et les autres à la trame. La toison est estimée, en moyenne, par individu adulte, à 2 livres un quart, et celle des agneaux à 1 livre un tiers. Dans le midi des États pontificaux tous les moutons sont voyageurs ; à la fin du mois de mai, changeant non-seulement de résidence, mais de température, ils vont s'établir sur des lieux élevés ; l'herbe, déjà desséchée dans la plaine, les oblige à émigrer, et on les voit alors s'acheminer par milliers vers la montagne, où des eaux salutaires et de vertes prairies les attendent ; cette annuelle émigration est une des causes qui s'opposent à la culture permanente des terrains situés sur leur passage, non pas autant toutefois qu'en Espagne, où l'espèce ovine est un fléau destructeur lorsqu'elle passe de la Castille aux Pyrénées. Ici, les bergers n'ont le droit de pâturage que sur une largeur de 40 mètres dans les terres non ensemencées, et peuvent y demeurer trois jours ; s'ils s'arrêtent plus long-temps ou laissent paître leurs troupeaux sur un plus grand espace de terrain, la loi les condamne à payer un dédommagement au propriétaire ; mais, quoique les contestations soient portées devant un tribunal institué pour les juger sommairement, on conçoit combien d'abus, difficiles à réprimer, doivent naître de cette vaine pâture.

Chaque année on exporte, pour la consommation, en Toscane, en Lombardie, à Trieste et à Venise, 5o à 55,000 moutons de la race nationale, plus grande et d'un *rendement* plus avantageux aux abattoirs que la pure race espagnole ou le métis. Les cultivateurs instruits, les sociétés d'agriculture et M. Galli, pensent qu'un rubbio de terrain suffit à l'entretien de 6 têtes ovines : leur totalité réclame donc pour sa nourriture une surface de 433,000 rubbi.

Animal capricieux, recherchant les lieux abruptes et les bois taillis, que sa dent meurtrière détériore sans cesse, la chèvre habite les pays de petite culture et les pics calcaires aux roches aiguës. Le gouvernement n'ignore point le mal qu'elle cause aux forêts, mais on ferme les yeux sur ces dégradations, car elle est, par le lait et le fromage qu'elle fournit, la principale ressource alimentaire des montagnards, qui ne peuvent entretenir des vaches sur les pentes arides de l'Apennin. On estime que 40,000 rubbi sont destinés à l'entretien de cette espèce et que le nombre de ses individus s'élève à 320,000.

Les porcs, très-multipliés dans toutes les contrées soumises aux lois pontificales et surtout dans la Campagne de Rome, sont de moyenne grandeur,

d'un poil rude et rougeâtre, et demeurent constamment au milieu des bois, où la glandée et la
châtaigne sauvage composent leur nourriture :
aussi prennent-ils, par cette vie errante et leur
éloignement de l'homme, le caractère violent et
presque féroce du sanglier. Outre le patrimoine de
Saint-Pierre, Pérouse, Spolète, en élèvent abondamment, et l'on cite de grandes fermes qui possèdent plusieurs milliers de ces animaux. 680,000
sont, dit-on, nourris de cette manière et suffisent
non-seulement à la consommation locale, mais
encore à une riche exportation de 40,000 têtes.

Assidu et docile compagnon de l'homme dans
ses travaux champêtres, le bœuf, dès la plus haute
antiquité, fut attaché à la charrue, destiné à la
traction des chars, et ce n'est que tardivement
que l'on vit le cheval partager avec lui ces pénibles emplois; il est la vraie source des richesses
agricoles, et toutes les nations attachant de l'importance à fertiliser leur sol multiplient l'espèce
bovine. Sous ce rapport, l'Etat ecclésiastique n'est
point en arrière des autres pays; mais là où existe
la grande culture, il ne sait ou ne veut tirer
parti des engrais que 700,000 bœufs répandus sur
ses champs pourraient lui fournir; en effet, dans
les contrées basses et chaudes, où les vastes propriétés dominent, ils vivent constamment en plein
air, et souvent les femelles mettent bas au milieu

des prairies ; on conçoit que l'engrais se disperse, se perd, et de là vient l'insuffisante méthode d'y suppléer par la cendre et de mettre, tous les trois ou quatre ans, le feu aux genêts et arbustes naissant d'eux-mêmes sur les terrains en repos. C'est dans les jachères commençant à se couvrir de ronces, de bruyères, de hautes herbes, et que l'on doit labourer l'année suivante pour leur confier des céréales, que pâturent les troupeaux sous la conduite de bergers à cheval ; ces bœufs ne connaissent que leurs conducteurs, deviennent presque sauvages et attaquent quelquefois les voyageurs ; lorsqu'on veut les soumettre au joug ou à la castration, des hommes montés sur de vigoureux coursiers les poursuivent, les atteignent et leur jettent un nœud coulant autour des cornes. L'animal continue à fuir, mais toujours enlacé dans la corde que tient une main vigoureuse, et bientôt fatigué il s'arrête ou tombe ; on le saisit alors, et un fer rouge lui imprime la marque du propriétaire. Cette chasse ressemble à celles qui ont lieu, pour un semblable motif, dans les plaines désertes de l'Amérique méridionale et dans notre Camargue provençale. Dans les pays à petites cultures l'éducation des bestiaux est différente ; l'espace y manque pour de grands troupeaux, et chaque propriétaire n'entretient que les attelages nécessaires au labour, tandis que dans les autres contrées le bœuf passe souvent du pâturage à la boucherie sans avoir tracé un sillon. La race des montagnes est moins puissante que celle des plaines, et son pelage est fauve; l'autre, d'origine hongroise, se distingue par l'ampleur de ses cornes, sa couleur grise, sa taille plus haute et son agilité. Il faut renouveler ici l'observation déjà faite dans les volumes précédents, c'est que le mauvais air a peu d'influence sur elle et en général sur les quadrupèdes que l'on voit vivre toute l'année dans les Marais-Pontins et les cantons les plus malsains de la Campagne de Rome. Cette race grise est probablement moins abondante en lait que celles à poil noir ou bai, car depuis quelques années les laitières de Rome préfèrent les vaches suisses ou anglaises. Les 700,000 têtes bovines peuplant le pays soumis à la domination pontificale sont, avec le nombre des habitants, à peu près dans la même proportion qu'en France, c'est-à-dire, comme 1 est à 4. La nourriture des cultivateurs étant presque toute végétale, ces animaux suffisent largement à la consommation générale du pays, et particulièrement à celle de Rome, qui fut en 1836, de 26,647 bœufs, vaches et veaux, et à l'exportation de 10,000 bêtes qui passent annuellement à Naples, en Toscane et en Lombardie. On peut ajouter aux bœufs 5 à 6,000 buffles nourris dans les lieux humides, et servant surtout au halage des bateaux; cependant les plus pauvres juifs de Rome mangent leur chair désagréablement musquée et abattent 700 de ces animaux.

Vigoureux, légers, remarquables par leur longévité, les chevaux ne sont jamais employés au labourage, mais uniquement appliqués au transport de l'homme, à la traction des chars, et comme objet de commerce intérieur ou d'exportation, tiennent le premier rang après l'espèce bovine. On peut estimer leur nombre à 60,000, dont 3,000 passent tous les ans à Naples et en Toscane, et proviennent, en grande partie, des provinces de Viterbe et de Civita-Vecchia; mais, par contre, la Lombardie en fait entrer dans le Bolonais et la Marche d'Ancône; toutefois, la balance penche en faveur des Etats-Romains. On distingue l'espèce chevaline en race noble et commune; la première comprend les carrossiers et les chevaux de selle, et plusieurs haras en élèvent de très-beaux, mais en petite quantité; la seconde, ceux qu'on attèle aux charrettes ou qui portent le bât. Les carrossiers sont remarquables par la force des membres, l'encolure et la vigueur. Le cheval de selle, ordinairement de taille moyenne, a les jambes fines et nerveuses; jusqu'au moment où on le soumet au mors, il vit comme le bœuf au milieu de campagnes inhabitées, et comme lui est à demi sauvage: d'un caractère plus fier que son compagnon de pâturage, et long-temps indépendant, il lui reste

toujours quelques souvenirs de son ancienne liberté et l'impatience de sa servitude; mais, par
compensation, ces défauts proviennent de l'ardeur
qu'il conserve dans l'état de domesticité; cependant, depuis quelque temps l'espèce commence à
décliner par la faute des propriétaires, qui les appliquent souvent à un travail forcé dès l'âge de
trois ans, et leur donnent une médiocre nourriture.
Jadis les princes et nobles romains se faisaient un
point d'honneur de conserver dans leurs haras des
variétés particulières à pelage distinctif. Les races
chigi, *rospigliosi*, *braschi*, *sforza*, *cesarini*,
giorgi, *colonna*, jouissaient d'une réputation méritée, et les chevaux couleur de bronze, qui servi-
rent de modèle au Guide pour peindre les Coursiers attachés au char de l'Aurore, sortaient des
vastes domaines de la famille Borghèse; mais peu
à peu la plupart de ces grands seigneurs ont re-
noncé à faire des élèves, et les attelages de luxe
viennent de l'étranger.

Tels sont les principaux fruits de l'industrie
agricole, et en résumé ceux qui ont diminué dans
les dernières années sont les céréales, les bois à
brûler, les charbons et l'espèce chevaline; parmi
ceux en progrès, il faut principalement compter le
riz, les pommes de terre, la vigne, les oliviers, les
mûriers, le chanvre, les bœufs, les moutons et leur
laine, dont la qualité s'améliore.

Maintenant qu'il a été question des produits de l'agriculture, on doit dire quelques mots sur les minéraux, puisqu'ils sortent également du même sol.

En général, la terre romaine a peu de richesses de cette nature; une grande partie de sa surface est volcanique, une autre d'alluvion, et l'on sait que ce n'est pas là que se trouvent les filons importants: on n'exploite donc que du fer en petite quantité à Bracciano, Canino et Conca, près de Velletri. La fabrication est toute au bois, et bonne par conséquent; mais le minerai est si peu abondant, que, pour occuper les fourneaux, on est obligé d'en faire venir de l'île d'Elbe. Les propriétaires des usines suivent les progrès de la science, et adoptent les améliorations qu'elle indique; aucune autre mine à métal n'est ouverte. Il n'en est pas de même du soufre et des substances salines que d'anciens volcans ont déjà préparées. Le soufre provenant de Rimini et de Tormignano est un objet de commerce extérieur; on en extrait des fosses environ 1,500,000 kilog., dont un tiers est exporté et passe surtout en Toscane. Il faut ici faire une mention honorable de M. le comte Cisterni, dont les travaux ont apporté une grande économie dans l'extraction et le raffinage de cette matière. Il a été déjà parlé de l'alun de la Tolfa, et du tort que lui faitle sulfate d'alumine artificiel; il est inutile de

revenir sur ce sujet. Lesenvirons de Viterbe fournissent en médiocre quantité du vitriol vert (sulfate
de fer), qui cependant suffit à la consommation intérieure, et laisse un excédant de 20,000 kilog.
que l'on vend aux Etats voisins. On trouve aussi à
Monte-Paterno du sulfate de strontiane mêlé à du
sulfate de baryte. Diverses recherches pour trouver
de la houille ont fait connaître quelques gisements
dans les provinces de Spolète, de Pesaro et dans le
territoire de la Sabine, mais si peu riches, qu'ils
ne permettent pas l'extraction. La mine de Forli,
qui n'est pas encore utilisée, pourrait seule donner des bénéfices. La pouzzolane, appliquée avec
tant d'avantage aux constructions sous-marines,
est d'une abondance extrême dans tous les terrains
volcaniques; autrefois il s'en exportait une grande
quantité pour nos ports de la Méditerranée, mais
sa sortie a presque cessé depuis que l'on emploie
celle de l'Auvergne. Quoique le pays ne possède
pas de marbre d'élite, cependant plusieurs sont
assez beaux pour qu'on les tire de leurs carrières
avec profit; parmi ceux-là, on doit distinguer le
colombin de Fulignono et d'Ancône, la brèche de
Cori, la brocatelle de Camerino, le rouge d'Orvieto
et de Terni, le lumachelle de Sogliano et les albâ-
tres de San-Felice, de Perouse, de Camerino et de
Civita-Vecchia; ce dernier présente de fortes masses et peut se débiter en tables de plusieurs mètres

de longueur : faculté que ses analogues possèdent
rarement.

Le sel est la plus considérable exploitation mi-
nérale du pays, et s'obtient dans quatre salines, dont deux sont situées sur l'Adriatique et
les deux autres sur la Méditerranée. Entre elles
toutes elles produisent 78 à 80,000,000 de livres
(26,000,000 de kilogrammes), mais leur production est irrégulièrement divisée; celles de Cervia
et de Comacchio, montant à 70,000,000 de livres
(23,333,000 kilogrammes), suffisent non-seulement à la consommation des provinces de Ferrare,
de Bologne et de la Marche d'Ancône, qui est évaluée à 10,000,000 de kilogrammes; mais, après
avoir mis à part les 666,000 kilogrammes et les
60,000 que des conventions obligent à livrer au
duché de Modène et à la république de Saint-Marin,
il reste un excédant de 12,607,000 kilogrammes
que l'on vend aux Etats limitrophes. Les salines
méridionales de Corneto donnent 8,000,000 de livres (2,666,000 kilogrammes); celles d'Ostie rendent peu et sont d'une qualité si inférieure, qu'il
a été question de les abandonner. Les besoins des
contrées placées entre les versants du sud de
l'Apennin et la mer, exigeant 18,000,000 de livres
(6,000,000 de kilogrammes), ces deux salines sont
loin de répondre à ce que demande la population;
cependant une chaine de montagnes sépare le

Nord du Midi, empêche les communications et ne permet pas de compléter l'approvisionnement sur les bords de l'Adriatique : il faut donc recourir à l'introduction du sel étranger, et notamment de celui de la France, dont 3,584,000 kilogrammes sont entrés, en 1840, à Civita-Vecchia. Le sel de Cervia n'est point raffiné sur les lieux ; on l'expédie par mer à Civita-Nuova, et de là par charroi à 15 milles de distance pour le blanchir ; il est vendu 14 centimes la livre (42 le kilogramme). Il existe aussi dans les Etats-Romains plusieurs sources salées qui sont une cause continuelle de contrebande, et fort préjudiciables aux intérêts de la régie.

Peut-être ne sera-t-il pas sans intérêt pour le lecteur de voir, à la fin de ce chapitre sur l'agriculture, quelle fut la valeur des biens-fonds aux environs de Rome, à des époques éloignées l'une de l'autre de trois siècles. Nous avons pour établir la comparaison deux documents officiels. Vers 1534, Clément VII, voulant combler le déficit du trésor public, vendit des terres ecclésiastiques pour une somme de 192,855 écus. Dans cette vente, il comprit 30 lots, formant ensemble une contenance de 4,000 rubbi, acquis à l'enchère moyennant 92,000 écus, soit 23 écus par rubbio (123 francs 5 centimes) ; dans ces derniers temps, le cadastre les a estimés 560,000, élevant ainsi le prix de chaque rubbio à 140 écus (749 francs). En 1797, le cinquième des biens du clergé fut aussi aliéné, et nous citerons cinquante terres, situées dans la même province, d'une surface de 8,523 rubbi, et dont l'estimation cadastrale de 1,116,576 écus reproduisait, à une fraction près en plus, celle précédente de 140 par rubbio; ainsi on peut affirmer que cette contenance valait 23 écus en 1534, et 140 en 1797. Au premier abord, il semble que les terres ont acquis une valeur six fois plus considérable; mais, si l'on a égard à la constante dépréciation du numéraire depuis la découverte des mines de l'Amérique, on verra que les biens-fonds romains n'ont point réellement augmenté de prix, puisqu'au milieu du seizième siècle on obtenait pour 23 écus une somme de marchandise ou de travail égale à celle que l'on se procure aujourd'hui pour 140. Les comptes encore existants des constructions d'églises et d'autres monuments publics confirment cette assertion. Cette parité entre l'ancienne et la moderne valeur des biens-fonds de l'*agro romano*, prouve que ses champs ne sont pas actuellement mieux cultivés et plus productifs; en effet, l'assolement, le défaut d'engrais et le *rendement* de 8 pour 1, après plusieurs années de jachère, restent toujours ce qu'ils étaient autrefois. Quelques plantations d'oliviers et de mûriers ont seules procuré une faible amélioration. Il n'en est pas de même dans la Romagne et le Bolonais, où

le prix des terres a réellement augmenté et en proportion du perfectionnement de la culture.

MANUFACTURES.

L'état ecclésiastique est plus agricole que manufacturier, et sa population peu nombreuse, relativement à son étendue et à la fertilité de ses
provinces du Nord, lui en impose l'obligation. Ce
n'est que dans les contrées où le nombre des bras
excède les besoins de l'agriculture, que l'on peut
donner une grande extension aux manufactures.
Cependant il ne faut pas s'imaginer, et c'est M. de
Tournon qui fait cette réflexion dans son excellent
ouvrage sur le département du Tibre, dont il fut
préfet sous l'empire français, que l'on n'y confectionne que des chapelets et des *agnus Dei;* ces plai-
santeries, d'assez mauvais goût, ne sont tout au
plus permises qu'à des voyageurs superficiels, élèves surannés de l'école voltairienne. Pour peu que
l'on s'applique à étudier le pays, on est bientôt
convaincu qu'une foule d'objets y sont fabriqués,
et que plusieurs papes ont fait de louables efforts

pour acclimater l'industrie dans les contrées soumises à leur domination. Seulement certains produits nationaux ne suffisent pas à la consommation, et ce sont ceux qui principalement exigent le
plus de perfection ; il en résulte que la plupart des
manufactures s'appliquent surtout à servir les classes pauvres et moyennes, et peuvent rarement
exporter, car elles trouvent les marchandises simi-
laires pour concurrentes dans tous les Etats voisins. Cependant il est une compensation à ce mal
apparent. Au lieu d'aller chercher à l'étranger des
matières premières propres à une fabrication plus
élevée, les manufacturiers indigènes n'emploient
guère que celles que leur fournit le pays, et l'agriculture obtient ainsi, par l'exportation et les fabriques intérieures, un double débouché pour ses
chanvres, ses soies et ses laines.

M. de Tournon avait adopté une classification
que je suivrai, parce qu'elle est claire et ration-
nelle, et je l'étendrai à tous les Etats pontificaux.
Cette liste sera plus considérable que la sienne,
car des manufactures sont spécialement établies en
certaines provinces, et de nouvelles industries ont
pris naissance depuis 1813. Je vais donc présenter
par ordre les diverses fabrications se servant des
produits tirés du règne animal, des végétaux et
des substances minérales.

Il faut d'abord prévenir le lecteur que la mesure

de longueur employée par les marchands de fils et de tissus est la canne, répondant exactement à 1 toise 1 pouce 7 lignes, ou à 1 mètre 992 millimètres ; mais on peut, sans commettre de graves erreurs, l'estimer à 2 mètres. Les quantités statistiques assignées par les documents n'ont pas une exactitude assez rigoureuse pour qu'une différence de 8 millimètres, entre 2 mètres et la canne, puisse nuire à la justesse des appréciations. On se sert aussi de la brasse, représentant 848 millimètres.

MANUFACTURES DES PRODUITS DU RÈGNE ANIMAL.

Au commencement de ce siècle, la draperie, alors florissante, jouissait d'une prime de sortie due au cardinal Consalvi, et entretenait, dit-on, 30,000 ouvriers répartis sur plusieurs points des Etats pontificaux ; mais c'était surtout à Rome, Alatri, Norcia, Matelica, Narni, Spolète, que cette industrie avait jeté de profondes racines. Rome, qui, avant l'administration du cardinal Consalvi, produisait à peine 2,000 mètres de drap, éleva rapidement sa production à 500,000, et ne tarda pas à dépasser ce chiffre ; bientôt, cependant, plusieurs causes contribuèrent à la décadence d'une éphémère prospérité. Les principales furent les vastes fabriques étrangères disposant de grands capitaux, et l'introduction des machines dans leurs ateliers ;

les fabriques romaines restèrent en arrière des perfectionnements; mais, pour être juste, il faut dire
qu'au moment où elles avaient le plus besoin d'encouragements, on les en priva imprudemment en
abolissant un droit protecteur de 45 bajoqui (2 fr.
35 cent.) par brasse de drap de deuxième qualité.
Dès lors, la fabrication déclina si rapidement, que
le gouvernement s'en émut et convoqua, en 1829,
une commission pour aviser aux moyens de la relever. Cette commission, où peut-être il n'y eut
pas assez d'hommes spéciaux, envisagea néanmoins la question sous toutes ses faces, depuis la
production de la laine jusqu'à l'instant où l'étoffe
est livrée à la consommation, et l'auteur de ce
Voyage a eu communication de son travail. Elle
conclut à rejeter les machines à vapeur pour la filature et le tissage, en se fondant sur le danger des
explosions, l'absence de la houille dans le pays, la
diminution du combustible ligneux, et préféra
pour moteur l'eau ou le cheval. Elle regretta que
les bras ne pussent être employés pour tous les
travaux, et la crainte de la concurrence étrangère
lui fit seule adopter les mécaniques; toutefois, elle
développa des idées très-saines sur les modificaions
que réclamait la fabrication, et sur la nécessité
de répandre parmi les manufacturiers les connaissances mathématiques et chimiques. Elle s'occupa
avec sollicitude de l'art de la teinture, et ses con-

seils ne furent pas inutiles, comme on le verra lorsqu'il sera question des teinturiers formés dans les
ateliers de charité ; de plus, treize teintureries
particulières ont principalement perfectionné, à
Rome, l'application des matières colorantes aux
laines, à la soie et au coton. La commission de-
manda aussi diverses mesures et priviléges, dont
plusieurs ont été accordés, tels que des expositions
publiques et des primes en raison de la quantité et
de la qualité des tissus sortis des fabriques nationales. Celles-ci furent octroyées par décret du 25
août 1835, et, à dater de cette époque, le nombre
des fabricants qui les ont méritées a beaucoup augmenté ; voici, pour quatre années, le tableau du
mouvement ascendant :

ANNÉES.	NOMBRE des fabriques méritant la prime.	NOMBRE des mètres fabriqués.
1836.	28	69,032
1837.	36	96,984
1838.	46	126,550
1839.	44	127,620

Il résulte de ce document que le métrage des tissus dignes d'obtenir la prime, a presque doublé en
quatre ans.

Après avoir jeté un regard sur le passé, consi-
dérons l'état présent des manufactures de lainages.

Celles des draps, serges, castorines, sont les plus importantes, et doivent leur premier développement à Pie VI, ce grand pape si vainement calomnié, et dont le nom se trouve attaché à tout le bien qui fut accompli sous son règne. Ces manufactures ne s'alimentent qu'avec la laine du pays, et quoique cette matière première soit bonne et nerveuse, elle ne produit en général que des étoffes communes ou de seconde qualité. Ne pouvant atteindre au degré de perfection des fabriques étrangères, l'extension qu'elles auraient dû acquérir s'est arrêtée, et les classes aisées repoussent leurs produits. Quelques-unes cependant tissent des draps semblables à ceux d'Elbeuf de seconde qualité, et se sont pourvues de nouvelles machines; leurs productions figurent à la foire de Sinigaglia, mais leur débit est souvent difficile. Outre les villes déjà nommées, on confectionne de la draperie à Perouse, Terni, Frastra, Bolognola, San Abondio, Gubbio, San Angelo in Vado, Pergola et d'autres lieux où se trouvent rassemblés à peine quelques métiers. Cette multiplicité de fabriques prouve que chacune est peu considérable, et, en effet, la totalité de leurs produits n'est estimée qu'à 6 à 700,000 écus, en moyenne, 4,500,000 francs. Les principales manufactures sont, à Rome, au nombre de 38; cette ville possède aussi des métiers pour les bas de laine et pour des bonnets en forme de calotte à l'usage des Levantins. Rome fabrique encore des couvertures, et Fossombrone des tapis communs; ceux d'une plus belle exécution sortent des ateliers de Bologne et d'Alatri. L'hospice des Orphelins s'occupe également des tapis de luxe et de l'imitation des tentures des Gobelins; il en sera question au chapitre des établissements de bienfaisance.

La chapellerie, qui n'emploie que de la laine ou du poil de lièvre, et qui ne travaillait autrefois que pour le peuple des villes et les gens de la campagne, s'est perfectionnée, et peut aujourd'hui exporter en Toscane et à Naples. La valeur de sa production est estimée à 300,000 écus (1,605,000 fr.), et se serait augmentée si l'usage des chapeaux de paille, de carton recouvert de peluche de soie et de cuir verni ne s'était pas rapidement répandu dans les Etats-Romains et surtout dans la capitale; toutefois, hâtons-nous de dire que la somme de travail profitable au pays ne diminue point par ce changement de mode et d'habitudes. Si la chapellerie reste stationnaire, l'industrie des peluches a pris un nouvel essor ainsi que celle des chapeaux de paille, comme on le verra bientôt.

Les soieries, en progrès à Rome et à Bologne, se soutiennent dans leur ancien état à Perouse et à Camerino. Les taffetas, damas et velours, sont les principaux objets de fabrication, auxquels on

joint les gros de Naples, les lustrines et les peluches. Long-temps les crêpes blancs et colorés
furent une source de richesses pour Bologne, qui
occupait à cette industrie 12,000 ouvriers ; mais
Lyon ayant commencé à l'imiter, a fini par lui porter un coup mortel en fabriquant mieux et à meilleur
marché ; maintenant l'exportation des crêpes bolonais s'élève à peine à 25,000 écus (133,750 fr.). A Pesaro, à Fano, Fossombrone, Osimo, on tisse des couvertures en filoselle, des étoffes rayées appelées *bor-
dati*, et celles mixtes, où le coton s'unit à la soie.
A Rome, Bologne et Pesaro, il se fait un commerce assez étendu de lavelles, crépines, franges
et de toutes sortes de passementeries pour l'ornement des églises, des appartements et les livrées
de la domesticité, inutilement si nombreuse dans
les grandes maisons romaines. Cependant le travail
national ne suffit pas à la consommation, et les
Etats pontificaux tirent encore des soieries de l'é-
tranger, surtout les façonnées ; mais cette importation diminue d'année en année. Ainsi la France,
pour sa part, n'a fait entrer, en 1838, que 3,087 kilogrammes, et, en 1840, cette quantité est descen-
due à 2,573 ; mais il faut dire que c'est le chiffre
officiel, et qu'il est impossible d'évaluer ce qui s'introduit au moyen de la contrebande.

A côté des fabriques de soieries, se trouvent
celles où l'on file et retord leur matière première,

La filature des soies fut long-temps active à Bologne, Rimini, Forli et Pesaro. Dans le siècle passé, cette industrie enrichissait surtout Bologne ; l'établissement des machines en France et en Lombardie, et leur perfectionnement en Angleterre lui ont porté un coup fatal. Avant cette époque, Rimini entretenait plus de 1,000 ouvriers, et livrait au commerce 25,000 kilogrammes d'organsins. Il existe encore à Faenza le plus grand établissement de filature de toute l'italie, et ses ateliers peuvent contenir 600 individus hommes, femmes et enfans ; les propriétaires ont su allier, pour leurs employés, la morale et l'instruction au travail en y fondant des écoles. Forli, Pesaro et quelques autres localités continuent à filer et retordre la soie, mais en petite quantité. On peut pourtant affirmer que si l'industrie ne s'est pas étendue, elle s'est perfectionnée ; les fabricants, de France et d'Angleterre, recherchent ses produits, et ce que les métiers romains ne consomment pas s'exporte facilement.

La tannerie occupe 200 ateliers, une cinquantaine à Rome et le reste dans les provinces. Les peaux les mieux préparées viennent de Bologne, Pesaro, Sinigaglia, Fabriano, Cagli, Caldarola et Foligno. Autrefois, celles de Rome jouissaient de la première réputation ; mais si elles augmentent maintenant en quantité, c'est aux dépens de la qualité ; cependant, on prétend que les cuirs pour se-

melles sont encore égaux à ceux de France et de
Bâle. L'écorce de chêne, le sumac et les cupules du
gland sont employés au tannage, dont le produit
annuel est environ de 6oo,ooo kil., ce qui est bien
peu, eu égard au nombre des ateliers. Les peaux se
divisent en deux classes, les grosses et les fines ; la
première comprend les cuirs de bœufs et de buffles ; la seconde, les dépouilles de veaux, de moutons, d'agneaux et de chevreaux : pour tanner
celles-ci, on ajoute de l'alun au sumac. Les cuirs
les plus estimés sont ceux des provinces méridionales, où les animaux, toujours en plein air, deviennent plus robustes, et dont la peau acquiert ainsi
plus d'épaisseur et de ténacité. Malgré les nombreux troupeaux couvrant ses campagnes, le pays
ne se suffit pas à lui-même ; il tire des cuirs de plusieurs contrées et principalement de Russie.

Les fabriques de gants de peau, à l'imitation de
ceux de Naples et de France, sont en décadence ;
elles ne produisent annuellement que 1oo,ooo
paires, et ce sont Paris, Grenoble et Naples qui se
chargent de combler le déficit. Les fabricants vou-
draient que l'on empêchât l'exportation des peaux
d'agneaux et de chevreaux, et prétendent que, si
on répondait à leurs désirs, ils seraient en état de
fournir à la consommation ; mais cette prohibition
de sortie pourrait avoir de graves inconvénients,
car, si les fabriques ne tenaient pas leurs promes-

ses, l'agriculture, se trouvant sans débouchés extérieurs, verrait bientôt les dépouilles des jeunes animaux tomber à vil prix : aussi le gouvernement n'a-t-il point accédé à cette demande.

Rome, Foligno et Fabriano produisent des parchemins, mais non en quantité suffisante pour les besoins des relieurs, des papetiers et de la bimbeloterie. Les fabriques d'Arpino et de Sulmona, du royaume de Naples, en font donc entrer quelques milliers de kilogrammes d'une bonne qualité et à bas prix. Cependant, Fabriano, qui jouit d'une réputation justement méritée, après avoir satisfait aux commandes des Marches de Bologne et d'Ancône, expédie le reste de ses produits en Lombardie. Cette contradiction apparente entre l'importation des parchemins de Naples et la sortie de ceux de Fabriano, s'explique facilement : Naples fabrique mieux que cette ville, et celle-ci moins mal que Venise, Bergame et Milan.

La colle-forte occupe deux établissements à Rome et à Fabriano ; leurs productions sont bonnes et douées d'une grande force d'adhérence, mais insuffisantes ; chaque année il faut y suppléer par une importation de 5o à 6o,ooo kilog.

Les cordes harmoniques entretiennent une industrie d'autant plus précieuse, qu'elles proviennent d'une vile matière, des intestins des jeunes agneaux tués au printemps, qui, sans cet emploi, n'auraient aucune valeur. Après de longues et difficiles opérations, des retordages et de fréquentes frictions d'huile, ils sont convertis en cordes à instruments de différentes grosseurs, quelquefois entourées de fils métalliques et recherchées, dans toute l'Europe, par les musiciens. Quelques familles, dès long-temps spécialement protégées, ont le privilége de cette fabrication ; plusieurs décrets pontificaux confirmèrent leur droit, qui, chose remarquable, fut maintenu pendant tout le cours de l'occupation française.

Vingt-huit fabriques, situées à Rome, Foligno, Bologne, Pesaro, Ascoli, Perouse, Ancône, donnent une quantité suffisante de bougies et de cierges, malgré la consommation considérable qui a lieu dans les églises. Cette fabrication est d'une valeur approximative de 300,000 écus (1,605,000 f.), et celle des luminaires de suif de 100,000 écus (535,000 fr.) ; si elle n'est pas plus considérable, c'est que l'huile sert généralement pour l'éclairage, surtout dans les campagnes. Quoique les manufactures de cierges et de bougies suffisent à la consommation des Etats pontificaux, ce n'est point cependant au moyen de la cire nationale ; elles sont obligées de s'approvisionner en grande partie à l'étranger, et de tirer du dehors 230 à 250,000 kilog. Depuis quelque temps, il s'est élevé, sous la direction d'un Français, une manufacture de bougies en

stéarine : c'est un moyen d'utiliser les parties grais-
seuses des animaux, inconnu jusqu'alors en Italie.

La quincaillerie en ivoire, os, corne et écaille de
tortue, produit une multitude d'objets d'un usage
usuel, tels que peignes, cuillères, manches de cou-
teaux, tabatières, dés, billes de billards, etc., mais
aucun n'atteint à la perfection. L'étranger, principalement la France, sont encore en possession de
fournir les pièces d'élite.

En terminant ce qui concerne les manufactures
du règne animal, il ne faut pas oublier celles des
perles fausses, jouissant d'une réputation méritée
et occupant à Rome un assez grand nombre d'ouvriers ; ces imitations, quelquefois parfaites, des
véritables perles que l'on va chercher dans la profondeur des mers, se composent de globules creux
de verre, dans lesquels on introduit de la cire ou
de la colle de poisson, selon le degré d'opacité ou
de transparence qu'on veut leur donner.

MANUFACTURES DU RÈGNE VÉGÉTAL.

Les cordages se fabriquent principalement à Bologne, Ferrare et près d'Ancône, dont les territoires
gras et profonds conviennent au chanvre et lui procurent une force et une grandeur extraordinaires ;
mais partout où la même nature de sol se trouve,
cette plante apparaît : aussi est-elle cultivée sur le

littoral de la Méditerranée, à Viterbe, à Vestralla, Magliano, Marino, Palestrina et dans la partie des Marais-Pontins actuellement desséchée et avoisinant les montagnes; Rome et Viterbe se livrent donc à la confection des cordes nécessaires à une consommation locale, qui peut monter en poids à 100,000 kilogrammes, et en valeur à 240,000 fr. L'exportation, s'élevant à 160,000 écus (856,000 francs), est le lot des provinces adriatiques, en possession, depuis des siècles, d'approvisionner la marine grecque, les îles Ioniennes et Venise.

Les toiles de chanvre et de lin, mais grossières ou communes, et tout au plus de troisième qualité, ne donnent lieu nulle part à des réunions d'ouvriers, à la formation de grands ateliers, mais se fabriquent sur tous les points du pays par des campagnards, travaillant à domicile, d'abord pour satisfaire aux besoins de la famille et porter ensuite au marché le surplus de leurs produits. Sauf la beauté de l'œuvre, c'est la même manière de procéder que celle en usage dans la Mayenne, la Somme et la Bretagne. A Rimini, Civita-Vecchia et Ancône, on tisse des toiles voilières, soit toutes en chanvre, soit mélangées avec du coton. Ces dernières sont à meilleur marché, mais offrent peu de résistance aux tempêtes et se déchirent plus facilement. Aucune toile romaine n'est exportée, du moins à ma connaissance, et de consciencieuses recherches n'ont pu me faire connaître la valeur des tissus nationaux. Ceux d'une certaine finesse viennent sans exception du dehors, et, comme pour Naples et la Toscane, ce sont l'Irlande, la Saxe et la Silésie qui ont le privilége de l'approvisionnement. La France n'y a concouru, en 1839, que pour 1,472 kilogrammes, valant, compris la batiste, le linon et les tulles de fil, 88,572 francs; en 1838, notre introduction légale était même tombée à 30,332 francs. Le blanchiment des toiles du pays s'opérait entièrement autrefois et s'opère encore en partie sur le pré; cependant, dès 1809, celui au moyen du chlore fut introduit et son usage s'est propagé.

C'est à Pie VI que l'on doit la première fabrique de toiles de coton, qu'il établit aux frais du trésor et pour servir de modèle; mais cette industrie n'a pu s'acclimater, surtout pour les tissus imprimés. La manufacture élevée par le gouvernement aux Thermes de Dioclétien, ainsi que celle de cotonnades communes du bagne de Civita-Vecchia, quoique toujours subsistantes, n'ont pas trouvé d'imitateurs dans les autres provinces. Il en résulte que l'entrée des toiles de coton étrangères absorbe presque entièrement les bénéfices provenant de la sortie du chanvre. Le défaut de marine au long cours, de matière première, et principalement de filatures, est la cause d'un état de choses si préjudiciable au pays et au fisc, et le mal augmentera sans cesse, car en Italie, comme dans le reste de l'Europe, les vêtements de coton tendent constamment à remplacer ceux de chanvre, de lin et même de laine; il suffit de voir la population féminine de la capitale et des villes qui l'environnent pour s'en convaincre. La Suisse et l'Angleterre sont en possession de la fourniture des tissus blancs, et la France n'y prend part que pour une somme insignifiante; mais quant aux imprimés et mélangés, bien qu'ils figurent à peine au tableau d'exportations de nos douanes, il est évident qu'ils entrent par contrebande; partout, les magasins en sont remplis, les femmes s'en parent, et un œil exercé ne peut méconnaître les dessins élégans, les vives couleurs de Mulhouse. La Toscane reçoit pour plusieurs millions de ces toiles, et il est probable que, par la montueuse frontière de Radicofani, elle se charge d'en introduire frauduleusement une grande partie.

· Soixante-et-dix papeteries existent dispersées sur le territoire pontifical, et les plus renommées sont celles de Rome, Foligno, Fabriano, Chiaravalle et Ascoli. Les produits de ces divers établissements montent à 3,600,000 livres (1,200,000 kilogr.), et se sont rapidement perfectionnés; néanmoins, ils ne peuvent encore lutter avec ceux de France et d'Angleterre, et ne servent qu'à la consommation courante. Tout ce qui concerne les arts et le dessin,

tous les papiers à lettres de choix, viennent de l'é-
tranger, et surtout des fabriques françaises, qui
l'emportent actuellement sur celles de la Grande-
Bretagne. On fabrique aussi à Rome des cartes à
jouer. De toutes ces manufactures, une seule, la
papeterie Camerale, celle du gouvernement, a renouvelé son matériel ; maintenant elle se sert de la
machine sans fin et du cylindre, aussi a-t-elle acquis une incontestable supériorité, tant sous le rapport de l'économie que sous celui d'une fabrication
toujours égale. Autrefois le commerce des chiffons,
alimentant les moulins à papier, était libre, et des
3,000,000 de kilogrammes de cette matière que
produisent les Etats-Romains, un tiers au moins
était exporté; mais, le 6 juin 1839, un décret a mis
des entraves à la sortie et ordonné qu'elle ne pourra
être effectuée que lorsque les papeteries nationales
seront suffisamment approvisionnées : à cet effet,
l'achat et la vente des chiffons ont été placés sous
une espèce de régie. Le préambule de cette ordonnance, rédigée en termes assez confus, dit qu'elle
est rendue sur la demande des fabricants. Il sort annuellement de leurs ateliers pour une valeur de
350,000 écus (1,872,500 francs). En divisant cette
somme par 70, on voit que l'importance de chaque manufacturier est minime. En général, c'est
un des défauts de l'industrie italienne de n'avoir
aucun de ces grands centres d'industrie où les nou-

velles découvertes sont applicables et où les profits peuvent être réduits en raison directe de l'extension du travail.

La fabrication des chapeaux de paille, jadis réservée à la Toscane, ne s'est introduite que depuis une vingtaine d'années dans la légation de Bologne et la Marche d'Ancône; c'est une précieuse conquête, car non-seulement elle suffit aux besoins du pays, mais encore à l'exportation; d'abord elle ne s'essaya que sur les chapeaux communs; mais aujourd'hui ceux de première qualité peuvent aller de pair avec les toscans; les procédés pour les obtenir ont été déjà décrits dans le premier volume de ce *Voyage;* procédés si faciles et que l'on néglige en Provence et en Languedoc, sous un ciel semblable à celui de l'Italie. Cependant la France a tiré de la Toscane, en 1840, 139,594 chapeaux de première qualité, et 651,766 inférieurs, que l'on peut porter ensemble, et sans crainte de se tromper, à une valeur de 4,747,000 francs.

Les savonneries ont été long-temps négligées, et il y a une trentaine d'années qu'il ne sortait de leurs chaudières que du savon noir à l'usage des classes ouvrières, et même en petite quantité. 40 fabriques, dont 20 sont établies à Rome, produisent maintenant du savon blanc pour une valeur de 160,000 écus (1,070,000 francs); de tous ces établissements, le seul qui puisse être comparé aux savonneries de Trieste, de Venise et de Marseille, est celui de Ponte-Lagoscuro : M. Franz, qui le dirige, ne se sert que de l'huile d'olive et de la soude d'Alicante ou de Sicile.

A Grottamare, une raffinerie, protégée par un privilége de fabrication, emploie 1,000,000 de kilogrammes de sucre brut ou terré, et ne peut répondre aux besoins du pays.

Grottamare se livre aussi à la condensation du jus de réglisse, et en répand dans le commerce intérieur 10 à 12,000 kilogrammes.

Dix-neuf fabriques préparent 300,000 kilogrammes d'acide tartrique épuré et de tartre de potasse ; leurs produits, recherchés en Europe, fournissent à des exportations assez considérables, et qu'on peut estimer à 75,000 écus (401,250 francs) ; c'est encore à Grottamare et Ancône que cet acide et ce tartrate sont portés à une véritable perfection. Depuis quelque temps, des brasseries et des laboratoires de limonade gazeuse s'élèvent à Rome et à Bologne. En général, les arts chimiques sont en progrès dans les Etats pontificaux.

Dans les environs de la capitale, de Bologne et sur le littoral de la Méditerranée, il existe un nombre considérable de distilleries d'alcool et d'eau-de-vie. La multiplication de la vigne donnera peut-être bientôt les moyens de fournir à une exportation considérable.

Les pâtes, d'un si grand usage en Italie et presque une des bases de l'alimentation, ont aussi, depuis quelques années, obtenu une notable extension, et le pays n'est plus tributaire de Gênes et du royaume de Naples. Ce qui a beaucoup contribué à cet heureux résultat, c'est l'introduction de la culture des blés de Taganrog et de Manfredonia, que leur dureté et leur disposition à se granuler, au lieu de se réduire en farine, rendent éminemment propres à cette fabrication; mais ces grains, sujets à dégénérer, doivent être renouvelés tous les trois ans et tirés des contrées dont ils sont originaires.

Non-seulement l'amidon se prépare avec les grains avariés du froment, mais on se sert aussi pour sa fabrication des pommes de terre dont la culture s'étend de jour en jour.

MANUFACTURES DU RÈGNE ANIMAL.

Les fourneaux pour la fusion de la fonte sont au nombre de trois et situés à Conca, Canino et Bracciano, dans les pays à forêts qui s'étendent depuis le versant sud de l'Apennin jusqu'à la Méditerranée; on prétend qu'ils produisent par jour 16,000 kilogrammes pendant la saison du travail; car ils chôment une partie de l'année : mais pendant combien de temps sont-ils en activité? c'est ce que je n'ai pu savoir, et cependant on ne peut, si on l'ignore, estimer ce qu'ils versent dans la consommation. Le minerai est, en plus grande partie, fourni par l'île d'Elbe au prix moyen de 2 écus (10 fr. 70 c.) les 333 kilogrammes, répondant à 1,000 livres romaines; le reste provient de la Tolfa, mine en exploitation sur la terre papale. Le haut-fourneau de Bracciano utilise immédiatement sa fonte en fabriquant des objets moulés et des projectiles, et c'est à un Français que l'on doit cette industrie. La fonte, mêlée à celle de l'île d'Elbe, est convertie en fer dans les forges de Canino, Ronciglione, Bracciano, Tivoli, Bagnaja, Sutri et Viterbe; le métal qui en sort est malléable, nerveux, de première qualité, et peut être comparé à celui de Brescia et de Carinthie. Les maîtres de ces usines ne restent point en arrière de la science et adoptent les perfectionnements introduits dans les autres contrées; ainsi, à Bracciano, on a construit un fourneau à deux cônes opposés, rendu la soufflerie plus active, plus puissante, chauffé l'air, obtenu une grande économie sur le combustible et fait venir de France les nouveaux cylindres et les filières pour l'étirage des barres et la fabrication des plaques; il en est heureusement résulté que le fer, qui se vendait 42 écus les 333 kilogrammes (230 fr.), est tombé à 34 (183 fr.), et probablement il diminuera. Ce prix, trop élevé encore, provient de l'impossibilité où est le pays de suffire à ses besoins; le minerai est trop peu abon-dant et placé presque sur un seul point; de plus, la chaîne transversale des Apennins ne permet pas le transport par terre, du sud au nord, et celui par mer est aussi coûteux; car, pour aller de Civita-Vecchia à Ancône, il faut contourner l'Italie mé-ridionale, la Sicile, et remonter les trois quarts du golfe Adriatique; navigation de quatre cents lieues marines, et que les vents contraires font quelque-fois durer un temps énorme. Le fer romain re-viendrait donc à Bologne, tous frais comptés, à 56 écus 75 bajoqui les mille livres; telle est la rai-son qui oblige cette ville et les Marches environ-nantes de s'approvisionner à l'étranger et d'en tirer 1,500,000 kilogrammes. Les contrées méridio-nales n'en reçoivent que 100,000, si les registres des douanes pontificales sont exactement tenus. En somme, l'introduction des fontes, des fers en barre et tréfilés, ainsi que des aciers, peut valoir de 800,000 à 1,000,000 de francs.

Ronciglione et Tivoli possèdent des taillanderies et des tréfileries; à Rome, les mêmes filières arri-vent au numéro 32 : néanmoins, l'introduction des fils de fer est encore de 70 à 80,000 kilogrammes. La clouterie occupe un assez grand nombre de bras à Rome, Ascoli, Ferrare, Lugo, Ronciglione, Viterbe, Città di Castello, et toutefois, comme pour la tréfilerie, il faut avoir recours à l'importation; cependant, ces diverses industries ont fait, depuis quelques années, de sensibles progrès, et bientôt, peut-être, elles pourront répondre à toutes les demandes de l'intérieur.

Dix fabriques de limes et de râpes sont établies à Sellano et une à Assisi. Les premières confectionnent 12,000 douzaines de limes et râpes à grosses stries et 24,000 de diverses finesses pour assortiments; la seconde, 15,333 imitant les limes communes d'Allemagne, et 1,333 les superfines d'Angleterre; les deux tiers des produits de Sellano sont exportés, et ceux d'Assisi restent dans le pays.

Assisi fabrique aussi des aiguilles de médiocre qualité; Urbino des épingles en laiton jouissant d'une grande réputation; celles de Bologne, en acier, ont une tête de verre.

La coutellerie, comprenant tous les instruments tranchants à l'usage de l'agriculture, des arts et des métiers, est dans un véritable état d'infériorité; fait d'autant plus singulier que les Romains travaillent habilement les métaux; pour en acquérir la preuve, il suffit de voir les instruments de musique en métal fabriqués à Rome, les batteries de cuisine et tout ce qui réclame l'emploi du cuivre forgé au marteau ou soumis à l'action de machines mues par des chutes d'eau ou des courants. Les ouvrages en laiton s'exécutent bien à Rome,

Bologne, Pesaro, Ancône, Foligno, et l'on n'a pas besoin d'en tirer du dehors. La matière première, il est vrai, est importée, puisque la contrée est privée de mines de zinc et de cuivre, mais du moins la main-d'œuvre appartient aux ouvriers nationaux.

Les deux fonderies de caractères, existantes à Rome et celle de Bologne, quoique perfectionnées depuis quelques années, ne sont point encore arrivées à la finesse et l'élégance désirables des matrices; les lettres sont de formes lourdes et confuses, et gardent les défauts primitifs du poinçon; aussi, les imprimeurs se servent-ils, pour la plupart, de caractères venus de Paris, de Lyon et de Genève.

De nombreuses verreries sont répandues à Rome, Pesaro, Rimini, Bologne et Ferrare; outre le verre blanc, elles produisent des bouteilles noires, les vitres, les entonnoirs, les cloches pour couvrir les légumes cultivés pendant l'hiver. Les bocaux sortent d'une manufacture établie à Poggio-Mirteto; mais toutes les tentatives pour obtenir des glaces et miroirs ont été infructueuses, et la France est restée en possession de ce commerce. On essaie aussi à Ferrare de fondre le cristal; probablement l'entreprise n'est pas heureuse ou ne répond pas à la consommation, car la France et l'Allemagne continuent l'importation de leurs cristaux en assez grande quantité.

La capitale se distingue par ses fonderies de bronze, s'occupant à jeter au moule des objets d'art et des imitations de l'antique, source d'une exportation considérable et d'un réel profit. Viterbe et Pesaro jouissent d'une grande réputation pour la fonte des cloches ; cette industrie est doublement importante sous le rapport des demandes de l'intérieur et des ventes à l'étranger.

Le pays ne possède qu'une manufacture de céruse (carbonate de plomb) et une autre de vert de gris (acétate de cuivre); toutes deux languissantes et incapables d'alimenter les arts et les fabriques employant ces oxides.

La poterie commune se fabrique dans un grand nombre de localités et suffit aux besoins des classes inférieures ; ne craignant aucune importation, vu le bas prix de ses produits, elle ne fait pas de progrès en ce qui concerne la pâte, la cuisson, la couverte de l'émail et se contente de conserver traditionnellement quelques-unes des belles formes antiques. A Civita-Castellana , il existe une manufacture de faïence dont l'élément constitutif est excellent et contient la silice et l'alumine dans de justes proportions. Il est surprenant qu'on ne sache pas en faire un emploi plus considérable et mieux entendu, et qu'on laisse la contrée s'approvisionner en France et en Angleterre de poterie fine et de porcelaine.

Le vitriol (sulfate de fer) se trouve et se cristallise aux environs de Viterbe, et le nitre (nitrate de potasse) est raffiné dans sept localités différentes. A ces substances salines on peut joindre les acides nitriques et sulfuriques fabriqués à Bologne et Rimini ; mais parmi les produits chimiques les plus importants sont, sans contredit, le soufre et l'alun (sulfate d'alumine) ; la nature les a placés en abondance sur le sol romain : toutefois, comme il en a été déjà question aux chapitres précédents, il est inutile d'y revenir.

MANUFACTURES D'OBJETS D'ART.

Au premier rang on devrait placer l'imprimerie, si elle avait conservé son ancienne splendeur, s'il sortait encore de ses ateliers des ouvrages renommés tels que ceux échappés jadis aux presses des bénédictins de Subiaco, du marquis Massini, du duc de Sermonetta, qui consacrèrent une partie de leur fortune au perfectionnement de la typographie. Maintenant, excepté quelques livres servant de guide aux voyageurs, souvent dépourvus d'une saine critique et fort mal imprimés, excepté encore les verbeuses dissertations des antiquaires, il se publie peu d'œuvres littéraires ou historiques à Rome, et les magasins des libraires sont principalement occupés par les productions étrangères, après cependant qu'elles ont passé à l'examen de la censure. Si l'œuvre est réprouvée, la douane empêche son introduction; quant à la théologie ou ce qui touche à la religion, c'est une congrégation qui doit s'en occuper et autoriser la lecture ou mettre à l'index : dans ce cas, l'entrée par la frontière est également défendue; cependant, il faut dire que les magistrats, les littérateurs, les avocats distingués, obtiennent facilement la permission de garder les proscrits dans leurs bibliothèques. Par le fait, la censure est fort douce. La France, pour sa part, a introduit 13,339 kil. de livres en 1840, ce qui est beaucoup dans un pays où la bourgeoisie lit peu et le peuple pas du tout; ce poids répond, en terme moyen pour chacun, à 30,000 volumes, et montre combien la langue française est répandue parmi les classes élevées. Ces 13,000 kil. sont la quantité officiellement avouée, mais certainement la Toscane se charge de l'augmenter par la contrebande active des libraires de Florence et de Livourne.

Nous voici maintenant arrivés à la partie brillante de l'industrie romaine. L'impression en taille-douce et lithographique est portée à un haut point de perfection, et ses presses sont continuellement occupées par le nombre immense de gravures, soit noires, soit destinées à être coloriées, représentant les monuments antiques et modernes qui se vendent aux voyageurs. Bien peu d'étrangers partent sans en acheter une collection, et quoique j'ignore la valeur de ce commerce, elle doit être considérable : 20,000 touristes affluent tous les ans à Rome, et en supposant qu'ils n'emploient chacun que 10 écus à ces sortes d'emplettes, ce qui, certainement, est une trop faible estimation, on trouve déjà plus d'un million de francs. A la suite des graveurs, imprimeurs et lithographes, marchent les enlumineurs, et ce n'est pas sans dessein que ce substantif est mis ici au masculin. En France, ce sont ordinairement des femmes qui s'appliquent à colorier les gravures ; mais, dans la capitale du monde chrétien, les détails mercantiles semblent être tombés en partage aux hommes, et le sexe féminin se consacre, presque exclusivement, aux soins intérieurs du ménage : c'est une suite de la vie retirée que menaient les matrones de l'antiquité.

La gravure sur cuivre, au burin et à l'eau-forte, est aussi pratiquée avec succès, et dès long-temps Rome a possédé, en ce genre, d'excellents artistes. Les camées sur pierres dures et sur coquilles, dont l'épaisseur a des couches de différentes couleurs, procurent une existence honorable et fructueuse à un grand nombre de graveurs, et plusieurs s'étant distingués dans cet art de la glyptique, si cultivé par les anciens, ont donné un grand prix à leur travail. Les pierres gravées par le célèbre Pikhler furent souvent prises pour de véritables antiques.

La peinture à fresque des appartements peut être assimilée, par le nombre de bras qu'elle emploie, à une manufacture. Au moyen de poncis, elle opère avec une grande rapidité, forme d'élégantes décorations et remplace utilement les papiers peints, sous un climat dont l'ardeur favorise trop la propagation des insectes. D'ailleurs, le bon goût est d'accord ici avec l'utilité, et les ouvrages des peintres italiens sont bien supérieurs, de toutes manières, à nos fragiles tentures. Un autre genre de peinture s'exécute aussi, en petite proportion, sur le stuc, et s'applique aux meubles; il en résulte de délicieux ornements, et cette industrie, ou plutôt cet art, donne lieu à un commerce extérieur de quelque importance.

Parmi les ornementistes, il faut également comprendre les incrustateurs des pierres colorées; insérés dans les marbres, les jaspes, le porphyre, le lapis-lazuli, la malachite, les beaux granits de Corse et d'Orient embellissent des tables, des consoles et des guéridons; mais à Florence, ce genre d'industrie est supérieur. A Rome, on se borne, à peu près, à former des espèces de marqueteries, tandis qu'en Toscane on s'élève jusqu'à la représentation des fleurs, des animaux et des ornements.

L'or et l'argent sont habilement employés à la fabrication de l'orfévrerie et des bijoux. L'art qu'illustrèrent, au temps de la Renaissance, Benvenuto Cellini, Bandinelli, Marani, Jesi, Agnolo, jette encore de l'éclat sur ces bords du Tibre, où l'antiquité a légué aux modernes de si précieux modèles ; toutefois, il est une autre espèce de bijouterie n'aspirant point à imiter leurs belles formes, et ne travaillant que pour les femmes de la campagne ou des basses classes citadines ; elle est toute spéciale, souvent même affectée à certaines localités, qui repoussent les caprices de la mode et recherchent encore les aiguilles de tête, les chaînes attachées à la ceinture, les larges colliers, tels qu'on les a portés depuis des siècles dans la province : cette fabrication, toujours la même, n'est pas la moins fructueuse et entretient un certain nombre d'ateliers.

Pour encourager la gravure, le gouvernement fonda, sous le pontificat de Clément XI, élu pape en 1721, un établissement appelé Chambre calcographique, employant sa dotation à l'acquisition de planches gravées, dont elle vend ensuite les épreuves pour rentrer dans ses dépenses. Selon M. de Tournon, en 1810, elle possédait 7,824 cuivres incisés au burin ou mordus par l'eau-forte ; depuis cette époque le nombre en a augmenté. Les souverains pontifes ont toujours noblement

contribué aux progrès des arts et des sciences : l'é-
poque de Léon X en est une immortelle preuve,
mais dès long-temps ses prédécesseurs l'avaient
préparée.

Les chapelets, formés de toutes sortes de matières, et principalement de verres colorés, de laves
et de coraux, sont un objet considérable de commerce au dedans et au dehors ; il s'en exporte une
immense quantité en Italie, en Espagne, en Por-
tugal, au Mexique et dans toute l'Amérique du
Sud, où la religion catholique est seule admise. On
prétend qu'ils font entrer à Rome chaque année
200,000 écus (1,070,000 francs), et je n'ai aucu-
nes données pour combattre ou admettre cette assertion, car les douanes ne tiennent point compte
d'une sortie entièrement libre, et qui, d'ailleurs,
s'opère par petites fractions. Il en est de même pour
l'entrée partielle en France, puisque la plupart des
voyageurs dérobent leurs pacotilles aux regards
des douaniers, et ce qui ne peut éviter de payer les
droits se confond avec la mercerie.

On peut citer aussi comme contribuant au commerce artistique l'imitation en liége des monuments anciens et modernes, et la restauration des
statues, bustes et vases antiques journellement
découverts à Rome et dans ses environs ; ce travail
occupe, sous la direction de véritables sculpteurs,
une centaine d'ouvriers. Les restes vénérables des

siècles d'Auguste et d'Adrien sont souvent fort
mal restaurés, mais ils ne s'en vendent pas moins
aux étrangers, et quelquefois à un prix considérable. Les Anglais, dit-on, paient au poids de l'or
ce qui devrait se solder avec du cuivre.

La mosaïque est une industrie d'une haute importance, et devient l'égale de la peinture lorsqu'elle reproduit et rend éternels les chefs-d'œuvre de Raphaël, du Dominiquin et des Carrache ;
mais comme simple représentation réduite de monuments, de ruines pittoresques, comme ornement
de la bijouterie, elle est une source d'aisance et
quelquefois de fortune pour un certain nombre de
familles, dont le travail se répand dans toutes les
parties du monde. L'art de fondre les émaux et de
les nuancer est aussi arrivé à une grande perfection, et, pendant l'occupation française, le gouvernement impérial fonda une chaire de chimie appliquée à leurs préparations. Dès long-temps un
vaste établissement était attaché à l'église de Saint-
Pierre et traduisait en émail, si l'on peut s'exprimer
ainsi, les œuvres du pinceau que les siècles mena-
çaient de destruction ; il existe toujours, et peut-
être le lecteur sera-t-il satisfait d'apprendre comment on procède, avec une étonnante fidélité de
couleur et de dessin, à la reproduction des tableaux, même de ceux dont les figures ont 3 ou 4
mètres de hauteur. Pour ceux de moyenne propor-

tion, on étend, sur une table de cuivre posée ver-
ticalement, une couche de mastic dur et de quelques
centimètres d'épaisseur. Si le besoin l'exige, plusieurs de ces feuilles sont assemblées et solidement
fixées à un cadre de fer. Lorsque l'ouvrage est colos-
sal, on se sert d'une pierre volcanique de Peperino,
dont les masses compactes se débitent en surfaces
de toutes dimensions ; ces pièces énormes, destinées à recevoir d'immenses mosaïques, dépassent
en poids 5o à 6o,ooo kilogrammes et ressemblent
à des murailles monolithes. Sur le mastic recou-
vrant ou ces pierres ou les feuilles de métal, on
trace le dessin du tableau qui doit être imité. Alors
l'ouvrier, ou plutôt l'artiste, procède à la confection de la mosaïque; à côté de lui sont rangés les
émaux de toutes couleurs dont il aura besoin , et
qui ont la forme de parallèlipipèdes allongés et un
peu épointés par un bout. Selon qu'il est nécessaire, on les divise et même on leur donne, au
moyen d'une meule d'émeri, les courbures propres à suivre la rondeur des contours. Pour les dra-
peries et les larges effets d'ombre ou de lumière,
ces émaux ont jusqu'à 2 et 3 centimètres d'équar-
rissage, mais lorsqu'il faut rendre la finesse des lignes de l'œil et de la bouche ou des boucles légères
de cheveux, ils se réduisent à quelques millimètres
et souvent à beaucoup moins. Le *mosaïqueur,*
qu'on me pardonne ce mot, est donc obligé de pré-

parer sans cesse les émaux comme son travail l'exige, et il doit en avoir acquis l'habitude pour ne pas perdre une matière précieuse : aussi n'est-il agrégé aux ateliers de Saint-Pierre qu'après un long apprentissage. Quand un certain nombre de dés ont reçu la division et les formes voulues, il les enfonce dans le mastic en se conformant au dessin déjà tracé et au coloris du modèle, coloris si exactement imité, que lorsque la mosaïque est mise en place et vue à quelques pas de distance, on la confond souvent avec la peinture à l'huile dont elle a l'éclat et la vigueur. L'œuvre terminée est d'abord rude, pleine d'aspérités et semble composée de morceaux de laves que la nature aurait colorées de mille teintes diverses ; mais bientôt elle acquiert le brillant de l'unité de surface qu'elle doit avoir par un procédé semblable à celui qu'on applique au polissage des glaces. Arrivée à ce point de perfection, la mosaïque, sauf un choc violent, est impérissable et ne craint aucun des agents chimiques et destructeurs répandus dans l'atmosphère. Ce travail est immortel, mais ne peut s'achever qu'avec une lenteur extrême : à peine un jour laisse-t-il apercevoir quelques émaux ajoutés à ceux posés la veille, et, pour en donner un exemple, citons un tableau qui vient d'être fini, et représentant l'Isaïe de Raphaël ; il n'a que 2 mètres de largeur et 2 et demi de hauteur, et pourtant il occupa trois ouvriers à la fois pendant six années. En comparant les grandes mosaïques de Saint-Pierre à celle-ci et en faisant une règle de proportion, on trouvera qu'il a fallu un demi-siècle pour les terminer. Il n'y a que la persévérance italienne, ne se lassant jamais et s'approchant pas à pas de son but, qui puisse se résoudre à produire si lentement. Ajoutons que ces grands tableaux d'émail reviennent à 150 ou 200,000 fr.

Le gouvernement possède une fonderie fabriquant tous les émaux qu'il emploie, et au Vatican on peut visiter une vaste galerie où 18,000 casiers renferment chacun une teinte différente et ses dégradations. Un long exercice de leur profession donne aux fondeurs la connaissance des mixtions et de la quantité de matières colorantes que l'on doit introduire dans la pâte du verre, qui n'est point transparent, mais demi-opaque, pour que la lumière ne puisse pénétrer et se perdre dans l'intérieur de la mosaïque. Ces émaux sont en gros morceaux et tels qu'ils sortent du creuset ; lorsqu'on veut s'en servir, on les divise avec un maillet de fer en biseau, et ils s'éclatent régulièrement.

Il est difficile de savoir quelle quantité de numéraire tous ces objets d'art font entrer à Rome, puisque leur valeur est presque toujours conventionnelle, dépend de l'empressement de l'acheteur à se les procurer, et que la douane ne saurait

l'apprécier; mais certainement elle est considérable.

Voici maintenant un tableau des principales
manufactures réparties à Rome ainsi que dans les
provinces, et destiné à compléter ce chapitre :

LOCALITÉS.	FABRIQUES DE
Ancône	Cuirs et peaux diverses. Toiles de chanvre et mêlées de coton. Toiles imprimées et nankins. Cordages assortis. Chapeaux de poils de lièvre. Draps communs. Parapluies en tissus de soie et de coton ciré. Cire d'Espagne. Savon.
Ascoli	Aiguilles. Papier. Verre. Tartrate de potasse. Draps. Faïence.
Assisi	Limes et râpes.
Belfiore	Papier.
Bologne	SOIERIES. — Damas, velours, satins, lustrines, peluches, crêpes, foulards, gazes. Draps et lainages. Caractères d'imprimerie. Cuirs et peaux. Cordages. Papiers. Bougies. Chapeaux de paille. Fer demi-raffiné. Verreries. Epingles d'acier à têtes de verre.

LOCALITÉS.	FABRIQUES DE
Calderara.	Tanneries. Tartrate de potasse. Sucre raffiné.
Camerino.	Soieries.
Faenza.	Filature de soie.
Ferrare.	Tissus de soie. Cordages. Bougies. Cuirs et peaux apprêtées. Verres blancs et noirs. Clouterie.
Foligno.	Cire blanchie, cierges et bougies. Tannerie. Savon. Huile purifiée. Alcool, eau-de-vie. Papier. Parchemin. Soies grèges. Cartes à jouer.
Grottamare.	Sucre raffiné.
Macerata.	Verrerie. Poterie commune.
Norcia	Draps. Cuirs et peaux préparées.
Osimo	Lainages.
Perouse	Tapis à dessins. Draps, castorines. Chapeaux de feutre. Tartrate de potasse. Soieries. Tanneries. Savon. Cire.
Pesaro	Faïence. Poterie commune et fine. Cristaux et verrerie. Tartrate de potasse. Cuirs et peaux préparées. Tissus de soie et de coton. Filature de soies grèges,

LOCALITÉS.	FABRIQUES DE
Porto-Logoscuro . .	Savon.
Rimini.	Extraction, affinage du soufre.
	Alcool et eau-de-vie
	Amidon.
	Bas de laine.
	Bonneterie.
	Cartes à jouer.
	Chapelets.
	Chapellerie.
	Cierges et bougies.
	Cordes de chanvre.
	Cordes harmoniques.
	Cuirs et peaux.
	Draperie commune et demi-fine.
	Fils de fer et de laiton.
	Filature de laine.
	Gants.
	Gravure.
	Instruments de chirurgie.
	Instruments de physique.
	Liqueurs.
Rome et sa banlieue.	Mosaïques, incrustations.
	Moulinage du tan.
	Orfévrerie et bijouterie.
	Papiers.
	Pâtes d'Italie.
	Perles fausses.
	Poterie, faïence.
	Produits chimiques.
	Savon.
	Sellerie.
	Soieries.
	Tabac.
	Taillanderie et coutellerie.
	Tapis et imitation des Gobelins.
	Teintures.
	Tissus de coton.
	Tissus de crin.
	Toiles imprimées communes.
	Verreries.
Ronciglione	Tréfilerie.

LOCALITÉS.	FABRIQUES DE
San-Severino. . . .	Papier.
Sellano.	Limes et râpes.
Spolète.	Préparation des peaux. Draps et lainages.
Terni.	Lainages. Papier. Tannerie.
Tivoli.	Cuirs. Taillanderie. Tréfilerie et laminage. Fonte de cuivre.
Todi	Toiles de chanvre et de lin.
Tolentino.	Tannerie. Faïence.
Tolfa.	Extraction, cristallisation de l'alun.
Velletri.	
Canino.	Fontes et fer.
Conca	
Viterbe.	Clouterie. Cordages. Toiles de chanvre. Blanchiment des toiles. Sulfate de fer.
Urbin	Epingles en laiton.

MANUFACTURES EN PROGRÈS.

Chapeaux de feutre.	Soieries.
Chapeaux de paille.	Savonnerie.
Papeterie.	Soufre.

MANUFACTURES EN DÉCADENCE.

Draperie.	Sulfate d'alumine.
Tannerie.	Crêpes et Gazes.
Gants.	Tissus de coton.

D'après ce tableau, on a pu voir que, si l'Etat ecclésiastique n'est pas placé au rang des pays à manufactures importantes et donnant des produits perfectionnés, il ne manque point pourtant d'industrie, et qu'il peut suffire à une grande partie de sa consommation. La balance du commerce, il est vrai, ne lui est pas favorable, mais le numéraire que les étrangers apportent sans cesse rétablit l'équilibre, et la preuve c'est que l'intérêt de l'argent reste à peu près stationnaire à Rome, à Bologne, à Civita-Vecchia, et ne dépasse pas celui des autres places commerciales de l'Italie. Remarquons aussi qu'un mouvement industriel se développe, même parmi la noblesse; plusieurs de ses membres se sont faits manufacturiers, et l'on peut citer avec distinction le marquis Potenziani, les comtes Paccaroni et Lozzano et le baron Grazioli.

COMMERCE.

Le tableau du commerce romain a été à peu près dressé dans les deux chapitres de l'agriculture

et des manufactures ; on y a vu que ses exporta
tions se composaient, presque en totalité, de produits agricoles à leur état naturel, et qu'au contraire, le peu de perfection des objets sortis des
fabriques nationales, l'obligeaient à tirer de l'étranger ceux de première qualité. En général les travaux d'art font seuls déroger à cette règle. C'est,
néanmoins, une tâche ingrate que celle de présenter ici les résultats de ce commerce, car les documents sont confus et difficiles à se procurer. Ce chapitre sera donc moins développé que les précédents,
attendu que l'auteur ne veut présenter que ce qu'il
croit être la vérité. Il a pu examiner par lui-même
l'agriculture, pénétrer dans l'intérieur des ateliers;
mais pour le commerce, achetant d'une main et
revendant de l'autre, on ne peut s'en rapporter
qu'à des états de douane, souvent incomplets, et
qui n'accusent pas exactement la valeur des marchandises présentées à leur appréciation ; il faut
la réformer, comparer le prix assigné à celui de fabrication, et l'on peut commettre des erreurs. Il
n'est de certain que les poids et les quantités, et
encore aux énoncés légaux, doit-on ajouter ap-
proximativement la part de la contrebande.

Pour confirmer cette assertion, commençons par
dire que nos produits sont en faveur croissante
depuis quelques années, surtout pour les belles
soieries unies et façonnées, les toiles imprimées,

les châles de laine, la riche quincaillerie, la bijouterie, l'horlogerie, les bronzes et les articles de
goût fabriqués à Paris ; les beaux papiers, dont la
vente fut long-temps le partage de l'Angleterre,
sont maintenant fournis par la France : excepté
pour les toiles de lin et la draperie, lorsqu'on veut
exciter l'acheteur, on donne à la marchandise la
qualité de française. La bonne encre même vient
de Lyon, et le hasard m'a fait découvrir que cette
ville en fait un commerce assez fructueux avec les
Etats pontificaux. Cependant, nos douanes sont
bien loin d'accuser une exportation aussi considérable ; mais la fraude se charge de combler la différence qui existe entre les chiffres officiels et ceux
de la consommation ; elle est facile par la montueuse frontière de Toscane, et l'entrepôt de Livourne y pourvoit, dit-on, largement.

Avant de poser des chiffres et de montrer que
l'importation romaine dépasse, en moyenne, l'exportation avouée de 11,935,000 fr., disons d'a-
bord que le commerce, soit d'entrée, soit de sortie,
se fait presque entièrement par navires étrangers,
ce que prouvera le tableau de la marine, et que les
tartanes pontificales se bornent ordinairement au
cabotage avec Naples, Gênes, Livourne, et viennent rarement jusqu'à Marseille. Dans l'Adriatique, le nombre de ces bâtiments est un peu plus
considérable, mais également faibles d'échantillon,

ils ne peuvent entreprendre des voyages de long
cours. Le commerce des transports par mer est
donc aux mains des autres nations, et l'on sent que
celui par voie de terre est bien borné, puisque for-
cément il ne peut avoir lieu qu'avec Naples et la
Toscane. Il est aussi quelques observations à faire
sur les deux contrées que l'Apennin sépare, et
dont les populations sont inégales, celle du versant
sud n'étant que de 1,030,803 individus, tandis
qu'au nord 1,717,264 habitent le littoral adriatique. Leur consommation respective, pour certains objets tirés du dehors, n'est point proportionnelle à ces nombres, et varie sensiblement
selon les habitudes et les besoins des provinces, sur
lesquelles, au reste, influe peu une légère différence de latitude et de température, mais beaucoup la réunion des fabriques et des classes ouvrières dans la partie septentrionale, et l'agglomé-
ration au sud des laboureurs et des bergers. Aussi
l'apport des matières premières destinées aux manufactures et de certains comestibles, comme le
poisson salé, est-il plus considérable dans les Marches et les Légations de Bologne et de Ferrare,
tandis qu'au midi, où se trouve la capitale, ce sont
les importations coloniales et les marchandises de
luxe qui prédominent. Pour en donner un exemple, citons les produits coloniaux; leur entrée
moyenne en douane est de 14,400,137 livres ro-

maines ainsi partagées : au sud, 6,828,253, et au nord, 7,571,884 ; mais, proportionnellement à leur population, les bords de l'Adriatique devraient en consommer 11,608,030. Par contre, l'introduction des tissus de chanvre et de coton, que leur peu de valeur met à la portée de l'ouvrier, arrive dans les Marches au poids de 1,549,624 livres, tandis qu'au midi elle ne s'élève qu'à 911,544 ; il en est de même, et contrairement, des tulles, des soieries façonnées, rubans et velours, dont l'entrée est à Rome de 136,468 livres, et dans les pays transapennins seulement de 76,671.

Les principales importations se composent de fer, acier, cuivre, plomb, bois de construction et à brûler, tabac en feuilles, poissons salés, cuirs, huile dans les provinces du Nord, sucre, café, tissus de soie, laine et coton ; les exportations, de bœufs, de moutons, chevaux, peaux d'agneaux, chanvre, potasse et tartrate, soies, liéges, soufre, sel, céréales et huile, par le littoral de la Méditerranée lorsque la récolte est abondante. L'introduction des métaux fait sortir du pays 400,000 écus (2,140,000 francs) ; des denrées coloniales, 800,000 (4,280,000 francs) ; de la cire et du miel, 1,029,000 francs ; du poisson salé, plus de 450,000 (2,402,500 francs) ; de l'huile, 380,000 (2,103,000 francs) ; des gommes, résines, fruits secs, 133,000 (711,550 francs) ; de la quincaillerie, 250,000 (1,337,500 francs). Les tissus de toutes espèces doivent faire exporter une masse importante de numéraire, mais je n'ai pu connaître que celle concernant les apports douanés par la France, et montant, en 1840, à 1,161,425 francs; bonification, sur 1839, de 133,425 francs. L'importation de ces tissus se répartit inégalement, selon les espèces, entre les nations manufacturières. La Saxe, la Belgique et le grand duché du Rhin l'emportent sur leurs rivaux pour les lainages; la Suisse et l'Angleterre fournissent principalement les cotonnades, surtout les blanches; et la France fait prédominer ses soieries, ses batistes et ses linons, car il faut répéter que les douanes n'accusent, peut-être, que la moindre partie de leur introduction.

Le mouvement commercial varie peu dans les Etats-Romains, et suit lentement l'accroissement de la population. On peut donc, sans crainte de fortes erreurs, et sur une moyenne de dix années prises aux registres douaniers, assigner à l'exportation un chiffre de 25,440,000 francs, et à l'importation celui de 37,375,000 francs, toujours en laissant inconnue la part de la fraude. En admettant un nombre rond de 2,700,000 habitants, cette importation donne donc, pour l'entrée légale, une consommation en marchandises étrangères d'à peu près 14 francs par tête, tandis qu'en

Toscane elle est de 35 francs, en apparence du moins; car, dût-on m'accuser de répétitions, il faut rappeler encore au lecteur, qu'une portion notable de ce qui s'introduit dans la Toscane, en ressort pour pénétrer secrètement à Modène, en Lombardie et dans les provinces pontificales : ainsi cette différence de 14 à 35 n'indique point réellement quelle est la vraie richesse des deux contrées.

Le commerce de Rome est régulier, fondé sur les réels besoins de la consommation et ne se livre point à ces spéculations hasardées, si fréquentes en France, en Angleterre, et qui amènent une opulence improvisée ou des catastrophes atteignant le créancier plus que le débiteur. Les faillites sont rares, et le gain modéré de chaque année, long-temps accumulé, constitue aux négociants une modeste et solide aisance; la prudente sagacité italienne apparaît dans leurs opérations, et s'il s'est créé deux ou trois immenses fortunes, elles sont dues surtout à l'adjudication des emprunts et de la ferme du tabac, fortunes, au reste, acquises honorablement, mais sans risques, car le gouvernement pontifical a tenu scrupuleusement ses promesses. Toutefois, il faut avouer aussi que la sagesse des commerçants a été en général causée par le refus des capitaux disponibles de s'associer à leurs entreprises; contrairement à ce qui se passe ailleurs, ces capitaux sont entre les mains des grands propriétaires, et déjà il a été dit, au chapitre descriptif de Civita-Vecchia, qu'éloignés de tout esprit mercantile, ces nobles campagnards ou bourgeois citadins aiment mieux augmenter, par des achats successifs, leurs propriétés foncières, que de prêter à l'industrie et à la navigation. Est-ce un mal dans une contrée autrement constituée que la nôtre, où la stabilité des familles est une des bases de l'ordre social, où leur influence permanente est la garantie du repos public, et en même temps une constante protection pour les classes inférieures, un patronage semblable à celui des anciens sénateurs, sauf les différences que le temps et les lois modernes ont apportées? Je suis loin de le croire; peut-être au premier abord blâmera-t-on cette opinion; mais pour juger sainement ce qui existe dans un pays étranger, on doit commencer par bien connaître sa constitution, ses intérêts réels, ses mœurs populaires, et ne pas raisonner comme s'il était situé sur les bords de la Seine ou de la Tamise. Chez chaque peuple il est un fond de raison qui le rend juge compétent de ce qui lui convient.

Voici maintenant les tableaux des exportations et importations romaines, et celui du commerce spécial de la France :

EXPORTATIONS PRINCIPALES ET MOYENNES.

	PROVENANCES.		
Bœufs	Pérouse, Romagne; pour Naples et la Toscane.	Têtes	10,000
Chevaux . . .	Pérouse, Romagne; pour Naples et la Toscane.		3,000
Moutons . . .	Pérouse, Viterbe; pour la Toscane		50,000
Porcs.	Pérouse, Viterbe; pour la Toscane		40,000
Chanvre.	Bologne, Ferrare, Romagne; pour divers pays.	k.	10,000,000
Fromage.	Provinces méridionales; pour la Toscane et le Piémont. .		340,000
Graine de lin. . .	Toutes les provinces; pour la Lombardie.		450,000
Huile d'olive. . .	Provinces méridionales dans les bonnes années.		550,000
Huile de lin. . .	Toutes les provinces; pour la Lombardie.		20,000
Laines.	Provinces méridionales; pour le Piémont, la Toscane, la France et l'Angleterre. . .		500,000
Liége.	Provinces méridionales; pour l'Angleterre		180,000
Pastel	Rieti, Spolète, Matelica, Camerino.	kil.	24,000
Peaux d'agneaux.	Provinces méridionales; pour l'Angleterre, Naples et le Piémont		140,000
Peaux de bœuf et de buffle. . . .	Diverses provinces et pour divers pays.		40,000
Planches.	Provinces méridionales; pour l'Espagne et la France. . .	quantité inconnue.	
Potasse.	Montalto, Corneto, Porto-Auzio; pour divers pays . . .		400,000

	PROVENANCES.	
Riz.	Bologne, Ferrare, Ravenne, pour la Toscane.	quantité incon- nue.
Sel.	Salines de Cervia et Comma- chio ; pour les pays voisins.	14,000,000
Soies.	Romagne ; pour la France et l'Angleterre.	80,000
Soude	Montalto, Corneto, Porto-Au- zio ; pour divers pays. . . .	20,000
Soufre.	Romagne ; pour la Toscane. .	400,000
Suif et graisse. .	Pour divers pays.	120,000
Sulfate d'alumine.	Tolfa.	quantité incon.
Sulfate de fer. .	Viterbe.	20,000
Tabac en feuilles.	Chiaravalla ; pour la Toscane et le Piémont.	600,000
Tartrate de po- tasse.	Diverses provinces ; pour la France et l'Angleterre. . .	150,000
A ces objets, il faut ajouter les antiquités, mo- saïques, tableaux, produits des arts, chape- lets, bijoux de lave et de coraux		Valeur incon- nue, mais con- sidérable.

IMPORTATIONS PRINCIPALES ET MOYENNES.

	PROVENANCES.	
Acier.	De l'île d'Elbe.	kil. 200,000
Beurre.	Lombardie.	70,000
Cacao	France et Angleterre. . . .	150,000
Café.	France et Angleterre. . . .	600,000
Cannelle.	France et Angleterre. . . .	14,000
Charbons et bois.	Le Tyrol, l'Illyrie, la Dalmatie.	1,500,000
Chevaux de luxe.	Divers pays.	nombre incon.
Cire	Divers pays.	500,000

	PROVENANCES.	
Cochenille. . . .	France et Angleterre.	2,700
Coton.	France et Angleterre. . . .	150,000
Cuirs bruts. . .	Divers pays.	400,000
Cuivre.	Livourne et Trieste.	130,000
Étain.	Livourne et Trieste.	28,000
Fer.	L'île d'Elbe.	700,000
Fer en tringles. .	Divers pays.	80,000
Fromages	Lombardie, Hollande, Suisse.	500,000
Fruits secs. . . .	Deux - Siciles.	540,000
Girofle.	France et Angleterre. . . .	12,000
Huile.	Naples et la Toscane. . . .	1,000,000
Indigo.	France et Angleterre. . . .	20,000
Laine à matelas.	Divers pays.	350,000
Mercure	Espagne.	1,400
Peaux de lièvre.	Divers pays.	18,000

		Moruc.		2,400,000
Poissons salés.		Harengs . . .	Angleterre	250,000
		Sardines . . .		500,000
		Saumon. . . .		
		Thon.	France, Espagne, Sicile, Rus-	
		Sardines . . .	sie	1,200,000
		Caviar.		

Plomb.	Angleterre	700,000
Poivre.	France et Angleterre. . . .	540,000
Sucre brut. . .	France et Angleterre. . . .	4,000,000
Tabac en feuilles.	Hongrie, Albanie, Brésil. . .	1,150,000
Tissus.	France, Angleterre, Suisse, Allemagne.	quantité incon.

Le commerce des céréales, tantôt actif, tantôt
languissant, et quelquefois même entièrement
suspendu, est de sa nature très-variable ; son mouvement dépend réciproquement de l'état des récoltes dans les pays pontificaux et les contrées
étrangères. Surtout en Espagne et au Midi de la
France, ces variations sont si grandes, qu'en 1839

la ville de Marseille n'a pas acheté à Civita-Vecchia un seul litre de froment, et qu'en 1840, elle en a tiré 8,358,274, s'élevant à une valeur de 1,671,625 francs. Des recherches ont été faites inutilement par l'auteur de cette relation, pour connaitre officiellement la moyenne de l'exportation des grains de toutes espèces; mais il pense, d'après d'autres renseignemens, qu'il ne s'éloignerait pas de la vérité en la portant à 1,000,000 ou 1,100,000 francs.

Autrefois la sortie de l'huile par le littoral de la Méditerranée, le seul qui en produise assez dans les bonnes années pour avoir un excédant sur la consommation locale, était entièrement libre ainsi que celle des chiffons; mais, en 1836, une ordonnance prescrivit la publication des prix courants destinés à servir de régulateurs pour l'importation des huiles étrangères et l'exportation des nationales; ainsi dans cette même période de 1836, l'entrée et la sortie furent permises moyennant un droit de 100 bajoqui par 33 kilogrammes 1/3 pour la première, et de 30 pour la seconde. Quant aux chiffons, le lecteur a déjà vu qu'ils ne peuvent maintenant passer à l'extérieur que lorsque les papeteries romaines sont suffisamment approvisionnées; avant cette restriction, que la manufacture a sollicitée et dont le commerce se plaint, on embarquait pour la France, l'Angleterre, la Toscane et la Lombardie, à peu près 3,000,000 de kilogrammes de cette matière d'autant plus précieuse, que depuis l'invasion des cotonnades, les chiffons de chanvre et de lin deviennent rares et chers. L'exportation des tableaux de prix et des antiques est aussi fort gênée et même prohibée en principe, et ce n'est qu'avec un permis du gouvernement qu'on peut les faire passer au dehors ; deux raisons en sont cause : la première, c'est que les tableaux et les statues attirent en Italie les voyageurs et les artistes ; la seconde provient de la perpétuelle substitution des objets d'art, décorant les somptueuses demeures de la noblesse romaine. les Doria, les Colonna, les Borghèse, n'en sont que les usufruitiers.

COMMERCE DE ROME ET DE LA FRANCE EN 1839.

IMPORTATIONS EN FRANCE.

MATIÈRES NÉCESSAIRES A L'INDUSTRIE.	OBJETS DE CONSOMMATION.	
	Naturels.	Fabriqués.
1,016,402 francs.	9,242.	83,816.

COMMERCE GÉNÉRAL.
MARCHANDISES ÉTRANGÈRES ARRIVÉES EN FRANCE.

			fr.
Laines en masse. . .	kilog.	156,524	477,665
Matériaux.		5,027,654	154,581
Tabac en feuilles. . .		60,105	138,257
Merrains de chêne. . .	pièces.	408,852	121,895
Objets de collections. .	francs.	. . . . .	51,918
Soufre fondu	kilog.	577,854	37,785
Peaux brutes	francs.	. . . . .	26,884
Suif brut	kilog.	59,083	21,497
Soies écrues.		554	21,560
Marbres.		185,199	15,517
Sulfate d'alumine. . .		17,195	15,152
Librairie.		1,725	12,061
Potasse		8,581	5,029
Autres articles. . . .		. . . . .	75,005
TOTAL.			**1,109,460**

COMMERCE SPÉCIAL.
MARCHANDISES ÉTRANGÈRES MISES EN CONSOMMATION.

			fr.
Laines en masse. . . .	kilog.	126,145	414,254
Merrains de chêne. . .	pièces.	482,895	156,275
Matériaux.	kilog.	5,027,654	151,581
Tabac en feuilles . . .	. . . . .	42,777	98,587
Peaux brutes	francs.	. . . . .	56,597
Suif brut	kilog.	45,051	25,678
Sulfate d'alumine. . .		26,775	25,560
Soufre fondu		224,159	22,414
Marbres.		512,887	19,195
Objets de collections.	francs.	. . . . .	17,575
Librairie.	kilog.	1,281	8,967
Potasse		8,581	5,029
Autres articles. . . .		. . . . .	72,701
TOTAL.			**1,049,807**

Dans ce tableau, comme dans le suivant, les marchandises sont placées selon leur rang d'importance.

EXPORTATIONS DE FRANCE EN 1859.

COMMERCE GÉNÉRAL. MARCHANDISES FRANÇAISES ET ÉTRANGÈRES.				COMMERCE SPÉCIAL. MARCHANDISES FRANÇAISES.			
			fr.				fr.
Tissus de soie.	francs.	. . . . .	640,090	Tissus de soie.	francs.	. . . . .	587,782
Tissus de laine.	. . . . .	. . . . .	299,975	Tissus de laine	. . . . .	. . . . .	214,752
Sucre étranger brut.	kilog.	297,699	266,455	Sucre raffiné	kilog.	164,989	197,987
Sucre français brut.	. . . . .	557,224	252,918	Merceries et modes	francs.	. . . . .	189,787
Mercerie et modes.	francs.	. . . . .	205,583	Papier, livres et gra-			
Sucre raffiné	kilog.	164,989	197,987	vures.	kilog.	22,431	124,823
Plomb brut.	. . . . .	292,655	151,686	Sel marin.	. . . . .	3,576,556	101,290
Papier, livres et gra-				Poterie, verres et cris-			
vures.	. . . . .	22,884	126,887	taux.	francs.	. . . . .	91,503
Sel marin.	. . . . .	3,576,556	101,290	Tissus de coton.	. . . . .	. . . . .	51,686
Poterie, verres et cris-				Machines et mécani-			
taux.	francs.	. . . . .	94,114	ques	. . . . .	. . . . .	40,209
Café.	kilog.	75,058	90,046	Peaux préparées.	kilog.	6,803	55,850
Tissus de coton.	francs.	. . . . .	52,028	Tissus de lin et de			
Machines et mécani-				chanvre.	francs.	. . . . .	28,134
ques	. . . . .	. . . . .	47,242	Orfévrerie et bijoux.	grammes.	45,528	22,185
Peaux préparées.	kilog.	7,571	55,960	Meubles.	francs.	. . . . .	20,311
Tissus de lin et de				Plumes à écrire.	kilog.	1,002	18,056
chanvre.	francs.	. . . . .	51,754	Coutellerie.		1,495	17,916
Orfévrerie et bijoux.	grammes.	45,528	22,185	Poissons salés.		55,000	14,500
Meubles.	francs.	. . . . .	20,311	Articles divers.		. . . . .	476,844
Plumes à écrire.	kilog.	1,001	18,056				
Coutellerie.		1,495	17,916				
Poissons salés.		55,000	14,500				
Articles divers	. . . . .	. . . . .	710,587				
		Total. . . .	3,575,830			Total. . . .	2,251,577

La quantité de marchandises romaines introduite en France et indiquée au premier tableau est exacte, attendu qu'en général ces introductions, composées d'objets encombrants et de médiocre valeur, se refusent à la contrebande. Il n'en est pas de même de celle que nous faisons entrer dans les Etats ecclésiastiques. Les tissus de lin, ceux de soie, de laine, imprimés sur coton, la bijouterie, la mercerie fine, l'horlogerie, ont un grand prix, et par les facilités du transport encouragent la fraude ; de plus, nos douanes leur donnent toujours une évaluation inférieure à la réalité. Je pense donc ne pas me tromper en portant à 1,000,000 de francs ce qui entre par voie défendue, et en augmentant de 20 pour 100 la somme que présentent les documents généraux publiés par notre gouvernement. Ce serait donc 1,446,274 francs qu'il faudrait ajouter aux 2,331,377 de notre commerce spécial. Dans ces introductions françaises et officielles les soieries entrent pour 26 et 1/2 sur 100, les tissus de laine pour 9 8/10mes, la mercerie et les modes pour 8 6/10mes, et le sucre raffiné pour 8 9/10mes. Quant à cette dernière substance, il y a peu d'années encore que son introduction, s'élevant à 4,000,000 de kilogrammes, était partagée entre la France et l'Angleterre ; mais depuis la conversion en simple drawback de la prime autrefois accordée à nos raffineurs, cette branche d'industrie est opprimée par la concurrence anglaise, et ce n'est pas le seul dommage que la suppression des primes ait fait éprouver à Marseille. Cette ville a perdu les commissions que les épiciers et droguistes romains donnaient en même temps pour l'achat du plomb, du café, du cacao, de l'indigo, et de toutes les denrées coloniales. Les commettants préfèrent aujourd'hui ne faire qu'un chargement de tout ce dont ils ont besoin, et s'approvisionnent aux dépôts anglais de Gênes et de Livourne. L'Angleterre même commence à envoyer directement des sucres à Civita-Vecchia, et, en 1840, un bâtiment venant de Liverpool y a déposé une cargaison de 210,000 kilogrammes. Aussitôt que les primes furent supprimées, l'entrée, dans les pays pontificaux, des sucres raffinés français tomba presque entièrement, et Marseille n'en put introduire, en 1838, que 49,826 kilogrammes. Cependant nos fabricans firent de louables efforts, et, en 1839, leurs envois montèrent à 164,989 kilogrammes. Quoiqu'ils soient redescendus, en 1840, à 72,381, on peut espérer qu'il y aura un mouvement ascensionnel; mais de là, même en comprenant les 5 à 600,000 kilogrammes de sucres bruts de toutes nuances que nous fournissons encore à la raffinerie privilégiée de Grottamare, il s'en faudra de beaucoup que nous puissions revenir aux 1,500,000 ou 2,000,000 de kilogrammes que la France livrait jadis à la consommation de Rome et du versant méridional des Apennins. Quant au littoral adriatique, c'est de Trieste que viennent les sucres qu'il achète.

FOIRE DE SINIGAGLIA.

Les grands centres de réunions commerciales, les foires instituées dans le moyen-âge avec le précieux privilége d'entière liberté du trafic, l'exemption des droits fiscaux et la sûreté du transport des marchandises, sûreté que l'Eglise même prit plusieurs fois sous sa protection, en frappant d'anathème quiconque voulut y apporter obstacle, ne furent cependant que des preuves, encore subsistantes, des désordres qui affligeaient la société sous le régime féodal. Alors il fallait s'assembler en nombre respectable, et composer une caravane armée prête à repousser les barons pillards. Pour y parvenir, on devait également désigner un point commun où les mêmes intérêts, les mêmes professions viendraient converger ; alors aussi ces réunions furent éminemment utiles, et sous le rapport commercial, et sous celui de la diffusion des lumières. En se rapprochant, les peuples s'instruisaient mutuellement ; mais depuis que les communications sont sûres et rapides, depuis que les correspondances, parcourant en quelques jours de vastes distances, permettent, sans sortir de son comptoir, de discuter les conditions d'un marché et de payer par lettre de change, les foires déclinent et doivent décliner encore. Le temps peut-être n'est pas loin où elles cesseront d'exister. La barbarie les fit naître, et la civilisation causera leur mort.

Celle de Sinigaglia, située sur l'Adriatique, entre Urbin et Macerata, éprouve déjà cet effet inévitable et penche vers son déclin ; son importance diminue graduellement, et peut-être finira-t-elle par n'être qu'une simple foire de banlieue. En 1839 et 1840, la plupart des négociants qui s'y sont rendus, surtout ceux d'Ancône, ont presque tous été en perte, et beaucoup de marchandises n'ont pu se vendre. Mais outre les causes ci-dessus révélées, d'autres encore agissent et amènent cette décadence ; il importe de les faire connaître, et l'on voudra bien permettre quelques détails à ce sujet.

Les prospérités d'Ancône et de Sinigaglia, au moment de la foire, dépendent l'une de l'autre, car si l'on vend ou achète à Sinigaglia, c'est par Ancône que s'opèrent l'importation et l'exportation. Cette dernière ville était encore, il y a trente ans, une place riche et commerçante, quoique du second ordre, et partageait avec Trieste et Venise la navigation de l'Adriatique. Son commerce était presque uniquement alimenté par les Grecs, qui, de tous temps, avaient pris l'habitude de venir chercher à Ancône et à Sinigaglia les produits de l'industrie européenne, et de les distribuer ensuite dans l'intérieur de la Grèce et aux Echelles du Levant. A cette époque, Ancône ressemblait à une cité du Péloponèse ou de l'Archipel; les bâtiments de l'Hellénie remplissaient le port; la plupart des magasins, des boutiques, des cafés, appartenaient à des Grecs, et Sinigaglia était un marché à peu près exclusivement ouvert à leurs compatriotes. Les grandes affaires, les commandes, le commerce, même de détail, se faisaient pour le compte des négociants de cette nation. Ceux-ci font encore quelquefois des achats assez considérables, mais ils ne viennent plus à Sinigaglia, et c'est par correspondance et agents affidés qu'ils opèrent. Quant à la ville d'Ancône, la population grecque l'a désertée, et n'a aujourd'hui, pour l'y représenter, que trois ou quatre tailleurs occupés à confectionner les costumes albanais que les paysans des environs ont adoptés.

Deux causes principales ont engagé les Grecs à sortir d'Ancône, et à porter ailleurs le siége de leurs opérations commerciales : d'abord, le voisinage de Trieste et l'importance toujours croissante de cette ville; ensuite, les vexations auxquelles leur religion était exposée : jamais les autorités pontificales n'ont voulu en permettre l'exercice public, ni même à domicile. A Trieste, au contraire, l'administration autrichienne, non-seulement tolère, mais protège le culte grec, et un évêque schismatique a été officiellement intronisé. Il en est résulté qu'après la révolution et l'indépendance reconnue de la Grèce, la plus grande partie du commerce de cette contrée a pris la direction de Trieste. De riches et nobles familles hellènes s'y établissent chaque année, y acquièrent des biens fonciers, et construisent des maisons et des comptoirs. Trieste s'accroît donc aux dépens de son ancienne rivale, dont les exportations se réduisent maintenant aux blé, chanvre, tabac, suif, peaux, tartrate de potasse, bois de construction, et encore ces sorties se font-elles avec peine, car Ancône n'est point une place d'entrepôt. Lorsqu'un navire se présente, rien n'est prêt pour son chargement; ou les magasins sont vides ou les marchandises s'y trouvent en quantité insuffisante; il faut donc écrire dans les provinces pour les commander, et perdre du temps à les réunir; par contre, à Trieste, les achats peuvent être immédiatement placés à bord. Dans cet état de choses, la différence de prix peut seule engager les armateurs à fréquenter Ancône, si bien située cependant pour faire un grand et prospère commerce, puisque le pays qui l'environne est un des plus fertiles du monde, et que ses produits sont variés. Assise sur une plage stérile, Trieste ne possède aucun de ces avantages naturels; mais la prévoyance de ses négociants et la liberté religieuse augmentent chaque jour sa fortune.

En terminant la partie commerciale de ce volume, il faut avertir les manufacturiers français qu'à Sinigaglia, comme à Naples, comme dans presque toute l'Italie, certains de nos tissus, surtout la draperie, ont beaucoup de peine à se débiter, et, chose singulière, c'est à la perfection même de leur fabrication que tient cette défaveur; le prix en est trop élevé. Les consommateurs grecs préfèrent des étoffes moins parfaites, mais à meilleur marché, et sans considérer la qualité de la laine et du travail, se contentent de l'apparence. La Saxe, la Belgique, les bords du Rhin, savent se conformer aux facultés des acheteurs et leur fournissent à un rabais de 25 à 30 p. 100 des draps qui flattent l'œil, quoique légers et sans consistance. Pourquoi nos fabricans n'agissent-ils pas de même, et se laissent-ils enlever une branche fructueuse de commerce? Craignent-ils de porter atteinte à la réputation de leurs fabriques ou de s'exposer au reproche de tromperie? Jamais les Allemands et les Belges ne l'ont encouru. On ne trompe point lorsque le bas prix indique évidemment le titre de la matière. Les seules soieries façonnées de Lyon obtiennent à Sinigaglia la préférence sur les analogues des autres manufactures ; mais pour les unis, Gênes, Milan, la Suisse, qui se perfectionnent de plus en plus, nous font une redoutable concurrence.

NAVIGATION.

Le mouvement de la navigation romaine est bien limité, surtout dans la Méditerranée. Il n'existe aucune marine militaire pour protéger ou secourir les vaisseaux marchands ; aussi, avant la destruction de la piraterie algérienne, étaient-ce les puissances maritimes catholiques qui prenaient leur défense. Une seule goëlette stationne à Civita-Vecchia avec cinq bateaux douaniers de surveillance. A Ancóne, le nombre de ces bateaux est évalué à huit, mais mal construits, plus mal dirigés, et forcés de se mettre en sûreté à la moindre apparence de mauvais temps, ils ne peuvent rendre d'utiles services. Peu de vaisseaux arborant le pavillon romain appartiennent aux ports des côtes méridionales, et encore sont-ils de petite capacité ; bien

peu aussi de bâtiments pêcheurs exercent leur industrie depuis les confins du royaume de Naples
jusqu'à ceux de la Toscane. Cette négligence permet aux étrangers d'apporter à Civita-Vecchia une
quantité considérable de poissons secs ou salés, et
cependant le thon et la sardine fréquentent cette
mer, que désertent les indigènes, et qu'ils aban-
donnent à l'activité napolitaine. Les négociants nationaux, manquant de matelots, ont même besoin,
pour le petit cabotage, d'employer la marine des
autres États italiens, et se servent principalement
de celles de Naples, de la Toscane et de la Sardaigne.
Naples l'emporte sur ces rivales, et 700 de ses bâtiments, de toutes dimensions, entrent annuellement à Civita-Vecchia, Fiumicino, Nettuno et Terracina. Il faut y ajouter ceux des autres nations eu-
ropéennes et les paquebots à vapeur entretenant,
soit pour les passagers, soit pour les marchandises, une constante communication entre l'Orient,
l'Egypte, Malte, Naples, Civita, Livourne et Marseille.

Dans l'Adriatique, la marine marchande et celle
destinée à la pêche sont plus nombreuses et pourraient suffire aux besoins de ses ports. Les barques,
les tartanes de commerce montent à 300, et les bateaux de pêche au double. Cependant, les habitants, Lombards-Vénitiens, de Chioggia, viennent
pêcher depuis l'embouchure du Pô jusqu'à Cese-

natico, et de ce point, jusqu'aux frontières napolitaines, cette industrie est le partage des nationaux.
Il est difficile de savoir pourquoi une telle division
a lieu. Les bâtiments étrangers s'occupent aussi
des transports, et les Autrichiens, favorisés par la
proximité de Trieste et de Venise, sont les plus
employés; leur nombre monte à près de 400. Ils
naviguent à bon marché, et leurs équipages jouissent d'une grande réputation de probité. Les principales relations d'affaires d'Ancône existent avec
Trieste, Venise, la Dalmatie, la Grèce, les îles
Ioniennes et les côtes orientales du royaume de
Naples.

Faute de renseignements plus étendus, il faut se
borner à produire les tableaux du mouvement
d'entrée et de sortie des ports situés sur les deux
mers; on y verra combien la marine romaine est
primée par celle des autres nations. La date de ces
tableaux est déjà ancienne, mais il n'est pas probable que de plus récents pussent révéler un état
plus prospère; peut-être même prouveraient-ils
qu'aujourd'hui il est encore moins satisfaisant.

MOUVEMENT DE LA NAVIGATION DANS LES PORTS PONTIFICAUX POUR 1832.

ARRIVAGES DANS LA MÉDITERRANÉE.

VAISSEAUX.	POUR COMMERCE.		POUR RELACHE.		POUR LA PÊCHE.	
	Nombre.	Tonneaux.	Nombre.	Tonneaux.	Nombre.	Tonneaux.
Autrichiens..	9	1,058	2	226	....	....
Français. . .	45	3,801	57	3,594	....	....
Anglais . . .	9	1,551	....	....	....	....
Lucquois.. .	84	2,026	21	442	....	....
Napolitains..	721	44,052	576	20,341	268	5,345
Hollandais. .	....	....	1	180	....	....
Pontificaux..	511	25,865	88	4,527	74	879
Sardes. . . .	218	15,565	111	8,591	....	....
Espagnols. .	12	656	....	....	....	....
Suédois . . .	....	....	1	172	....	....
Toscans . . .	545	14,461	94	4,205	....	....
TOTAUX. .	2,150	108,791	751	41,878	542	4,224

ARRIVAGES DANS L'ADRIATIQUE.

VAISSEAUX.	POUR COMMERCE.		POUR RELACHE.		POUR LA PÊCHE.	
	Nombre.	Tonneaux.	Nombre.	Tonneaux.	Nombre.	Tonneaux.
Autrichiens..	1,070	58,661	25	1,152	997	4,584
Grecs	5	178	1	71	....	....
Modénois. . .	88	2,274	....	....	....	....
Anglais . . .	24	5,745	1	125	....	....
Ioniens . . .	7	416	....	....	....	....
Lomb.-Vénit.	546	11,829	50	2,068	10,726	62,596
Napolitains..	160	6,066	42	2,439	....	....
Parmesans..	1	20	....	....	....	....
Pontificaux..	5,502	150,697	505	11,955	16,540	217,222
Sardes. . . .	41	6,699	2	506	....	....
Suédois . . .	5	485	1	135	....	....
TOTAUX. .	5,044	201,070	425	18,247	28,063	284,222

TOTAL DES ENTRÉES POUR LES DEUX MERS.

VAISSEAUX.	POUR COMMERCE.		POUR RELACHE.		POUR LA PÊCHE.	
	Nombre.	Tonneaux.	Nombre.	Tonneaux.	Nombre.	Tonneaux.
	7,194	309,861	1,156	60,125	28,405	284,426

SORTIES DES PORTS DE LA MÉDITERRANÉE
EN 1832.

VAISSEAUX.	POUR COMMERCE.		APRÈS RELACHE.		POUR LA PÊCHE.	
	Nombre.	Tonneaux.	Nombre.	Tonneaux.	Nombre.	Tonneaux.
Autrichiens..	6	768	2	206	. . . .	. . . .
Français. . .	43	3,801	57	3,394	. . . .	. . . .
Anglais . . .	9	1,531	. . . .	. . . .	. . . .	. . . .
Lucquois. . .	90	2,104	21	442	. . . .	. . . .
Napolitains..	684	42,185	376	10,541	218	2,819
Pontificaux..	493	24,150	84	4,705	74	879
Sardes. . . .	212	14,648	109	8,215	. . . .	. . . .
Hollandais..	. . . .	. . . .	1	180	. . . .	. . . .
Espagnols. .	12	656	. . . .	. . . .	. . . .	. . . .
Suédois . . .	. . . .	. . . .	1	172	. . . .	. . . .
Toscans . . .	527	22,988	94	4,205	. . . .	. . . .
TOTAUX. .	2 078	112,809	725	31,860	292	3,698

SORTIES DES PORTS DE L'ADRIATIQUE
EN 1832.

VAISSEAUX.	POUR COMMERCE.		APRÈS RELACHE.		POUR LA PÊCHE.	
	Nombre.	Tonneaux.	Nombre.	Tonneaux.	Nombre.	Tonneaux.
Autrichiens..	1,045	36,870	27	1,374	997	4,584
Grecs	3	178	1	71	. . . .	. . . .
Modénois.. .	101	2,508	. . . .	. . . .	. . . .	. . . .
Anglais . . .	25	3,631	3	409	. . . .	. . . .
Ioniens. . . .	7	426	. . . .	. . . .	. . . .	. . . .
Lomb.-Vénit.	329	11,495	65	2,221	10,721	62,564
Napolitains..	169	6.209	56	5,695	. . . .	. . . .
Pontificaux..	5,225	119,565	269	9,591	16,550	217,030
Sardes. . . .	53	5,594	2	306	. . . .	. . . .
Suédois . . .	3	485	1	155	. . . .	. . . .
TOTAUX. .	4,958	186,777	424	17,598	28,048	285,978

TOTAL DES SORTIES POUR LES DEUX MERS.

VAISSEAUX.	POUR COMMERCE.		APRÈS RELACHE.		POUR LA PÊCHE.	
	Nombre.	Tonneaux.	Nombre.	Tonneaux.	Nombre.	Tonneaux.
	7,016	299,586	1,149	49,458	28,340	287,676

En parcourant ces tableaux, on aura sans doute remarqué la petitesse des embarcations fréquentant les ports de la Méditerranée et de l'Adriatique ; en effet, si l'on divise le nombre des tonneaux par celui des bâtiments, on trouve, en prenant la colonne des entrées pour commerce, qu'en moyenne et pour chacun, le tonnage est dans la Méditerranée de 50 1/2, et dans l'Adriatique, de 40, d'où ressort la preuve qu'en général cette marine ne se livre qu'au petit cabotage. Les coques anglaises sont celles qui présentent la plus grande capacité ; elle est de 170 pour la mer du Sud, et seulement de 156 pour celle du Nord ; mais ces vaisseaux de moindre tonnage sont plutôt des maltais portant le pavillon anglais depuis l'occupation de leur île par les forces britanniques. On doit aussi être surpris de l'énorme différence que présente le mouvement du tonnage pour la pêche dans les deux mers ; celui de la Méditerranée monte seulement à 4,224, et dans l'Adriatique, il arrive à 284,202 ; mais, au rivage méridional, on se borne à pêcher pour l'approvisionnement, en poissons frais, de Rome et de quelques petites villes du littoral, tandis qu'au nord, outre la même destination, la pêche s'occupe de salaisons et en fait un objet de commerce.

MOUVEMENT DE LA NAVIGATION DU PORT D'ANCONE EN 1835.

IMPORTATIONS.			
VAISSEAUX.	Nombre.	VALEUR des marchandises.	ESPÈCES DES MARCHANDISES.
		écus.	
Pontificaux .	481	1,241,204	Plomb, sel, sucre, café, charbon, chanvre, cire, filés anglais, quincaillerie, tissus.
Autrichiens.	177	585,719	Chanvre, bois à brûler, sucre, objets manufacturés.
Napolitains .	59	96,784	Peaux d'agneaux, graine de lin, huile.
Anglais. . .	27	212,668	Fer, objets manufacturés, sucre, poteries.
Ioniens. . .	6	10,945	Huile d'olive, noix de galle.
Grecs. . . .	4	115,868	Coton, laine, peaux d'agn^ux.
Espagnols. .	2	5,845	Plomb.
Suédois. . .	2	15,197	Cuivre, morue, stockfisch.
Sardes . . .	. . .	28,519	Cuirs, café, sucre, papier, quincailleries.
	745	2,110,582 (11,291,613 fr. 70 cent.)	

EXPORTATIONS.			
VAISSEAUX.	Nombre.	VALEUR des marchandises.	ESPÈCES DES MARCHANDISES.
		écus.	
Pontificaux .	558	883,625	Tartrate de potasse, cuirs secs, maïs, blé, riz, laine, peaux d'agneaux, soie grège, suif, tabac.
Autrichiens.	155	161,508	Biscuit de mer, Oignons, fruits secs, bois de construction, soie grège.
Napolitains .	57	59,903	Cuirs.
Anglais. . .	11	155,196	Chanvre, bois de construction, peaux d'agneaux.
Sardes . . .	4	11,922	Cordages, blé, potasse.
Ioniens. . .	7	25,105	Chanvre, chapeaux de paille, jeunes bestiaux.
Grecs. . . .	4	12,555	Cuirs de bœufs.
Espagnols. .	1	176	Peaux sèches, vergues, petites mâtures.
Toscans. . .	1	2,280	Blé.
	506	1,270,050 (6,794,767 fr. 50 cent.)	

Il n'a pas été possible de se procurer des détails exacts sur le mouvement du port de Civita-Vecchia. On prétend que jadis cette ville avait un courant d'affaires s'élevant annuellement à 3,500,000 écus (18,725,000 fr.); mais il est tellement réduit, que probablement il ne dépasse pas maintenant 1,000,000 (5,175,000 fr.). C'est actuellement Livourne qui a la plus grande part à l'approvisionnement du littoral romain de la Méditerranée. Civita peut recevoir des navires de 400 tonneaux, et ceux de 190 remontent jusqu'à Rome. Les bateaux à vapeur, dont la capacité est beaucoup plus grande, mais construits pour tirer moins d'eau, entrent aussi dans ce port.

La navigation à vapeur est active, et Civita-Vecchia en profite, mais sans posséder des pyroscaphes comme Gênes, Livourne et Naples : elle se contente de les accueillir et n'en construit point. Douze fois par mois son port a des arrivages de Marseille, et autant de départs pour la France. Ces allées et retours, cette continuelle correspondance, sont entretenus par les paquebots des postes françaises et par ceux des compagnies marseillaises, toscanes et napolitaines. Marseille en possédait deux, la Toscane deux aussi, et Naples un même nombre; c'était, pour Marseille, le *Sully*, le *Pharamond*; pour Livourne, le *Léopold*, le *Marie-Antoinette*, et pour Naples, le *François I*er et la

Christine ; mais, depuis 1840, un nouveau service s'est établi par le *Janus,* bateau sarde qui, de Naples en France, ne touche qu'à Nice ; quoiqu'il n'aborde pas à Civita, il fallait en faire mention pour montrer combien la navigation à vapeur se développe.

Le service de Civita-Vecchia est donc fait par seize paquebots, savoir : six des compagnies et dix de l'administration de nos postes. Ceux-ci, également destinés à porter les dépêches en Orient, ne reparaissent dans les ports italiens qu'à de plus longs intervalles ; mais cependant leur retour est calculé de manière à ce que, tous les dix jours, un de ces bâtiments arrive de Marseille et un autre de Malte, amenant les passagers de Constantinople, de la Grèce et de l'Egypte. Six fois par mois il entre ainsi à Civita-Vecchia un bateau à vapeur de nos postes. Les compagnies particulières cherchent à les déprécier, mais injustement, car les paquebots de l'Etat ont un service plus régulier ; leurs équipages sont soumis à une parfaite discipline, et semblable en tout à celle des bâtiments de guerre ; ils arrivent, sauf accident de mer, à jours et heures fixes. Ajoutons que leurs officiers, appartenant à la marine militaire, offrent aux passagers la précieuse ressource d'une conversation instructive. Il n'en est pas de même des bateaux des compagnies ; toujours encombrés de marchandises, ils perdent du temps à les débarquer et à les remplacer dans leurs relâches, et sont, dit-on, moins fidèles à leur itinéraire imprimé, soit pour les jours de départ, soit pour ceux de l'arrivée. En 1838, l'auteur de ce *Voyage,* s'étant embarqué sur un pyroscaphe d'entreprise commerciale, fut retenu quatre jours de plus dans sa traversée par l'indiscipline des matelots, presque tous Siciliens, et obligé de s'arrêter à Livourne et à Gênes. Un pareil inconvénient ne peut exister à bord des bâtiments des postes. Pour être juste, il faut dire cependant que la chambre de commerce de Marseille, consultée par le ministre sur ce défaut de régularité dans le service, a pris le parti des compagnies françaises et prétendu qu'aucune plainte, portée contre elles, n'était parvenue à sa connaissance.

En 1839, le mouvement des voyageurs a été, à Civita-Vecchia, de 16,139; 5,349 ont débarqué sur la côte romaine; 6,769 ont continué leur voyage, et 4,011 sont venus de Rome pour monter à bord.

Tels sont les renseignements, incomplets sans doute, qu'il a été possible de recueillir sur l'agriculture, les manufactures, le commerce et la navigation des États pontificaux; mais on voudra bien se ressouvenir qu'il est question d'un pays où les publications officielles s'obtiennent difficilement. L'auteur, grâce à ses amis, a été plus heureux en ce qui concerne l'administration générale; à ses propres observations, il a pu joindre de précieux documents, et croit devoir entrer en d'assez longs détails sur un gouvernement peu connu, et qu'à tort, excepté pour l'organisation judiciaire, on croit arriéré. Après avoir lu les divers chapitres qui lui seront consacrés, on reconnaîtra peut-être qu'à Rome, ainsi qu'ailleurs, le temps et la civilisation ne s'arrêtent pas.

ADMINISTRATIONS

RELIGIEUSE, JUDICIAIRE, CIVILE, MILITAIRE; FINANCES, INSTRUCTION PUBLIQUE, PRISONS, HOSPICES, ÉTABLISSEMENTS DE BIENFAISANCE.

ORGANISATION RELIGIEUSE.

Avant de donner le tableau de cette organisation, il faut montrer d'abord comment les papes, réunissant en leur personne le double titre de chefs suprêmes de l'Eglise universelle et de souverains temporels, sont élevés au trône de saint Pierre. On n'a pas toujours procédé à leur exaltation comme on le fait maintenant. Depuis le premier siècle de l'ère chrétienne jusqu'au milieu du douzième, les papes furent élus par le clergé et le peuple romain ; mais les passions violentes, les dangereuses intrigues et même les guerres civiles que fit naître ce mode d'élection, obligèrent enfin à la remettre aux seuls cardinaux, et c'est en 1143 que, pour la première fois, ils exercèrent ce nouveau droit, qu'ils ont conservé intact jusqu'à présent. De 1143 à 1268, le sacré-collége ne fut point mis sous clôture lorsqu'il procédait à l'élection ; mais ayant été rassemblé à Viterbe après la mort de Clément IV, et ne pouvant s'accorder au bout de deux ans de débats et de scrutins répétés, il allait se disperser et laisser l'Eglise sans pasteur, lorsque saint Bonaventure conseilla aux habitants de la ville d'enfermer les cardinaux dans un même lieu, et de les y retenir jusqu'au moment où leur choix se serait arrêté sur un des compétiteurs. De là naquit le conclave, devenu obligatoire, et qui depuis a été maintenu à chaque élection. Quoique Grégoire X et Clément V aient ordonné qu'il se tiendrait où le dernier pape serait décédé, il est maintenant passé en usage que c'est à Saint-Pierre, au Vatican, qu'il est réuni (1). Comme on ne peut

(1) Une seule fois, depuis plusieurs siècles, l'élection a été

y faire du feu, si c'est en hiver que le conclave est assemblé, on mure les portes et les fenêtres, auxquelles on ne laisse qu'une faible ouverture; en été on ne prend point cette précaution. La porte d'entrée est placée sous une garde spéciale, et fermée par quatre serrures. Dans les salles du Vatican, on construit autant de cellules qu'il y a d'électeurs, et chaque cardinal fait poser ses armes sur celle que le sort lui assigne. Après trois jours de réunion, on ne doit servir qu'un plat au dîner des cardinaux, qui mangent tous séparément; et, après cinq autres journées, que du pain et du vin; telle est du moins la règle; mais elle ne s'observe plus avec rigueur. Deux domestiques, nommés conclavistes, et qui, malgré cette humble dénomination, sont ordinairement de jeunes prélats, suivent le cardinal auquel ils sont attachés et s'enferment avec lui; réclusion rigoureuse, car toute communication, toute correspondance avec le dehors sont sévèrement interdites; cette espèce d'emprisonnement est si pénible que, si le conclave se prolonge pendant les chaleurs de l'été, souvent il meurt plusieurs cardinaux.

Pénétrons maintenant dans cette auguste assemblée, et voyons comment on peut procéder à

faite, en 1800, à Venise. Rome était alors sous la domination de la république française.

l'élection. Il existe quatre manières d'élire un pape. La première, lorsqu'un cardinal, opinant le premier, donne sa voix à un de ses collègues, va à l'adoration en le proclamant pape, et se trouve suivi par les deux tiers des votans; ce mode brusque et impétueux a souvent réussi, parce que chacun s'imagine que celui qui agit ainsi a partie liée à l'avance, et qu'il est sûr du succès; personne alors ne peut se déclarer l'ennemi de son futur souverain. Cette élection est presque toujours unanime. La seconde manière est appelée de compromis, et consiste à donner à trois cardinaux le pouvoir de nomination; pouvoir de peu de durée, et qui expire à l'extinction d'une bougie. La troisième et la plus ordinaire est par la voie du scrutin : chaque cardinal dépose son bulletin cacheté dans le calice placé sur un autel; pour que l'élection soit valable, il faut aussi les deux tiers des suffrages. La quatrième se nomme d'accès, et s'emploie lorsque les voix sont trop long-temps partagées entre plusieurs candidats. De guerre lasse, quelques cardinaux se désistent et accèdent en portant leurs voix sur celui qui en a précédemment obtenu le plus grand nombre. Cette élection est également unanime par la raison déjà donnée, en expliquant le mode d'adoration.

Si le souverain pontife est le serviteur des serviteurs de Dieu, il est en même temps l'évêque des évêques. Sa suprématie s'étend sur tous les siéges épiscopaux catholiques, et le monde est son diocèse. Sans vouloir établir ici une discussion théologique, disons cependant qu'à ne considérer la papauté que sous le rapport administratif, c'est ce centre de puissance et d'action qui maintient dans le catholicisme l'unité de dogmes, une utile hiérarchie et une sage discipline ; toutes choses manquant au protestantisme qui, par le fait de sa liberté désordonnée, se divise à l'infini, compte, en Angleterre et aux États-Unis, des centaines de sectes, et voit tous les jours s'en élever de nouvelles. Les hommes sensés de cette communion reconnaissent le mal, l'avouent et le déplorent ; conciles et papauté, voilà les moyens par lesquels l'Eglise catholique a su toujours le combattre, et l'étouffer chaque fois qu'il a voulu essayer de la fractionner. Seulement avec cinq pouvoirs, gradués en attributions et dépendant les uns des autres, toute l'administration religieuse fonctionne : admirable organisation ! et si parfaite que, sans s'en douter peut-être, notre gouvernement français l'a imitée, et n'a pas plus de rouages. Que le lecteur ne s'offense pas si, comparant le profane au sacré, j'ose établir ici le parallélisme. Le voici :

Papauté. . . . . Royauté.
Cardinalat. . . . . Ministères.
Archevêchés. . . . . . . Préfectures,

Evêchés. . . . . Sous-préfectures.
Cures. . . . . Mairies.

Le pouvoir pontifical s'étend sur 668 archevêchés ou évêchés ; savoir :

EN EUROPE.		EN ASIE.	
France.	80	Arménie	1
Irlande.	27	Babylonie.	1
Espagne	57	Chine.	2
Portugal.	17	Possessions espagnoles.	4
Suisse	4	Possessions portugaises	6
Bavière.	9	Possessions anglaises. .	1
Wurtemberg.			
Bade. . . . . }	4	EN AFRIQUE.	
Nassau. . . .			
Saxe	2	Possessions espagnoles.	1
Prusse.	8	Possessions portugaises	6
Hanovre	2	Algérie.	1
Belgique	6	Empire de Maroc. . . .	2
Autriche.	84		
Etats-Sardes	41	EN AMÉRIQUE.	
Parme.	4		
Modène.	4	Etats-Unis	12
Lucques	1	Canada.	2
Deux-Siciles.	96	Saint-Domingue. . . .	1
Etats-Pontificaux. . .	67	Empire du Brésil. . . .	11
Russie. . }	19	Républiques du Sud. .	41
Pologne. }		Colonies espagnoles. . .	5
Grèce.	4		
Turquie	14		
Iles Ioniennes	2		
Malte.	1		

Total. . . . . 668.

Aux évêchés et archevêchés, il faut joindre les ordres religieux actuellement existants ; plusieurs autres, dont les profès avaient trop diminué, ou qui furent institués dans un but qu'ils ne pouvaient plus atteindre, ont été supprimés, à diverses époques, par la cour de Rome.

Chanoines réguliers.	35
Clercs réguliers.	26
Ordres monastiques.	26
Ordres réguliers.	29
Ordres de religieuses.	89
Total.	205

Le plus petit nombre de ces ordres est dévoué à la vie purement religieuse et claustrale. Presque tous aujourd'hui servent à la fois Dieu et l'humanité, se consacrent aux œuvres charitables, au service des hôpitaux et des prisons, aux missions, à l'instruction primaire et du second degré. Leurs généraux sont tous des hommes du plus grand mérite, nommés librement au scrutin, en assemblée générale, et maintenant parmi leurs subordonnés une exacte discipline. A Rome même, chef-lieu de leur puissance, les abus, signalés autrefois, et certainement exagérés par les prétendus philosophes du dix-huitième siècle, ont entièrement disparu. Chaque membre de ces corporations s'applique à remplir ses devoirs; et, sans crainte d'être démenti, on peut affirmer que, dans la capitale du monde chrétien, on voit paraître en public moins de religieux qu'à Turin et autres villes d'Italie.

Peut-être ne sera-t-il pas inutile, à la suite de ce tableau de l'organisation religieuse, de parler de la daterie, peu connue des peuples catholiques, quoique pourtant ils soient obligés si souvent d'y avoir recours, puisque c'est elle qui expédie les grâces et les faveurs spirituelles que les papes veulent bien accorder. Autrefois elle était sous la direction d'un simple prélat chargé d'apposer la date sur les concessions des souverains pontifes, et de là vient son titre de dataire. Depuis quelque temps les cardinaux ont pensé que cette fonction n'était point au-dessous de leur dignité, et actuellement elle est toujours confiée à une Eminence.

La daterie, ainsi nommée d'après l'emploi de son chef, rédige le libellé des grâces pontificales, octroyées soit par brefs, soit par bulles, et les fait parvenir aux impétrants. Les brefs sont réservés pour les dérogations importantes au droit canon, pour les hautes dispenses, et on les appelle ainsi parce que jadis on ne les accordait que sur la demande d'un prince ou d'un souverain, et qu'on les expédiait en brefs extraits. Les bulles s'accordent pour de moindres affaires. La chancellerie remet les originaux à la daterie qui n'en donne qu'une copie aux demandeurs.

Lorsqu'on veut obtenir une grâce, une concession, une dispense par l'entremise de la daterie, on s'adresse à un expéditionnaire, sorte de procu-

reur attaché à ce département, et qui rédige la
requête. Il existe, pour chacune de ces faveurs, un
tarif fixe, et, autant que possible, il a été calculé
pour tous les cas qui peuvent se présenter. L'expéditionnaire doit indiquer, dans sa demande, quel
est le prix fixé par le tarif, et solliciter ensuite une
réduction. Il y a dans l'administration de la daterie
un bureau s'occupant exclusivement de ces diminutions nommées *componende*, compositions ;
aussitôt cette composition réglée et payée, l'affaire
est expédiée par bref ou par bulle, selon son plus
ou moins d'importance. La daterie n'exige presque
jamais le taux établi ; les réductions les plus fortes
s'appliquent ordinairement aux dispenses de mariages pour lesquelles on ne prend que la moitié et
même moins, puisque l'on se contente quelquefois
du dixième. Les diminutions du tarif dépendent
des circonstances, de l'état des personnes et aussi
des pays ; car il est des contrées privilégiées qui ne
paient rien pour certains degrés de parenté. Il est
arrivé que les expéditionnaires, recevant une rétribution particulière comme nos référendaires de
la chancellerie française, ont envoyé des pièces
fausses ou irrégulières, et exigé des sommes excessives. Les royaumes et les évêchés qui veulent éviter ces désordres, ont soin d'accréditer à Rome des
agents chargés de surveiller ces avides procureurs,
et ce n'est que sur leur visa que les concessions sont

acceptées et reçoivent leur exécution. Le surveillant et le surveillé ont droit à une rémunération
égale que le gouvernement romain a aussi tarifiée.
Dans les minimes affaires, ils perçoivent chacun
17 paules 1/2 (9 fr. 35 c.); telle est la somme qui
leur est due pour les mariages au troisième et quatrième degrés. Ceux du second élèvent leurs droits
à 10 écus 1/2 (52 fr. 50 c.), et les dispenses du
premier à 21 (110 fr. 25 c.) En ce qui regarde les
bénéfices ecclésiastiques, le taux de l'indemnité
varie en proportion de la richesse du bénéficier.
Outre les frais de la transaction et le salaire des
agents, il faut encore payer ceux d'expédition; mais
s'il ne s'agit que d'une bulle, ils ne dépassent pas
12 à 15 paules (6 fr. 30 c. à 8 fr. 25 c.). Pour les
brefs, le tarif est variable et beaucoup plus élevé.

La daterie n'accorde des dispenses et des grâces
que pour le for extérieur, et légitimer un fait qui
n'existe pas encore; s'il a été accompli, entaché
de criminalité, et regardant le for intérieur, il faut
alors s'adresser à la pénitencerie, qui absout sans
aucune rétribution, et n'impose que des pénitences
ecclésiastiques; il est question du salut de l'âme,
et la charité chrétienne l'oblige à ne rien recevoir.

Il faut aussi faire mention du droit d'asile pour
les criminels, droit dont l'origine est à la fois religieuse et politique, et qui subsiste encore, mais
considérablement affaibli dans son usage, par le

progrès des lumières et l'affermissement du pouvoir et de l'ordre public; il remonte à la plus haute
antiquité, et ne fut d'abord, chez les Etrusques et
les Athéniens, qu'une protection accordée, dans
l'enceinte des temples, aux esclaves opprimés par
des maîtres cruels ou aux malheureux injustement
poursuivis. La religion fut d'accord avec l'humanité. Chez les Romains, embrasser l'autel des dieux
pénates rendait un suppliant inviolable. Le chris-
tianisme, chargé par sa mission divine d'adoucir
les mœurs des conquérants barbares, et de soustraire des victimes aux oppressions féodales, ré-
clama aussi pour les temples du vrai Dieu le privilége qu'avaient obtenu ceux du paganisme, et finit,
on doit l'avouer, par le convertir en espèce de
droit seigneurial plutôt qu'en protection accordée
au vrai malheur; ainsi, pendant plusieurs siècles,
il s'étendit en France et en plusieurs contrées italiennes, non-seulement aux églises, mais à leurs
parvis, aux maisons des évêques et à tous les lieux
enfermés dans leur enceinte; on ne pouvait en
faire sortir les réfugiés sans assurance juridique de
la vie, et même rémission de toutes peines, quels
que fussent leurs crimes. Plusieurs abbayes et couvents obtinrent ou usurpèrent une semblable faculté protectrice, et arrivèrent jusqu'à y faire par-
ticiper les territoires placés sous leur dépendance.
Dès que cette institution devint humaine, pour

ainsi dire, de sainte qu'elle devait rester, les barons de la campagne de Rome et de la ville en réclamèrent leur part, et bientôt tous les bandits trouvèrent accueil et sûreté dans leurs palais et châteaux-forts. Les cardinaux, princes de l'Eglise, crurent alors qu'il était de leur dignité de jouir de la même prérogative ; les ambassadeurs y prétendirent également, et enfin les lieux où la justice put exercer son pouvoir furent tellement restreints, qu'ils devinrent non la règle, mais l'exception. A cette époque, les désordres étaient portés au comble ; le meurtre par vengeance, l'assassinat, se commettaient impunément, et les mémoires de Benvenuto Cellini en fournissent une triste preuve. Il fallut enfin opposer une digue à tant de maux : heureusement le déclin de la puissance baronnale en permit les moyens, et la fermeté de Sixte-Quint commença la réforme ; mais ce ne fut pas sans peine que plusieurs papes y travaillèrent, et le principal obstacle provint des ambassadeurs qui, souvent par orgueil et pour faire parade du pouvoir de leurs maîtres, se refusaient à livrer les coupables retirés sous le toit de l'ambassade ou dans les quartiers qui l'entouraient. Ainsi la vaste place d'Espagne était sous la protection du roi de la Péninsule et des Indes. Les gens de mauvaises mœurs, les filles publiques, les escrocs abondaient dans ces repaires où la police ne pouvait les atteindre.

Après de longues négociations on était sur le point de s'accorder, et les puissances allaient renoncer à un droit immoral, source de continuelles altercations avec le gouvernement pontifical, lorsque, dit-on, Louis XIV refusa d'accéder à la commune convention; dès lors, un traité devint impossible, et chaque ambassadeur garda son ancien droit. La France en jouit encore pour l'hôtel de l'ambassade, l'église de Saint-Louis placée sous son patronage, et le palais Médicis, où logent le directeur et les élèves de l'école française de peinture et de sculpture; mais la raison s'est fait entendre. Si le droit existe, on n'en use pas, et notre ambassadeur, ainsi que ceux des autres souverains, consent toujours à livrer les coupables. Il en est de même pour ceux qui se réfugient dans les églises romaines. Jadis on pouvait leur porter des vivres; aujourd'hui cette faculté est interdite, et bientôt la faim amène le criminel aux pieds de la justice.

ADMINISTRATION JUDICIAIRE.

En commençant ce chapitre, je dois peut-être demander indulgence pour le développement qu'i va recevoir; mais l'organisation judiciaire de Etats-Romains est si peu connue, si singulièremen compliquée, que j'ai cru devoir lui consacrer un assez grand nombre de pages.

Les Etats pontificaux sont divisés en vingt provinces dont les noms seront donnés dans le chapitre de l'administration civile. Celles de Bologne, Forli, Ferrare, Urbin et Pesaro sont présidées par un cardinal légat, et prennent le titre de légation. La petite province de Velletri, dont le cardinal doyen était autrefois gouverneur et prince, vient d'être récemment élevée au même rang, et appartient de droit aux doyens *pro tempore*. Les autres provinces, appelées délégations, sont régies par un prélat délégat apostolique ; il faut pourtant excepter, premièrement celle comprenant les environs de la capitale, qu'on honore du nom de Comarca de Rome, et la ville et le district de Lorète, dont le gouvernement est confié à un prélat commissaire de la maison sainte (*commissario apostolico della santa casa di Loreto.*)

Chaque province est divisée en districts ; tout district, outre son propre et particulier arrondissement, comprend plusieurs gouvernements. Les arrondissements particuliers de districts sont régis par un gouverneur, et les autres par des sous-gouverneurs, mais cette distinction est purement nominale, et le prétendu chef n'a aucun pouvoir sur ses apparents subordonnés. Le plus ou le moins d'appointements établit toute la différence entre eux. Les communes qui ne sont pas chefs-lieux de province, de gouvernement ou de district, ont un administrateur salarié par la commune : c'est l'auditeur légal. Ces auditeurs légaux et les gouverneurs, relevant des légats et délégats, possèdent l'exercice du pouvoir exécutif dans les limites de leurs communes ou gouvernements, et sont encore investis du pouvoir judiciaire. Toutefois, dans les villes chefs-lieux où il n'y a pas de gouverneur, ce pouvoir est confié à un assesseur légal. L'importance des causes dans les localités plus riches et plus peuplées exige un magistrat gradué.

La jurisprudence des États-Romains veut que deux sentences conformes aient été obtenues pour qu'il y ait chose jugée; mais il arrive souvent que les seconds juges sont d'un avis différent des premiers. Alors il faut nécessairement qu'il y ait trois degrés de juridiction. La troisième sentence, une fois rendue, est ordinairement définitive; je dis ordinairement, car si elle est entièrement différente des deux précédentes, on peut en appeler dans les dix jours de la signification, devant le même tribunal qui l'a prononcée. On voit combien cette manière de procéder multiplie les délais, et doit coûter aux plaideurs.

Pour les sommes au-dessous de cinq piastres (26 fr. 25 c.), les gouverneurs, assesseurs et auditeurs légaux des provinces, jugent par voie économique. A Rome, les présidents régionnaires (de quartiers), les délégués et le prélat auditeur de la chambre ont la même puissance, et l'on ne peut appeler de leurs décrets qu'après exécution. Dans ce cas, on a recours aux présidents des tribunaux civils, pour les sentences des auditeurs légaux, des gouverneurs et des assesseurs. Dans la capitale, il faut s'adresser au gouverneur de Rome pour faire réviser les jugements des présidents régionnaires, et au prélat auditeur de la chambre pour ceux de ses délégués. Au-dessus de cinq piastres, et jusqu'à la concurrence de dix, les assesseurs légaux sont juges en première instance dans leurs communes. Les gouverneurs peuvent prononcer sur une valeur de deux cents (1,050 fr.).

Chaque ville, chef-lieu de province, possède un tribunal civil qui, à Bologne, Ferrare, Forli et Ravenne, se compose d'un président, d'un vice-président et de quatre juges divisés en deux chambres. Dans les autres provinces, le tribunal ne compte que trois membres réunis en une seule chambre. Cependant le gouvernement d'Urbin et Pesaro possède deux tribunaux siégeant, le premier à Urbin, et le second à Pesaro. Rome en a deux également avec attribution spéciale, savoir : le tribunal du prélat auditeur de la chambre apostolique, et celui du sénateur désigné sous le nom de Capitolin. Le tribunal de la chambre apostoli-

que est formé seulement de deux assesseurs correspondant à ceux résidant dans les chefs-lieux de
provinces. Le personnel du tribunal civil est plus
nombreux, et consiste en trois prélats suppléants,
trois conseillers et quatre juges auditeurs répartis
en deux chambres; à la première sont attachés
deux prélats suppléants, un conseiller et deux
auditeurs : les autres magistrats siégent dans la
seconde. Les deux chambres réunies se nomment
congrégation civile de la chambre apostolique. Le
tribunal du sénateur de Rome institué pour juger
les procès entre les habitants de la ville et ceux de
son territoire, est moins considérable et n'a que
deux juges collatéraux (1), un juge adjoint et l'auditeur du sénateur. Les trois premiers remplissent,
pour Rome et sa banlieue, les mêmes fonctions
que les gouverneurs et assesseurs des provinces, et
agissent quelquefois séparément; réunis, ils s'in-
titulent tribunal civil du sénateur. Ils ont un
cinquième collègue, mais dont les attributions
sont spéciales. Sous le titre de juge des mercenaires, il connaît exceptionnellement, en première
instance, de toutes les affaires au-dessous de deux
cents piastres, concernant *l'agro romano,* la Campagne et ses dépendances de Rome.

(1) Ainsi nommés parce qu'ils sont censés être placés aux côtés
du sénateur; mais, depuis long-temps, celui-ci ne siége plus,

C'est devant ces tribunaux civils qu'on appelle en seconde instance des sentences de plusieurs de leurs membres, savoir : des auditeurs et assesseurs légaux, des collatéraux du Capitole, de l'auditeur, du sénateur, et du juge des mercenaires. Ces tribunaux prononcent en première instance sur tous les procès au-dessous de deux cents piastres, résolvent les questions d'hypothèques, et sont saisis de quelques autres affaires qui leur sont particulièrement réservées. Je ne sais s'il existe dans aucun autre pays une organisation de tribunaux de première instance, dont les rouages soient plus compliqués, et si l'écrivain est parvenu à les débrouiller suffisamment aux yeux du lecteur?

Bologne possède une cour d'appel pour les provinces de Bologne, de Ferrare, de Forli et de Ravenne ; celles d'Urbin et Pesaro, de Macerata, d'Ancône, de Fermo, d'Ascoli, de Camerino et de Lorète, sont du ressort de la cour de Macerata (1); composées chacune d'un président et de cinq conseillers, il suffit, pour que leurs jugements soient valables, de la présence de cinq membres. Ces corps connaissent en seconde instance des procès jugés en première par les tribunaux civils, et en troisième de ceux sur lesquels il a été

----

(1) Je leur ai donné ce titre de cour pour les distinguer des tribunaux de première instance; mais, en réalité, elles n'ont que celui de tribunal d'appel.

déjà prononcé deux fois. Pour les provinces de Rome, de Perouse, de Spolète, de Viterbe, d'Orviète, de Civita-Vecchia, de Velletri, de Frosinone et de Bénévent, des chambres spéciales jugent en troisième instance tous les procès au-dessous de cinq cents piastres, qui ont passé en seconde aux tribunaux civils, à celui du Capitole et à la chambre apostolique. Chaque chambre prononce en seconde instance sur toutes les causes de moins de cinq cents piastres jugées en première par les tribunaux déjà désignés. Pour les affaires au-dessus de cette somme (2,625 fr.), la seconde instance, concernant les dernières provinces que je viens de citer, appartient exclusivement au tribunal della Sagra Rota.

Cette fameuse Rota, qui a joui d'une si haute réputation, et à laquelle des étrangers ont jadis volontairement déféré le jugement des causes importantes et difficiles, est formée de douze membres appelés *uditori di Rota,* parce qu'ils sont censés siéger autour d'une table ronde, selon leur rang d'ancienneté. Lorsqu'on a choisi le rapporteur, celui-ci et les quatre prélats dont les siéges se trouvent à sa gauche, et qu'on nomme *corresponsali,* forment une chambre qui juge les procès actuellement soumis au tribunal; ainsi l'on voit que la formation des chambres est momentanée, qu'elle dépend du choix du rapporteur, et que,

dans le fait, il y en a autant que de prélats auditeurs, puisque chacun d'eux est chargé de faire
des rapports (1).

La Rota ne juge pas seulement en seconde instance les affaires des provinces précitées, mais encore en troisième les causes sur lesquelles les cours
de Bologne et de Macerata ont prononcé; bien
plus, on appelle devant elle-même de ses propres
arrêts. Dans ce cas, par une anomalie étrange, si

(1) La manière dont une cause est introduite à la Rota me paraît assez singulière pour lui consacrer une note.

Celui qui interjette appel devant ce tribunal, peut choisir le
ponente, rapporteur et président à la fois de la section qui devra
prononcer le jugement; alors les quatre juges placés à sa gauche
sont saisis de la cause. Jadis le ponente n'avait pas voix délibérative; il la possède aujourd'hui, et ce changement est favorable,
en ce qu'il ne peut plus y avoir de partage de voix. La première
occupation du tribunal, si les parties ne se sont pas mises d'accord
à l'avance, est d'établir la formule d'après laquelle les questions
doivent être posées. Cette décision préalable est aussi essentielle
que le posé des questions devant notre jury. Le jour où elle doit
être connue et les mémoires imprimés de part et d'autre, car on
ne plaide point, on demande au tribunal quelle est la formule
qu'il adopte, et le ponente donne par écrit la réponse contenant
les motifs. Celui des plaidants qui en est satisfait la signifie à son
adversaire, en lui faisant savoir qu'il demande l'expédition de
l'affaire. Le perdant fait un mémoire contre les motifs de la décision, et réclame un nouvel examen; le gagnant répond; alors le
ponente met au bas des mémoires *audiatur* ou *expediatur*. Dans le
premier cas, le nouvel examen est accordé, et toutes les forma-
lités recommencent; dans le second, l'affaire suit son cours sur
le fond, et la sentence est rendue.

par hasard les auditeurs, devant prononcer en troisième instance, sont les mêmes qui ont déjà jugé la cause en seconde, un privilége spécial leur accorde le droit de réviser leur premier jugement, et de le maintenir ou de le réformer. On peut cependant en demander la cassation, et aussi requérir la réunion d'un ou plusieurs procès conjoints et préjudiciels introduits devant différents tribunaux. Pour ces questions et celles de compétence ou de refus de juger, il existe un tribunal supérieur : c'est celui de la suprême signature.

Cette cour est formée du cardinal-préfet, de sept prélats conseillers (*votanti*), d'un prélat auditeur et d'un avocat du cardinal-préfet. Les causes qu'on lui défère sont ou au-dessous ou au-dessus de deux cents piastres ; les premières sont appelées mineures et les autres majeures : les majeures doivent être jugées par tous les membres réunis. Elle connaît encore des procès mineurs, où il est question de refus de jugement, de restitution en entier (1) et des affaires intéressant le trésor public, les provinces et les communes. Les

____

(1) Par restitution, on entend, à Rome, un acte du pape ou une décision de la suprême signature, qui relève un plaideur ou de déchéances encourues, ou de défauts de formes, et qui lui permet de recommencer l'action judiciaire et de fournir de nouvelles pièces.

autres mineurs sont du ressort du prélat auditeur, qui est en même temps secrétaire du tribunal suprême; on appelle de ses jugements à l'avocat auditeur du cardinal-préfet. Lorsque les arrêts sont contradictoires, alors la signature suprême tout entière se rassemble et prononce.

Jusqu'à présent, il n'a encore été question que de procès purement civils; mais il y en a de commerciaux, d'ecclésiastiques et de mixtes; d'autres qui touchent aux intérêts du fisc, des provinces et des villes. Il existe enfin des tribunaux extraordinaires.

Les villes de Rome, de Bologne, de Ferrare, Rimini, Pesaro, Ancône, Foligno, Civita-Vecchia, possèdent des tribunaux de commerce dont le ressort s'étend à la province ou au district dépendant de la cité dans laquelle ces tribunaux sont établis. Chaque tribunal se compose d'un juge jurisconsulte président, et de quatre commerçants; mais la sentence n'est prononcée que par trois membres. Dans les localités où il n'existe point de tribunal de commerce, les tribunaux civils en remplissent les fonctions. Les cours d'appel de Bologne et de Macerata connaissent, en seconde instance, des jugements commerciaux prononcés par les tribunaux civils et de commerce compris dans leur ressort. Il faut en excepter ceux du tribunal de commerce d'Ancône, qui sont portés, en appel, à une cour spéciale instituée dans la même ville, par Pie VIII, le 26 février 1830. L'importance des affaires, accumulées dans le premier port maritime des Etats-Romains, exigeait qu'elles fussent promptement résolues. Les autres jugements commerciaux rendus à Rome ou dans les provinces indépendantes des cours d'appel que l'on vient de désigner, sont, s'il s'agit de sommes au-dessous de cinq cents piastres, révisés, en seconde et troisième instance, par les deux sections civiles de la chambre apostolique. Quant aux causes où se débattent des intérêts supérieurs, elles appartiennent, pour la seconde et la troisième instance, à la Rota, qui connaît encore en troisième des jugements en second des cours de Bologne, Macerata et Ancône. Dans les procès commerciaux, on ne peut recourir au tribunal suprême de la signature que s'il est question de restitution entière, et alors on procède comme pour les causes purement civiles.

Les évêques et les archevêques sont juges en première instance dans les limites de leurs diocèses, et par l'organe de leurs grands-vicaires, pour quelque somme que ce soit, des affaires ecclésiastiques ou mixtes, et même des laïques s'il y a consentement des parties. On peut en appeler de la sentence de l'évêque à celle de l'archevêque dont il relève; mais l'appelant a toujours le droit de s'adresser directement au Saint-Siége ou aux tribunaux de Rome; dans cette capitale, résident les tribunaux ecclésiastiques de la chambre apostolique et du cardinal-vicaire. Le premier se compose du prélat auditeur de la chambre, de son auditeur particulier, de deux assesseurs et de trois autres prélats lieutenant-ssuppléants; ces trois derniers constituent une congrégation prélatique, *congregazione civile prelatizia*. Le tribunal du cardinal-vicaire est formé par le même cardinal et par les deux prélats vice-gérants et lieutenants civils; il connaît de toutes les questions alimentaires et de celles non commerciales qui concernent les juifs et les nouveaux convertis. C'est de cette dernière attribution qu'il reçoit son caractère ecclésiastique. Les prélats vice-gérants et lieutenants civils, ainsi que le prélat auditeur de la chambre apostolique, prononcent en première instance, comme les évêques dans leurs diocèses, et on appelle également de leurs arrêts à la Rota, si la somme en litige est au-dessus de cinq cents piastres. Lorsque la cause est de moindre importance, c'est au cardinal-vicaire ou au prélat auditeur de la chambre que l'appel en seconde instance est adressé; c'est aussi au prélat auditeur et à ses deux assesseurs que l'on a recours pour réviser les procès de moins de cinq cents piastres, jugés d'abord par les évêques et archevêques; enfin, la congrégation civile des trois prélats de la chambre apostolique prononce définitivement sur toutes ces contestations.

Le tribunal de la suprême signature a, pour les causes ecclésiastiques, la même juridiction que pour les causes civiles.

Les actions intentées de part et d'autre, qui intéressent le trésor, ne peuvent, quelle que soit la somme, être jugées, en première instance, dans les provinces que par les tribunaux civils, et à Rome, que par la congrégation également civile de la chambre apostolique. L'appel de leurs décisions est porté devant une chambre plénière (*piena camera*), où siégent cinq prélats, clercs de la chambre apostolique (1), présidé par le clerc doyen de la même chambre. La troisième instance revient à la Rota, et, en ce qui la concerne, la signature suprême a les mêmes pouvoirs que pour les procès ecclésiastiques et civils.

Les causes des provinces et communes doivent toujours être déférées, en première instance, aux tribunaux civils. A Rome, seulement, elles dépendent d'une des deux sections congrégonales de la chambre apostolique. Pour la seconde et la troisième instance, la marche est exactement la même que celle des autres affaires civiles.

Avant l'ordonnance du 25 juillet 1835, les tri-

_____

(1) Ils sont désignés ainsi pour les distinguer des prélats qui ne sont point encore engagés dans les ordres.

bunaux, dont nous venons d'exposer l'organisation et les attributions, étaient seuls compétents
pour prononcer sur toutes les questions relatives
aux intérêts du fisc, des provinces et des communes ; depuis cette ordonnance, qui a créé des tribunaux administratifs, ceux ci-dessus mentionnés ne
sont restés saisis que pour les cas où le trésor, les
provinces et les communes défendent un droit particulier, et qui leur appartient comme il pourrait
appartenir à un simple citoyen.

L'instruction déclaratoire du 12 novembre 1836
a porté une nouvelle atteinte à l'ancienne juridiction, en agrandissant encore la compétence de
l'administrative. On peut dire que maintenant il
y a bien peu de procès qui ne puissent retomber
dans les attributions de celle-ci. Les affaires intéressant les communes et les provinces dépendent
en première instance des conseils provinciaux,
dont l'organisation sera expliquée au chapitre de
l'administration civile ; ces conseils, lorsqu'ils jugent des causes administratives, sont présidés par
le délégat apostolique, le commissaire ou le président de la province ; à Velletri, Bologne, Ferrare,
Ravenne, Urbin et Pesaro, la présidence appartient au vice-légat ou à la personne représentant
le cardinal-légat.

Dans les provinces susnommées, on appelle,
pour ces causes, à ce cardinal, qui prononce après

avoir demandé une instruction à un ou plusieurs jurisconsultes choisis par lui-même; pour les autres localités, la seconde instance revient à la congrégation du bon gouvernement (*congregazione del buon governo*), laquelle consulte son procureur fiscal, qui doit émettre son opinion par écrit. Si l'affaire touche aux intérêts du fisc, on la porte alors à la congrégation camérale, présidée par le trésorier-général, et formée en outre de deux prélats clercs de la chambre apostolique et de deux avocats du consistoire; on appelle de leurs actes à la congrégation de révision des comptes où assistent un cardinal président, quatre prélats clercs et quatre laïques.

Pour ces procès et ceux ntéressant les provinces et les communes, on va, en troisième instance, devant le conseil suprême, composé du cardinal-doyen du sacré-collége, du cardinal président de la congrégation de révision des comptes, de celui qui est ministre de l'intérieur, et de trois prélats auditeurs de la Rota. Les décisions de ce conseil suprême, et qui sont sans appel, doivent être rendues par cinq membres. Si le cardinal-doyen ou l'éminence présidant la révision des comptes ont déjà participé au jugement en seconde instance, ils s'abstiennent; dans le cas où ils sont libres de donner leurs voix, c'est le dernier auditeur de la Rota qui ne peut émettre son opinion.

Par privilége spécial, toutes les affaires regardant la sainte maison de Lorète ou les employés de son administration, inscrits sur ses rôles, sont jugés par l'assesseur et le tribunal civil de Lorète; mais ceux-ci n'agissent qu'en qualité de délégués de la congrégation lorétane, résidant à Rome et jugeant exclusivement les causes concernant la Santa-Casa.

Les legs pieux, sans destination spéciale, appartiennent de droit à la fabrique de Saint-Pierre; pour les contestations qu'ils peuvent faire naître, un tribunal est exclusivement attaché à cette fabrique. Ces procès sont jugés en première instance par un seul prélat; la seconde, la troisième, et les pouvoirs correspondant à ceux du tribunal de la signature, sont attribués à une congrégation qui juge deux et trois fois la même affaire. Dans cette congrégation, à laquelle on attache une grande importance, entrent le cardinal-préfet, plusieurs autres cardinaux et les prélats les plus considérés à la cour de Rome.

La congrégation du cadastre, après avoir pris connaissance des mémoires des parties, et obtenu l'approbation du souverain pontife, prononce un jugement sans appel sur toutes les questions qui se rapportent aux limites des provinces, districts, gouvernements et communes. Il ne peut pas effectivement y avoir plusieurs instances et appels, puisque cette congrégation représente la personne du pape qui est investi du pouvoir législatif.

On peut ranger, jusqu'à un certain point, parmi les tribunaux ecclésiastiques, les diverses congrégations des eaux, du concile, des immunités ecclésiastiques, des rites sacrés, des évêques, des réguliers et de la visite apostolique ; toutes soustraites à la juridiction de la signature ont, pour les affaires soumises à leur décision, une procédure et des règles propres à chacune d'elles, dont il serait trop long de s'occuper, et qui d'ailleurs sont peu faites pour exciter la curiosité du lecteur.

Après avoir parcouru ce dédale de juridictions ecclésiastiques et civiles, il est temps d'arriver enfin aux tribunaux criminels ; commençons par signaler une lacune. Les Etats pontificaux manquent totalement d'un code de police correctionnelle ; en sorte que, pour de minces délits, il faudrait appliquer des châtiments trop sévères ou laisser le délinquant impuni ; on est donc réduit à s'en rapporter aux prononcés arbitraires des juges. La loi reconnait plusieurs peines, ce sont : premièrement, la mort simple ou exemplaire, c'est-à-dire avec aggravation de souffrances ; secondement, les galères à perpétuité ; troisièmement, les galères à temps ; quatrièmement, les travaux publics, tels que le nettoiement des villes et l'entretien des routes ; cinquièmement, l'exil : cette peine n'est que pour les étrangers ; sixièmement la réclusion ou détention ; septièmement, l'amende ; huitièmement, la privation et interdiction d'un emploi public et des droits civils.

Les crimes se partagent en deux catégories, selon l'espèce de la peine. On appelle mineurs ceux que l'on frappe d'une amende ou d'une année de travaux publics au plus ; les majeurs sont ceux qui attirent sur leurs auteurs des condamnations plus fortes. Pour les crimes majeurs entraînant la peine capitale, il y a deux jugements ; dans tous les cas on peut demander la révision, soit par défaut de compétence, soit par fausse application de la loi, soit par excès de pouvoir.

Les gouverneurs et les assesseurs légaux des provinces jugent en première instance tous les crimes mineurs commis dans leur ressort. Les tribunaux civils sont saisis en première des crimes capitaux, et en seconde des autres majeurs ; ils sont encore juges de révision pour les questions de compétence entre les assesseurs et les gouverneurs.

La seconde instance, dans les affaires capitales, appartient aux cours d'appel de Bologne et de Macerata pour les provinces de leur ressort. Ces mêmes cours deviennent tribunaux de révision en tout ce qui concerne les autres condamnations, excepté celle à la peine de mort. Dans la province de la Comarca, les gouverneurs connaissent également

des crimes mineurs. A Rome, il existe trois tribunaux criminels; ce sont ceux du prélat auditeur de
la chambre apostolique, du prélat gouverneur et
du sénateur. Les chefs de ces trois tribunaux choisissent un avocat lieutenant-criminel qui juge en
première les crimes mineurs; la seconde pour ces
crimes et la première pour les majeurs appartiennent aux congrégations criminelles de la chambre
apostolique, du gouverneur et du sénateur de
Rome. Tout procès de crimes majeurs doit être jugé
par quatre personnes. Ainsi la congrégation de la
chambre apostolique complète ce nombre par des
conseillers civils, selon l'ordre de leur ancienneté.
Les tribunaux civils de province, faisant fonctions
de tribunaux criminels, s'adjoignent aussi un juge
suppléant.

Pour le petit village de Castel-Gandolfo, où le
pape possède une maison de plaisance, et les crimes
commis par des employés au service du souverain
pontife, le gouverneur et l'auditeur criminel du
majordome (surintendant) du palais, jugent en
première instance, comme les gouverneurs et les
assesseurs légaux. La congrégation, saisie de la seconde, contient cinq membres; savoir : le majordome, ses auditeurs civils et criminels, et deux
avocats du barreau romain au choix du président.

La seconde instance, pour les crimes capitaux,
relative aux arrêts des trois congrégations ci-des

sus indiquées et des tribunaux indépendants des cours d'appel de Bologne et de Macerata, revient au tribunal suprême de la Consulta qui, au criminel, se compose de plusieurs prélats partagés en deux chambres, dont l'une est présidée par le prélat-secrétaire de la Consulta, et l'autre par le plus ancien. Ce tribunal possède les mêmes pouvoirs que les cours d'appel de Bologne et de Macerata, et juge, en outre, les questions de compétence des mêmes ressorts. De plus, il prononce en révision sur les condamnations capitales, et les crimes politiques lui sont exclusivement déférés.

Les crimes ecclésiastiques et contre les personnes engagées dans les ordres sacrés, sont jugés par les tribunaux ecclésiastiques, qui peuvent encore s'occuper des crimes de mixte compétence, s'ils se saisissent de l'affaire avant les juges laïques. Ces tribunaux ont cinq juges, l'évêque ou l'archevêque et quatre personnes choisies par lui. On appelle des sentences de l'évêque à l'archevêque, dans les diocèses où cette coutume est observée. En cas contraire, l'appel se porte devant la congrégation des évêques et des réguliers qui, non-seulement a les pouvoirs de l'appel, mais encore ceux de la révision.

A Rome, c'est au cardinal-vicaire qu'appartient uniquement le jugement des crimes contre les bonnes mœurs. Le prélat vice-gérant, celui suppléant civil et deux autres assesseurs prennent connaissance de ces causes. L'appel de leurs arrêts est porté à la congrégation des évêques et des réguliers. Pour les délits ordinaires commis par les ecclésiastiques, les tribunaux du gouvernement de Rome et du prélat auditeur de la chambre peuvent, par privilége, juger comme le tribunal du cardinal-vicaire ; mais la seconde instance et la révision reviennent à la Consulta.

Les gouverneurs et assesseurs, dans les provinces, sont saisis, en première instance, des affaires de contrebande, si le délit n'emporte qu'une amende au-dessous de deux cents piastres ou moins d'un an de prison. Les mêmes délits dépendent, à Rome, du lieutenant-criminel, du prélat trésorier ou du même lieutenant et du cardinal camerlingue. On appelle en seconde instance de leurs jugements, à la congrégation du camerlinguat ou à celle de la trésorerie. Ces congrégations jugent encore en première instance les délits passibles d'une amende au-dessus de deux cents piastres ou de plus d'une année d'emprisonnement. On appelle alors d'une congrégation à l'autre, et ce second jugement est définitif.

Les crimes et délits des soldats et officiers sont exclusivement de la compétence des tribunaux militaires.

Enfin, les offenses contre la religion sont déférées au tribunal de l'inquisition, qui a des formes et une procédure tout-à-fait spéciales, et devient plus doux et plus inaperçu de jour en jour.

Tel est ce dédale de tribunaux et d'attributions diverses, et l'écrivain, en cherchant à y conduire le lecteur, ne sait même s'il a eu le bonheur d'y réussir.

Il n'y a point de tribunaux sans défenseurs des parties adverses, sans avocats et avoués. Ceux de Rome sont divisés en *avvocati rotali*, c'est-à-dire de la Rota, pouvant suivre les affaires devant tous les tribunaux et toutes les congrégations, et en douze *avvocati consistoriali* ayant des fonctions publiques multipliées et attachés comme avocats-généraux aux administrations du fisc, des pauvres, etc. ; mais il ne faut pas donner à cette désignation le même sens qu'en France, car ces avocats ne font point partie des cours et tribunaux; on peut, je crois, les assimiler, à la fois, à notre agent judiciaire du trésor et aux membres distingués du barreau, employés, comme conseils, par nos directions et nos ministères. Les procureurs se partagent en quatre classes ; les innocenziani, ceux de la Signatura, de la Rota, et les collégiaux. Les innocenziani suivent les affaires en première instance; la Signatura devant son tribunal ; les rotali partout, et les collégiaux remplissent divers emplois afférents aux congrégations. En général, on ne plaide pas; les procès sont jugés sur mémoires écrits en italien pour les tribunaux de première instance et en latin pour la Rota, la Signatura, les congrégations, et en voici la raison : les cardinaux et prélats composant ces tribunaux, surtout celui de la Rota, sont en partie étrangers et censés ne pas entendre suffisamment l'italien; en conséquence, le latin, langue ecclésiastique et universelle, a été adopté.

Après avoir tracé l'organisation actuelle des tribunaux, il faut maintenant indiquer quels ont été les changements ou améliorations dus aux nouvelles lois promulguées depuis 1831.

Disons d'abord que le Code Justinien, corrigé selon les prescriptions canoniques, formait et forme encore aujourd'hui le fond de la législation des Etats pontificaux, composés de villes et de provinces autrefois indépendantes, et qui, à des époques diverses, se soumirent volontairement au Saint-Siége, ou furent successivement acquises par conquêtes, achats ou autres titres. A l'époque de leur réunion, elles stipulèrent et obtinrent, par actes authentiques, outre le maintien de leurs priviléges urbains, celui de leurs coutumes provinciales. Ces coutumes (*statuti*) regardaient principalement le commerce, les arts et métiers dans les villes industrielles, et l'intérêt des campagnes dans les pays agricoles; elles s'appliquaient à l'organisation municipale, et contenaient aussi des dispositions correctives du droit commun en matière de successions ; ces dérogations avaient pour but l'exclusion des femmes de l'héritage paternel, car, dans ces petits Etats, toujours divisés en plusieurs factions politiques, aucune ne voulait qu'une femme pût apporter, par mariage, dans un parti contraire, le poids et l'influence d'une nouvelle fortune. De part et d'autre, d'égales jalousies firent adopter cette injuste répulsion.

La quantité de ces coutumes, le vague des législations justinienne et canonique (1) étaient la source de mille longueurs et d'une extrême confusion, et d'autant plus qu'on avait admis le principe canonique, exigeant, pour obtenir chose jugée, trois sentences conformes ; ces longueurs, cette confusion augmentaient encore, grâce à un nombre démesuré de congrégations, de tribunaux exceptionnels pour les choses et les personnes; aussi, les plus experts avocats pouvaient-ils, à chaque procès, se méprendre sur la compétence.

Lorsqu'à la fin du siècle dernier, la plupart des provinces pontificales se constituèrent en république, sous la protection de la France, elles abro-

_____

(1) On sait que les dispositions du Code Justinien et du droit canonique sont loin d'être générales, et se composent, en partie, des réponses des empereurs, des papes et des jurisconsultes auxquels on demandait un avis, une décision sur des espèces particulières.

gèrent les coutumes et le droit canonique ; le Code
Justinien fut proclamé seule loi du pays. Après la
chute de ce gouvernement éphémère, on rétablit,
dans les contrées rendues au Saint-Siége, et les
coutumes et le droit canonique ; mais leur abolition, quoique temporaire, avait déjà fait connaître
et désirer une meilleure législation ; cependant,
malgré le vœu des peuples, cet état de choses
dura jusqu'à l'occupation française et la réunion à
l'empire ; alors le Code Napoléon devint la règle
des tribunaux romains.

Lorsque les désastres éprouvés en Russie et les
efforts des puissances alliées eurent brisé le colosse
français, le Souverain-Pontife fut remis immédiatement en possession de ses Etats. Ses délégués se
montrèrent très-empressés de rappeler dans toute
sa pureté l'ancien ordre de choses ; ils ne conser-
vèrent de la législation impériale que les nouvelles lois hypothécaires. Cette abolition du Code
Napoléon fit naître des regrets presque universels,
et surtout dans les provinces de la Romagne, des
Marches, de Bénévent et de Ponte-Corvo, qui,
détachées les premières du gouvernement pontifical, avaient joui plus long-temps de la législation
napoléonienne. Aussi Pie VII crut-il devoir calmer leurs populations en s'occupant de salutaires
réformes. De là provient le *motu proprio* du 16
juillet 1816, sur l'organisation de l'administration

publique; par lui furent abolies les coutumes, excepté leurs dispositions en matière d'agriculture. On déclara entièrement libres les biens ci-devant sujets à majorat et aux fidéicommis, dans les provinces recouvrées en dernier lieu; mais on conserva toutes les sujétions de ces mêmes biens, situés dans les pays récupérés antérieurement, lorsqu'ils représentaient une valeur de plus de 15,000 piastres (78,750 fr.). On permit même à la noblesse de fonder de nouveaux majorats sous cette condition. Les femmes furent exclues de la succession du père et des agnats mâles (1), et durent se contenter d'une dot convenable (*congrua*). Le code de commerce français subsista en prenant le titre de règlement provisoire, et on promulgua un code hypothécaire également tiré des lois françaises, mais adapté à la législation papale; un troisième, celui de la procédure civile, fut rédigé et rendu obligatoire par décret du 22 novembre 1817; à peu près semblable au règlement actuel, il établit qu'il ne fallait plus, pour avoir chose jugée, que deux sentences conformes. Pourtant il était d'obligation qu'elles se suivissent immédiatement; si un trop long intervalle séparait les jugements, la partie qui succombait en troisième instance avait le droit de se pourvoir en appel devant

______

(1) Agnats. Collatéraux descendant, par mâles, d'une même souche masculine.

le tribunal de la Signatura. Dans les procès ecclésiastiques, on conserva, par obéissance aux prescriptions canoniques, l'ancienne procédure, et
trois sentences pareilles furent toujours nécessaires
pour gagner sa cause.

Les promesses d'améliorations, faites par Pie VII,
s'arrêtèrent à ce code. Léon XII, monté sur la
chaire de saint Pierre, en 1823, remania en grande
partie l'œuvre de son prédécesseur. Il établit que
l'on pouvait créer des majorats et fidéicommis pour
quelque somme que ce fût; détruisit les tribunaux
civils composés de plusieurs membres, et créa des
juges uniques appelés préteurs. Les suppléants de
la chambre apostolique et les juges collatéraux du
Capitole reçurent ce titre. Mais si ces changements
ne furent pas heureux, il en accomplit d'utiles en
réduisant à treize, sans compter la Comarca de
Rome, le nombre trop grand des provinces, en
ôtant quelques affaires à la Rota qui les faisait trai-
ner en longueur, et en établissant que, dans tous
les procès, deux sentences suffisaient. Pie VIII conserva la législation de Léon XII. Grégoire XVI,
ayant promis des améliorations pour l'administration de la justice, acquitta une partie de ses engagements en publiant son règlement judiciaire et
législatif.

Ce règlement a conservé la législation de Léon XII
sur les majorats et fidéicommis, et celle de Pie VII

relative aux successions et à l'exclusion des femmes ; il a aussi maintenu le décret n'exigeant plus que deux sentences conformes : disposition excellente pour accélérer le cours des procès, mais malheureusement neutralisée par la quantité d'actes qui l'environnent, et dont on voulut faire un moyen financier. La législation de Pie VII et de Léon XII avait établi qu'il pouvait y avoir des juges exceptionnels, choisis par le Souverain-Pontife, pour certaines affaires particulières. Grégoire XVI les a abolis. C'est à lui aussi que l'on doit, à peu de chose près, le rétablissement de la procédure de Pie VII, le retour à leurs fonctions des tribunaux civils et l'abolition des juges uniques; mais la création des tribunaux administratifs, par l'ordonnance du 25 juillet 1835, et plus encore leur compétence agrandie par l'instruction (*instruzione declaratoria*) du 12 novembre 1836, fait craindre que l'abolition des juges exceptionnels ne soit pas irrévocable.

Le même pontife a publié deux codes nouveaux : l'un pénal et l'autre de procédure criminelle. Avant la publication du premier, les peines pour les crimes devaient être infligées suivant les prescriptions d'ordonnances successivement rendues. Ces peines étaient draconiennes, hors de proportion avec la plupart des cas auxquels elles se rapportaient ; mais il faut convenir qu'on n'osait les appliquer dans toute leur rigueur. La promulgation de ce code a donc été un véritable bienfait. Les punitions y sont graduées, assez douces, et ont suivi la marche de la civilisation ; mais on doit dire aussi, pour être vrai, que leur sévérité retombe sur les crimes politiques, et que la crainte de la publicité affaiblit plusieurs des sages et humaines dispositions de la procédure criminelle. Ainsi, lorsque la eonfrontation des témoins avec l'accusé est actuellement admise, pourquoi conserver encore certaines parties de l'ancienne procédure qui ne permettait que la communication des dépositions ? Pourquoi aussi emploie-t-on, en jugeant les prévenus politiques, des formes et des voies secrètes et particulières?

L'administration actuelle de cette procédure criminelle est très-dispendieuse et très-longue ; ses fâcheux délais s'accroissent encore par les deux instances, par la révision de compétence pour les crimes mineurs et capitaux, en sorte qu'il s'écoule ordinairement quatre ou cinq années avant que la sentence soit exécutée. Alors l'horreur, même souvent le souvenir du crime, ont disparu, et il ne reste plus dans l'âme du spectateur qu'une pitié dangereuse pour l'ordre public.

Il manque encore aux Etats-Romains un code de police correctionnelle. Un travail sur cette matière a été commencé depuis quatre ou cinq ans, et n'est pas achevé.

Les sujets romains vivent tous sous les mêmes lois, excepté les Israélites, mis en dehors du droit commun, sur plusieurs points de la législation; ainsi, ils ne peuvent acquérir de propriété foncière. A Rome, ils doivent demeurer dans un quartier tortueux et malsain, appelé *Gheto*, fermé de grilles pendant la nuit, et dans lequel il faut qu'ils soient rentrés quatre heures après le coucher du soleil. Ce n'est qu'au moyen d'étrennes, de la *buona mancia*, que les portiers et sentinelles ferment les yeux sur leurs contraventions. Tous les ans ils viennent, à jour fixe, et représentés par leurs syndics et rabbins, demander au sénateur la permission de demeurer dans la capitale du monde catholique, et ce magistrat l'accorde, toujours dans les mêmes termes, et en leur recommandant de reconnaitre cette faveur par une bonne conduite. Le seul allégement qu'ils aient éprouvé, est la dispense de porter sur l'épaule la marque jaune à laquelle leurs ancêtres étaient soumis. Toutefois, au milieu de cet état d'oppression, ils possèdent un singulier privilége, nommé *gazzagà*, qu'aucun voyageur, je crois, n'a mentionné, et dont j'ai pris soin de m'assurer. Les maisons qu'ils habitent appartiennent à des chrétiens; mais, par une espèce d'emphythéose, le propriétaire ne peut les en expulser, ni en augmenter les loyers qui, depuis un long cours d'années, sont les mêmes;

bien plus, si la maison menace ruine, il est obligé de la réparer ou de la rebâtir, quoique le revenu ne soit plus en proportion de la dépense de reconstruction. Seulement, le syndicat est garant de la valeur établie du loyer et de son paiement. Ce droit de logement forcé est tellement certain, qu'il fait souvent partie d'une dot, et qu'on le transmet, par vente, à des co-religionnaires. Rome fut longtemps appelé le paradis des juifs, et alors, effectivement, ils y étaient traités avec moins de rigueur que dans les autres Etats de l'Europe; mais ils y sont restés stationnaires, et, si l'on compare leur sort avec celui dont ils jouissent actuellement en France, en Angleterre et dans presque toute l'Allemagne, on ne peut s'empêcher de déplorer l'avilissement où les lois romaines les plongent encore.

En parcourant ce chapitre, le lecteur vient de voir quelles sont maintenant la législation et l'organisation judiciaire du pays, et il aura remarqué, avec surprise sans doute, combien de fois elles ont varié dans le cours de vingt années. Ce fut un grave inconvénient pour les familles, la magistrature, le barreau; et je puis affirmer qu'un des vœux les plus prononcés des hommes instruits, c'est que les lois, la formation et les attributions des tribunaux acquièrent enfin de la fixité.

ADMINISTRATION CIVILE,

L'Etat ecclésiastique est divisé en vingt provinces ; chaque province, subdivisée en districts, et ceux-ci en communes. Chaque district a un gouverneur auquel sont joints des sous-gouverneurs inférieurs en titre, mais presque égaux en pouvoir. Voici le tableau des divisions territoriales.

PROVINCES.	DISTRICTS.	CHEFS-LIEUX DE GOUVERNEMENTS.
COMARQUE DE ROME. . . . . Districts. . . . . 5 Gouvernements. 17	Rome	Rome, Albano, Campagnano, Castel-Nuovo di Porto, Frascati, Genzano, Marino, Domaines baronnaux, Castel-Gandolfo.
	Tivoli	Tivoli, Arsoli, Genazzano, Palestrina, Polombara, Domaines baronnaux.
	Subiaco . . .	Subiaco, San-Vito.
BOLOGNE. . . . . . District . . . . . 1 Gouvernements. 12	Bologne . . .	Bologne, Bazzano, Budrio, Castel-Maggiore, Castel-San-Pietro, Lojano, Castiglione, Medicina, Poggio-Renatico, Porretta, San-Giovani in Persicato, Vergato.
FERRARE. . . . . . Districts. . . . . 2 Gouvernements. 11	Ferrare . . .	Ferrare, Argenta, Bondeno, Cento, Codigoro, Comacchio, Copparo, Porto-Maggiore.
	Lugo	Lugo, Bagnacavallo, Massa-Lombarda.

PROVINCES.	DISTRICTS.	CHEFS-LIEUX DE GOUVERNEMENTS.
FORLI . . . . Districts. . . . . 3 Gouvernements. 11	Forli. . . . . Cesène. . . . Rimini. . . .	Forli, Bertinoro, Civitella. Cesène, Savignano, Sursina, Sogliano. Rimini, San-Arcangelo, Saludeccio, Coriano.
RAVENNE . . . . . Districts. . . . . 3 Gouvernements.. 9	Ravenne. . . Imola . . . . Faenza. . . .	Ravenne, Alfonsine, Cervia. Imola, Casal-Velsenio, Castel-Bolognese. Faenza, Brisighella, Russi.
URBIN et PESARO. . Districts. 5 Gouvernements.15	Urbin . . . . Gubbio . . . Pesaro. . . . Fano. . . . . Sinigaglia. .	Urbin, Fossombrone, Macerata-Feltria, Pennabili, Santa-Agata, San-Leo, Urbania. Gubbio, Cagli, Pergola. Pesaro. Fano, Mondolfo. Sinigaglia, Mondavio.
VELLETRI. . . . . District . . . . . 1 Gouvernements.. 6	Velletri . . .	Velletri, Segni, Sezze, Valmontone, Terracine, Baronali.
ANCONE. . . . . . . District . . . . . 3 Gouvernements.. 6	Ancône . . . Jesi . . . . . Osimo. . . .	Ancône, Montemarciano. Jesi, Acervia, Corinaldo, Monte-Albodo, Monte-Carotto. Osimo.
MACERATA. . . . . Districts. 5 Gouvernements.16	Macerata. . . Fabriano. . . Recanati. . . Santa-Casa di Loreto. . . S. Severino..	Macerata, Cingoli, Civita-Nuova, Monte-Olmo, Tolentino, Treja. Fabriano, Sasso-Ferrato, Matelica. Recanati, Filotrano, Monte-Santo. Loreto. San-Severino, San-Ginesio, Sernano.

PROVINCES.	DISTRICTS.	CHEFS-LIEUX DE GOUVERNEMENTS.
CAMERINO . . . . . District . . . . . . 1 Gouvernements.. 2	Camerino . .	Camerino, Caldarola.
ASCOLI. . . . . Districts. . . . . 2 Gouvernements.. 6	Ascoli . . . . Montalto. . .	Ascoli, Amandola, Arquata. Montalto, Osfida, San-Benedetto.
FERMO. . . . . District . . . . . 1 Gouvernements.. 7	Fermo. . . .	Fermo, Grottamare, Monte-Giorgio, Monte-Rubbiano, Ripatransone, San-Elpidio a Mare, Santa-Vittoria.
PÉROUSE. . . . . . . Districts. . . . . 4 Gouvernements. 12	Pérouse. . . Citta di Castello. . . . Foligno . . . Todi.	Pérouse, Castiglione del Lago, Citta della Pieve, Magione. Cita di Castello, Fratta. Foligno, Assisi, Gualdotadino, Nocera, Spello. Todi.
SPOLÈTE. . . . . . Districts. . . . . 3 Gouvernements.. 9	Spolète . . . Norcia. . . . Terni	Spolète, Bevagna, Montefalcone. Norcia, Cascia, Visso. Terni, Amelia, Narni.
RIETI . . . . Districts. . . . . 2 Gouvernements.. 6	Rieti. . . . . Poggio-Mirteto. . . .	Rieti, Canemorto, Rocca, Sinibalda. Poggio-Mirteto, Fara, Baronnaux de Magliano.
ORVIÈTE. . . . . . . District . . . . . 1 Gouvernements.. 2	Orviète. . . .	Orviète, Ficulle.
VITERBE. . . . . . . Districts. . . . . 2 Gouvernements. 14	Viterbe . . . Domaines baronnaux..	Viterbe, Acquapendente, Civita-Castellana, Bagnorea, Montefiascone, Orte. Ronciglione, Sutri, Toscanella, Valentano, Vetralla, Barbarano, Sosiano, Vitorchiano.

PROVINCES.	DISTRICTS.	CHEFS-LIEUX DE GOUVERNEMENTS.
CIVITA-VECCHIA. . District . . . . . 1 Gouvernements.. 3	Civita-Vec- chia.	Civita-Vecchia, Corneto, Do- maines baronnaux.
FROSINONE. . . . . Districts. . . . . 2 Gouvernements. 13	Frosinone . .	Frosinone, Alatri, Agnani, Cec- cano, Ceprano, Ferentino, Guarcino, Monte-San-Gio- vanni, Paliano, Piperno, Vallecorsa, Veroli.
	Ponte-Corvo.	Ponte-Corvo.
BÉNÉVENT. . . . . District . . . . . 1 Gouvernement. . 1	Bénévent. . .	Bénévent.

Après avoir montré dans le tableau précédent quelle est la division territoriale des Etats pontifi- caux, et indiqué au commencement du chapitre, sur l'organisation de l'ordre judiciaire, les autori- tés qui les gouvernent et réunissent dans plusieurs circonstances le double caractère de juges et d'ad- ministrateurs, il faut faire connaître la composi- tion et les attributions des conseils municipaux et provinciaux.

En tout ce qui touche l'administration civile, les communes se divisent en quatre catégories.

Première, moins de mille habitants.
Deuxième, de mille à moins de quatre mille.
Troisième, de quatre mille à moins de dix mille.
Quatrième, les communes dépassant ce dernier nombre.

Dans chaque commune il existe un conseil municipal composé de

16 membres pour la première catégorie.
24 pour la seconde.
36 pour la troisième.
48 pour la quatrième.

Dans les villes, le chef-lieu du conseil municipal prend le titre de gonfalonier (1); celui des communes rurales ou simples bourgs, le nom de prieur, et à Bologne, on l'appelle pompeusement sénateur. Outre le gonfalonier, le prieur et les anciens exercent avec lui les fonctions administratives sous le titre de magistrature de la commune; leur nombre varie selon les différentes catégories, et monte à 3, à 5, à 7 et à 9. Rome, quoique capitale, n'a pas de conseil municipal; son sénat, remplaçant ce conseil, se compose de la noblesse romaine; ses chefs sont les trois conservateurs du peuple et les gouverneurs des quartiers; mais toutes ses attributions se bornent à une vaine représentation.

Dans les communes où la noblesse ne forme pas une classe à part, les membres de la municipalité doivent être pris, pour les deux tiers, parmi les

(1) Ce titre de gonfalonier provient des fonctions que remplissait à la guerre le chef des petites républiques italiennes. Le premier au péril, c'était lui qui portait, à la tête des combattants, le gonfalon ou drapeau de la commune.

possesseurs de biens-fonds; l'autre tiers est composé d'hommes de lettres, de négociants et de maîtres-ouvriers, pourvu cependant que ceux-ci ne soient pas de trop basse condition; s'il existe une corporation de nobles, elle participe pour un tiers à la formation du conseil; les deux autres se répartissent, en nombre égal, entre les propriétaires non nobles et les artisans. Dans les communes de la première et de la seconde classe, il y a un député ecclésiastique, et deux pour celles de la troisième et de la quatrième, choisis par les évêques respectifs; ils assistent aux réunions municipales, et ont voix délibérative lorsqu'il s'y agite des questions relatives aux intérêts de fondations pieuses, des établissements de bienfaisance et des biens du clergé.

C'est la magistrature municipale qui convoque le conseil, et, dans les villes chefs-lieux, l'assemblée est présidée par le gouverneur ou les présidents des tribunaux civils. En cas d'absence de ces fonctionnaires, la présidence appartient au gonfalonier, au prieur ou aux anciens; ceux-ci posent, de droit, les questions que l'on doit discuter; mais, auparavant, il faut qu'elles aient été désignées aux autorités administratives. Les gonfaloniers et prieurs présentent le budget des dépenses et des recettes, après, toutefois, qu'il a reçu l'approbation et le vœu délibératif des anciens.

Tous les deux ans, le 13 décembre, les conseils nomment les employés communaux. En général, chaque commune doit entretenir, pour le service public, un médecin, un chirurgien vaccinateur (1), un maître d'école, un secrétaire, un receveur des impôts, et un trompette chargé d'afficher les lois et ordonnances et de publier les arrêtés du pouvoir local. Le nombre de ces salariés de la mairie s'accroît selon la population et la richesse de la cité. Leur nomination ou révocation appartient seule au conseil, et le gouvernement n'a le droit de les destituer que pour mauvaise conduite morale ou politique.

Le receveur, qui est aussi payeur, ne peut acquitter une dépense que sur l'ordre du gonfalonier, du prieur ou de l'ancien qui les remplace : ces fonctionnaires doivent, dans le courant du mois de février, présenter un compte-rendu de la situation de la caisse municipale et de l'administration. Le conseil choisit dans son sein deux membres syndics pour l'examiner; après examen, ce compte est envoyé au légat ou délégat, chef de la province, avec les observations du corps municipal.

(1) Un arrêté du gouvernement, du 24 décembre 1841, ordonne de nouvelles mesures pour la propagation de la vaccine, entre autres, que les secours publics ne seront accordés que sur certificat constatant la vaccination.

Les communes, pour faire face à leurs dépenses, doivent, en premier lieu, employer les revenus de leurs biens-fonds et des rentes ou droits qui leur appartiennent encore; mais, depuis la vente des propriétés communales, décrétée en 1803 par Pie VII, et opérée en 1825 sous le pontificat de Léon XII, ces ressources ont grandement diminué, et, en général, ne suffisent actuellement qu'au tiers ou au quart de la dette. En conséquence, les conseils peuvent lever des impositions selon l'ordre suivant. Premièrement, sur tous les objets de consommation, excepté les grains et la farine, le droit de mouture étant exclusivement perçu pour le compte de l'Etat; la totalité des impôts de cette nature ne doit pas excéder 60 bajocchi (3 fr.) par tête d'individus mâles depuis 14 jusqu'à 60 ans accomplis; secondement, un impôt personnel réparti en plusieurs classes selon la quantité et l'aisance des familles propriétaires ou domiciliées dans la commune; il ne peut dépasser 40 bajocchi (2 fr.), et frappe aussi tous les mâles de 14 à 60 ans; enfin, si les droits de consommation et la taxe personnelle ne suffisent pas, on a recours à des centimes additionnels établis sur le foncier.

Les conseillers municipaux se renouvellent par tiers tous les deux ans, et sont rééligibles; mais si l'un d'eux est remplacé, le nouvel élu doit appartenir à la même classe que le membre sortant. Les fonctions des gonfaloniers et prieurs ne durent que deux années ; ils peuvent recommencer une autre administration bisannuelle : après ce laps de temps, le choix des électeurs doit tomber sur d'autres citoyens. Les anciens se renouvellent également par tiers, et la durée de leur mandat est aussi de six ans.

Dans les provinces, il existe un conseil dont les attributions sont semblables à celles des conseils-généraux en France. Chaque district a d'abord le droit d'y envoyer un membre, quel que soit le nombre de ses habitants, et, de plus, d'en ajouter un autre par chaque 20,000 âmes de population : les fractions excédant dix mille comptent pour vingt mille.

Le conseil municipal de Bénévent, ville et territoire enclavés dans celui du royaume de Naples, est investi des pouvoirs de conseil de province, et ses attributions sont pareilles à celles du conseil de Paris, qui tantôt est municipal et tantôt départemental.

L'élection des conseillers provinciaux se fait de la manière suivante, et, pour en saisir le mécanisme, il faut se rappeler que les communes sont divisées en quatre catégories, selon leur population. Les conseillers municipaux de la première classe nomment un électeur ; ceux de la seconde, deux, de la troisième, trois, de la quatrième, quatre. Ces électeurs se réunissent au chef-lieu du district, et, à la majorité absolue des suffrages, choisissent trois candidats pour chaque membre que ce district a le droit d'envoyer au conseil provincial. Deux de ces trois candidats doivent être tirés de la classe des propriétaires les plus considérables et les plus estimés du district. La troisième nomination est dévolue à des chefs d'établissements commerciaux et industriels, ou à des hommes distingués par leur science.

Le gouverneur du district, président de ce collége électoral, envoie la liste des nominations au chef de la province, qui la transmet au secrétaire d'état pour les affaires intérieures; celui-ci la présente au Souverain-Pontife, et, après avoir pris ses ordres, fait connaître au légat ou délégat sur lequel des trois candidats le choix du souverain s'est arrêté.

Les membres choisis se rassemblent, au chef-lieu, sous la présidence du gouverneur de la province, ou, en cas d'empêchement de sa part, sous celle d'une personne nommée par le pape; réunis ordinairement chaque année, pendant une session qui ne peut se prolonger au delà de quinze jours, ils commencent leurs opérations par l'élection d'un secrétaire et de son suppléant, discutent et approuvent ensuite le compte-rendu de l'exercice précédent, fixent le budget des dépenses et recettes de l'année suivante, et font la répartition entre les communes. L'administration des recettes et dépenses est confiée à trois personnes nommées tous les ans par le conseil provincial ; mais il faut que leur nomination reçoive l'approbation de la congrégation gouvernementale (*congregazione governativa*), dont nous parlerons bientôt. Les conseils ne doivent s'occuper que d'affaires relatives à l'administration des provinces ; s'ils dépassent les limites de leurs attributions, le président peut les dissoudre et ordonner de nouvelles élections. Le souverain a aussi le droit de prononcer la dissolution, d'ajourner les sessions, et de convoquer les conseils extraordinairement, soit sur leur demande, soit par sa propre volonté.

Les actes et les votes de ces conseils sont présentés au chef de la province, qui les examine et les discute de concert avec la congrégation gouvernementale. Leurs observations et leurs décisions, rendues à la majorité des suffrages, sont transmises avec les procès-verbaux des conseils, au secrétaire d'état de l'intérieur, qui approuve, modifie ou annule les résolutions provinciales.

Les conseils provinciaux, comme les municipaux, se renouvellent par tiers tous les deux ans.

De même que la ville de Rome n'a point de conseil municipal, sa Comarque (*banlieue*) n'en possède pas de provincial.

Dans les cités chefs-lieux, il existe un assesseur légal dont les fonctions ont été indiquées au chapitre de l'organisation judiciaire ; il peut être employé par les cardinaux, les prélats et les présidents de légation aux affaires administratives ; outre cet assesseur, il y a dans chaque province quatre conseillers qui, sous la présidence du légat ou délégat, composent la congrégation gouvernementale, et dont les attributions sont en partie analogues à celles de nos conseillers de préfecture ; choisis par le souverain, ils doivent être âgés de plus de trente ans, avoir exercé quelque emploi public, ou suivi le barreau pendant trois années ; ils reçoivent un traitement, et se réunissent, trois fois par semaine, chez le chef de la province, qui peut encore les convoquer extraordinairement. Par une disposition récente, les présidents des cours d'appel, des tribunaux de première instance et de commerce, font partie de cette congrégation, qui discute toutes les affaires présentées par le légat à son examen ; elle juge encore, en première instance, comme nous l'avons dit plus haut, les procès intéressant les communes et les provinces. Les conseillers ont voix délibérative pour tout ce qui concerne les comptes-rendus provinciaux et communaux ; pour tout le reste, elle n'est que consultative, et la décision appartient entièrement au légat ; celui-ci, en la transmettant aux ministères respectifs , doit envoyer en même temps copie conforme du procès-verbal de la discussion. Le secrétaire-général de la province est aussi attaché à la congrégation ; ordinairement il n'a que voix consultative ; mais , lorsque deux conseillers sont absents , elle devient délibérative.

Tous les trois ans , on procède au renouvellement , par moitié , des conseillers salariés.

La province d'Urbin et Pesaro a deux congrégations ; celle de la Comarque de Rome en est privée. Placée sous un régime exceptionnel , ses affaires sont gérées par quatre membres, au choix du gouvernement , et investis des mêmes attributions que les conseils provinciaux.

Telles sont ces administrations provinciales et municipales, plus dépendantes, il est vrai, du gouvernement que les françaises, mais dont le zèle, l'intelligence et l'amour de la cité , inné chez les Italiens, ont produit beaucoup de bien et d'utiles travaux. Il faut dire aussi que le pouvoir suprême respecte en général leurs décisions, et n'use qu'avec une grande retenue de la faculté de les infirmer.

L'administration supérieure et son mode d'action ont aussi éprouvé de grands changements ; mais ils remontent à une date beaucoup plus reculée. Avant Sixte-Quint, toutes les grandes questions de l'Eglise et de l'Etat devaient se traiter en consistoire des cardinaux, et le *quid vobis videtur* n'était pas alors une vaine formule. Malgré leur suprématie incontestée, plusieurs papes durent se soumettre aux vœux exprimés par la majorité du sacré collége ; de là un véritable embarras pour traiter les affaires importantes et secrètes. Lorsque Sixte-Quint monta sur le trône pontifical, il s'opérait une révolution en Europe ; les souverains fortifiaient le principe monarchique au détriment des feudataires hauts barons, et, quoique plusieurs libertés municipales fissent aussi naufrage, les peuples en général étaient favorables à l'extension d'un pouvoir qui leur assurait plus de repos. Sixte-Quint, grand et puissant génie, sut profiter habilement de cette disposition des esprits pour rompre les lisières de la papauté ; il comprit qu'il ne parviendrait point à son but s'il laissait le droit de discussion au consistoire, où la majorité des cardinaux pouvait lui imposer sa volonté, annuler d'utiles propositions, ou du moins traîner les affaires en longueur ; mais il sentit en même temps que les constitutions de l'Eglise et de l'Etat ne lui permettaient pas d'éloigner entièrement de l'administration le cardinalat ; il s'attacha donc à briser le faisceau, à créer des congrégations, et à y répartir les cardinaux ; ceux-ci, soit qu'ils n'aperçussent pas le piége, soit qu'ils s'avouassent les défauts inhérents au consistoire, parurent satisfaits de prendre tous une part active aux affaires ; toutefois le pape y gagna plus qu'eux, puisque les résolutions prises par les congréganistes n'étaient valables qu'après avoir reçu sa sanction. En définitive, les cardinaux ne furent plus que de simples conseillers dont le Souverain-Pontife pouvait, à sa volonté, admettre ou rejeter les avis. Depuis l'affaissement de la puissance consistoriale, et surtout, à dater d'un siècle environ, les affaires sont conduites comme dans les autres pays, et des ministres, ayant chacun leurs attributions, travaillent directement avec le pape et prennent ses ordres.

Il existe dans les États-Romains et dans la capitale une garde civique, dont les fonctions sont semblables à celles de notre garde nationale ; mais, à vrai dire, son existence n'est que nominale et ne se révèle plus que par les cadres d'officiers qui subsistent toujours. Lors de la restauration du gouvernement pontifical, en 1817, le service dans cette garde fut obligatoire ; celle de Rome se composait de 4,000 hommes pris parmi les propriétaires, les patentés, et divisés en quatre régiments, dont le sénateur était le chef suprême. La bourgeoisie ne pouvait aspirer qu'aux grades de lieutenant et de capitaine ; les autres, appartenant à la noblesse, étaient à la nomination du pape. Léon XII, en déclarant cette milice volontaire, lui porta un coup mortel ; aujourd'hui elle n'a plus qu'un effectif de 250 soldats, et n'en compterait peut-être aucun s'ils ne jouissaient de grands priviléges ; ainsi, on les exempte de payer la patente, plusieurs places inférieures de l'administration leur sont réservées, et on ne peut exécuter contre eux des jugements pécuniaires sans la permission de leur commandant. Malgré ces faveurs, l'esprit des modernes Romains est si peu militaire que cette garde tend à diminuer plutôt qu'à augmenter.

ADMINISTRATION ET FORCES MILITAIRES.

Le ministère de la guerre, ou plutôt la présidence des armes, car c'est ainsi qu'on l'appelle, et dont le chef est toujours un prélat, s'occupe de tout ce qui concerne l'organisation, l'administration, la direction du service de l'armée, l'entretien des places et l'armement et la défense des côtes. Trois généraux assistent ce prélat de leurs conseils et délibèrent avec lui.

Un commandant-général réside à Rome, chef-lieu d'une division militaire; les états-majors des deux autres divisions sont établis à Bologne et Ancône. La circonscription de Rome s'étend à toutes les provinces comprises entre la Méditerranée et l'Apennin ; celle de Bologne, depuis l'Apennin jusqu'au Tronto et à Rimini et Ancône, donne ses ordres des confins de Rimini aux rives du Pô.

L'armée se compose de troupes nationales et suisses; celles-ci forment deux régiments de 2,124 hommes, de deux bataillons et douze compagnies, chacune de 177 officiers et soldats. A ces régiments étrangers, il faut ajouter deux compagnies d'artillerie à cheval, dont les batteries sont de huit pièces comme celles des compagnies nationales. La capitulation des Suisses fut conclue en 1832, pour vingt années, entre le gouvernement pontifical et les généraux de Salis et de Courten ; ainsi, elle n'expirera qu'en 1852. Tous les officiers et soldats doivent être catholiques, et l'engagement des sous-officiers et soldats est de quatre à six ans. Ces deux régiments se distinguent par leur belle tenue, leur discipline et leur exactitude au service.

Outre les troupes étrangères et nationales, il existe une garde noble à cheval faisant le service auprès de la personne du pape, et la garde d'infanterie suisse qui a conservé la coiffure, le pittoresque costume et la hallebarde de sa patrie au seizième siècle. La famille Pfiffer, de Lucerne, a depuis trois cents ans le privilége de donner des chefs à ce corps renommé pour sa fidélité; on apporte le plus grand soin à le recruter.

Les commandants de places sont au nombre de seize ainsi répartis.

Première classe : Fort Saint-Ange, Rome, Bologne.

Deuxième classe : Ancône, Civita-Vecchia, Civita-Castellana, Ferrare.

Troisième classe : Forli, Foligno, Macerata, Perouse, Pesaro, Ravenne, San-Leo, Spolète, Terracine.

Trois inspecteurs exercent leurs fonctions à Rome, Ancône et Bologne.

TROUPES INDIGÈNES.

INFANTERIE.

Vétérans.	1 bataillon.
Grenadiers.	2
Fusiliers.	5
Chasseurs	2
Total.	10 bataillons.

Le bataillon est de six compagnies, fortes chacune de 120 hommes.

CAVALERIE.

Dragons.	1 régiment.
Chasseurs	2 escadrons.

Le régiment de dragons contient 800 cavaliers, et les escadrons de chasseurs 250.

ARTILLERIE.

Compagnies. 8

Une batterie de huit pièces est attachée à chaque compagnie; deux ont des batteries de campagne, trois des pièces propres à la défense des places, et trois autres sont chargées de la garde du littoral. La compagnie est de 125 hommes.

TROUPES DE POLICE.

Carabiniers	2,500
Gendarmes	1,000
Gardes de finances	1,500
Bataillons auxiliaires de réserve dans les provinces	17
Volontaires pontificaux	6,000

Troupe civique de Rome. . . 2 bataillons.

Une partie des carabiniers est à cheval ainsi qu'un dixième environ des gardes de finances. Les volontaires pontificaux, armés, équipés aux frais du gouvernement, et pris dans toutes les provinces, ne reçoivent de solde que lorsqu'ils sont appelés à servir; c'est une espèce de garde nationale mobile qu'on ne met en activité que rarement et pour des cas urgents. Quant à la garde civique de Rome, on vient de voir au chapitre de l'administration civile qu'elle est à peu près anéantie et réduite à 250 hommes, quoique sur les cadres de l'armée, elle figure toujours pour deux bataillons.

RÉCAPITULATION DES TROUPES EN ACTIVITÉ DE SERVICE.

Infanterie	pontificale.	7,200	11,448
	étrangère	4,248	
Cavalerie			1,050
Artillerie	pontificale.	1,000	1,250
	étrangère	250	
Carabiniers			2,500
Gendarmes.			1,000
Gardes de finances.			1,500
Total.			18,748

Telle est cette faible armée pour une population
de 2,700,000 âmes, tandis que le royaume de Sardaigne, qui n'a qu'un million de plus d'habitants,
entretient 80,000 hommes de troupes toujours
prêtes à marcher ; mais le pouvoir pontifical, ga-
ranti par le respect qu'on lui porte et par des traités, ne doit songer qu'à maintenir la tranquillité
intérieure, et pour arriver à ce but, ses forces militaires sont suffisantes. Ce n'est point par cons-
cription qu'elles se recrutent, mais par engagements volontaires ; ce mode de recrutement, plus
favorable à la liberté des sujets, et plus paternel
en apparence, n'est point cependant approuvé par
les chefs de corps ; en effet, ce sont en général des
hommes offrant peu de garantie de bonne conduite, souvent même des vagabonds, des étrangers qui s'engagent, et, si je suis bien informé, le
nombre des crimes ou délits est proportionnelle-

ment plus grand dans l'armée romaine que dans celles des autres pays, où le soldat, retenu par les souvenirs de famille et la certitude de revenir au foyer domestique, est plus fidèle à ses devoirs et moins enclin à déserter. Oserai-je dire que l'engagé romain a peu le sentiment d'une noble fierté, et que je l'ai vu tendre la main et demander l'aumône, même sous les armes et en faction, lorsque le soir il espère échapper à l'œil vigilant de ses supérieurs.

FINANCES.

Avant de pénétrer dans les chiffres du budget, il faut jeter un regard rétrospectif sur l'état des finances romaines depuis une soixantaine d'années, et poser ainsi des termes de comparaison entre le commencement, le milieu et la fin de cette période.

A l'avènement de Pie VI, en 1775, les dépenses du gouvernement pontifical s'élevaient à peine à 2,000,000 d'écus (10,700,000 fr.); cette somme était facilement obtenue au moyen d'impôts divers et modérés, successivement établis lors de circonstances extraordinaires, et qui, de temporaires qu'ils auraient dû être, devinrent perpétuels. Les employés de toutes classes devaient donc nécessairement recevoir du trésor public un faible traitement; mais grands et petits fonctionnaires savaient s'en dédommager, les premiers par les rentes et bénéfices ecclésiastiques attachés à leur dignité (1), et les seconds par un casuel qu'ils accroissaient outre mesure. Pour les moindres affaires, les droits étaient exagérés, les exactions énormes, et les agriculteurs avaient surtout à souffrir des tournées que faisait dans les provinces le commissaire de l'Annona; celui-ci pouvait, à son gré, les forcer d'envoyer à Rome, pour la consommation de la ville, les denrées qu'il désignait, et au prix fixé par lui seul. On conçoit quels abus, quelles secrètes conventions devaient en résulter.

Outre les frais d'administration, le gouvernement avait encore à payer l'intérêt de dettes contractées à différentes époques. Sixte-Quint fut le

______

(1) Les revenus ecclésiastiques formaient une des principales sources de richesse dans les États-Romains; ils étaient si considérables, qu'au dix-septième siècle, Urbain VIII, après en avoir abondamment pourvu les cardinaux, prélats et autres personnes attachées à sa cour, en retirait encore, chaque année, un million d'écus, que, selon l'usage du temps, il donna régulièrement à ses neveux pendant un long règne de vingt-un ans. Telle est l'origine de la fortune des Barberini.

premier, dit-on, à user de cette ressource pour assembler une armée, et réprimer la turbulence des barons. Ces emprunts, garantis par diverses branches de revenus publics, ne portaient que 3 p. 100 d'intérêt, et cependant on les cotait à 120 et même 125 de capital. Les principales causes qui faisaient rechercher ainsi ce mode onéreux de placement, furent l'absence de commerce et de transactions financières, le nombre excessif de majorats, de propriétés ecclésiastiques, de biens également de main-morte des hospices, et enfin le dogme, alors en pleine vigueur, ne permettant pas que l'argent pût être prêté d'une manière productive; on ne l'abolissait pas, mais, en plaçant à faible intérêt, on espérait amoindrir la contravention aux lois de l'Eglise. Les papes émettaient aussi du papier-monnaie, nommé cédule, en échange de numéraire déposé à la banque de l'hôpital du Saint-Esprit, mais qui bientôt n'eut plus de représentation réelle. Malgré sa valeur devenue entièrement conventionnelle, on continuait à s'en servir : l'habitude fermait les yeux sur son défaut de garantie.

C'est sous le pontificat de Pie VI que les dépenses commencèrent à dépasser de beaucoup les recettes, et que ce pape multiplia les cédules. On prétend qu'il répondait à ceux qui lui représentaient le danger d'un déficit augmentant sans cesse :

« J'ai des millions d'écus dans mon encrier. » La révolution française vint accroître ses besoins et diminuer ses ressources, en le privant des annates (1) que la France lui payait, et qui furent supprimées par l'assemblée constituante, le 4 août 1789. Il ordonna des levées de troupes pour maintenir l'ordre dans ses Etats, distribua des pensions aux émigrés, surtout à ceux du clergé, et dut plus tard, lors du traité de Tolentino, verser des sommes considérables entre les mains du général en chef Bonaparte. Cependant on lui enlevait, par cette même convention, Ferrare, Bologne et la Marche d'Ancône. Les finances pontificales s'épuisèrent totalement, et l'occupation française, en 1798, rendit presque un service au gouvernement papal en le débarrassant d'un fardeau sous lequel il aurait bientôt succombé. La république romaine procéda par mesures acerbes, comme c'était alors l'usage, abolit les cédules, déjà, il est vrai, diminuées de valeur, et acheva la ruine d'un grand nombre de familles. Pie VII, qui remplaça ce gouvernement éphémère, voyant que les anciens im-

____

(1) Annate, revenu d'une année que ceux qui ont obtenu des bénéfices paient à la chambre apostolique en retirant leurs bulles; cependant, on transige, et ce revenu est toujours diminué dans l'estimation. Autrefois, la France, qui disposait de si riches bénéfices, rendait beaucoup à la cour de Rome. Notre révolution interrompit aussi, pour long-temps, le paiement des dispenses.

pôts ne suffisaient plus aux charges publiques, et que les revenus ecclésiastiques avaient à peu près disparu, introduisit l'imposition foncière, sous le nom de *dativa reale*, pour tous les propriétaires sans exception; avant lui elle existait bien en droit, mais si légère et soumise à tant d'exceptions en faveur des nobles, du clergé et des établissements pieux ou de charité, qu'elle n'était véritablement d'aucun produit (1). Le même pape établit aussi une perception sur la mouture, et augmenta considérablement les anciennes, dont, pourtant, il abolit les plus insignifiantes. Les recettes doublèrent, triplèrent même, et cependant elles ne suffisaient pas encore aux dépenses courantes, et surtout aux intérêts de la dette publique. Les propriétés communales, qui auraient pu venir au secours du gouvernement, étaient endettées elles-mêmes de telle manière, qu'il était impossible d'y recourir. On crut que si le trésor se chargeait de les administrer en masse, il trouverait le moyen de les libérer de leurs engagements et de

(1) Ce ne fut pas sans grande résistance que cet impôt put être établi. Jusqu'à ces derniers temps, on a vu des ecclésiastiques soutenir opiniâtrément que les biens de l'Église ne peuvent être imposés. Jamais on n'obtint du cardinal Séveroli qu'il payât sa quote-part de contribution foncière pour les terres dépendantes de son évêché de Viterbe. Il persista dans son refus jusqu'à sa mort. Aujourd'hui, toutes ces oppositions ont cessé.

disposer ensuite à son profit d'un reliquat considérable; mais il produisit un effet contraire à celui
qu'on espérait. Les frais d'entretien, la mauvaise
gestion des employés, les infidélités ne laissèrent
pas même de quoi payer les intérêts des dettes
contractées.

Sur ces entrefaites eut lieu la réunion des Etats-
Romains à l'empire français. Le baron Janet, envoyé à Rome par le ministre des finances, fit disparaître l'ancienne dette, en vendant les biens du
clergé et du domaine de la chambre apostolique.
Il est vrai qu'on ne donna aux créanciers que 25
p. 100 de capital; mais ils reçurent en paiement
des propriétés dont le revenu était en réalité double
ou triple de l'intérêt qu'ils recevaient précédemment; ce fut pour eux une bonne affaire, et il
resta au baron Janet des valeurs assez considérables pour constituer des pensions aux religieux ex-
pulsés des couvents; leurs biens-fonds étaient destinés par l'empereur à créer des dotations.

Puisqu'il vient d'être question du domaine de la
chambre apostolique, il faut interrompre un moment le cours des événements, pour expliquer ce
qu'on entend par cette chambre. On nomme ainsi
le Saint-Siége, lorsqu'il est considéré comme autorité temporelle et administrative; il était devenu,
par donations, conquêtes, achats, confiscations,
le principal propriétaire du pays, et comme, dans

les temps anciens, lorsqu'un pape mourait, le peuple pillait le mobilier des palais pontificaux, et les barons s'emparaient des domaines, on créa une chambre ou camerlinguat, dont la fonction spéciale fut de veiller à la conservation des biens mobiliers et immobiliers de l'Eglise. Jadis cette administration était la plus importante à cause de la puissance des spoliateurs et de la turbulence du peuple romain ; mais aujourd'hui ses principales fonctions sont réparties entre les cardinaux-ministres, et son chef le camerlingue n'a guère plus dans ses attributions que les beaux-arts, et une espèce de police et d'inspection sur les habitations des souverains pontifes. Malgré l'ancienne surveillance de la chambre apostolique, les papes, souverains absolus, usèrent largement du droit d'aliéner le domaine; la plupart de ses propriétés furent converties en emphythéoses, surtout à la fin du siècle dernier. L'administration française en vendit une grande partie, ainsi qu'on vient de le dire, et cependant, à la restauration du pouvoir pontifical, il en restait encore pour environ 200,000 écus de rente (1,070,000 fr.), dont la moitié était absorbée par les frais de régie.

Au retour de Pie VII, on se hâta de rendre, soit au clergé, soit au domaine, les terres libres encore. Parmi celles qui avaient été vendues, les unes furent reprises moyennant indemnité aux acquéreurs, les autres restèrent à ces derniers, et c'est aux anciens possesseurs qu'on accorda un dédommagement. Ces différentes dépenses et le service de rentes annuelles, dont le gouvernement se chargea pour les provinces ci-devant annexées au royaume d'Italie, firent monter la dette publique à plus de 20,000,000 d'écus (107,000,000 de fr.), en sorte qu'en intérêts et pensions, le trésor dut payer, chaque année, 1,800,000 écus, et cependant les finances prospéraient. Le commerce reprenant son cours, les nouvelles taxes assises par Napoléon et survivant à son pouvoir, le système de perception plus simple et plus productif qu'il avait introduit, l'abolition de toute exemption d'impôt, élevèrent le budget des recettes à plus de 8,000,000 d'écus (42,800,000 fr.), et, chaque année, il restait au fisc un excédant de revenus. A la mort de Pie VII, toutes les charges de l'Etat acquittées, un million d'écus était disponible.

Léon XII crut devoir diminuer les contributions, et, par une stricte économie, parvint à réduire d'un quart l'impôt foncier. Pour arriver à ce but, l'abandon des manufactures et des établissements industriels, que son prédécesseur avait utilement encouragés, fut obligatoire, et bientôt on les vit tomber en décadence. Il fallut aussi renoncer au projet, formé sous Pie VII, d'ouvrir des routes au milieu de l'Apennin, et d'utiliser le bois de ces contrées, en le livrant aux populations adriatiques à meilleur marché que celui qu'elles sont actuellement forcées de tirer de la Dalmatie. Reste à savoir s'il n'eût pas mieux valu avoir des routes, une industrie nationale, et payer par tête quelques paules de plus. Léon avait si exactement balancé les dépenses et les recettes, que, lors de son décès, un emprunt fut nécessaire pour subvenir aux frais du conclave.

Pie VIII, ennemi des changements, continua ce système d'économie pendant son court pontificat de vingt mois, et laissa aussi l'actif et le passif du trésor dans de justes proportions.

Cette satisfaisante situation du trésor ne dura pas long-temps. Aussitôt après l'avènement de Grégoire XVI, le 2 février 1831, l'insurrection de la Romagne fut le signal de l'accroissement des charges et de la diminution des revenus. Les insurgés ayant considérablement réduit le prix du sel et aboli le droit sur la mouture, le gouvernement se crut obligé, pour calmer l'effervescence populaire, qui se répandait dans les autres provinces, d'apporter aussi de notables adoucissements à ces deux impôts; ce dégrèvement fut maintenu pendant toute l'année 1831. D'un autre côté, les dépenses que nécessitaient les armements extraordinaires étaient excessives, non pas autant par leur nature même et leur importance, que par l'inhabileté de ceux qui devaient y concourir. Tout ce qu'on perdit en matériel, munitions, équipement militaire était hors de proportion avec les déchets habituels. Deux régiments suisses, capitulés à cette époque et largement payés, vinrent encore ajouter aux embarras des finances.

Le passif surpassait donc l'actif de beaucoup. Dans cette position, il fallait ou augmenter les impositions, ou recourir aux emprunts ; la crainte d'irriter les populations, qui se calmaient à peine, fit préférer ce dernier moyen ; mais, au lieu de se procurer seulement le strict nécessaire, pour parer aux besoins du moment, et d'attendre que de meilleures années permissent d'emprunter à de plus favorables conditions, on eut l'imprudence d'engager à la fois le présent et l'avenir ; c'est-à-dire que les clauses des emprunts à faire, par la suite, furent fixées d'avance. Cette opération valut 9,000,000 d'écus au trésor, et lui imposa le service d'une rente annuelle de 5 à 600,000 ; mais l'obligation d'acquitter exactement les arrérages semestriels, imposa aussi celle d'accroître toutes les contributions foncières et indirectes. Soit insuffisance réelle, soit ignorante perception, cette mesure n'eut pas les résultats qu'on s'en était promis, et la pénurie d'argent se fit encore sentir. Bientôt après on emprunta un nouveau million d'écus, puis deux autres à l'époque du choléra. On vendit aussi des canons ecclésiastiques (1), et l'on aliéna un grand nombre de propriétés de la chambre apostolique. A la suite de ces opérations, la trésorerie resta grevée d'une rente d'un million d'écus.

Toutes ces causes réunies, et particulièrement l'augmentation du budget militaire, par suite de l'enrôlement des Suisses, ont eu pour conséquence un déficit annuel de près de 700,000 écus; ce déficit, porté même plus haut dans un article de la *Gazette de Milan*, mais certainement exagéré, est contesté par des hommes attachés à la trésorerie romaine, et l'impartialité de l'écrivain l'obligera de donner leurs raisons, lorsque les chiffres du budget de 1839 auront été posés aussi exactement que possible, puisqu'ils n'ont rien d'officiel, quoique puisés à bonne source. Cependant, on doit dire, dès à présent, que le passif pourrait être réduit à 156,927, et facilement couvert par une augmentation de recettes, si on renonçait à de certaines dépenses; mais elles sont devenues permanentes, et il n'est point question de les supprimer. Les ressources que l'on obtiendrait d'une perception plus économique, d'un accroissement modéré d'im-

______

(1) En Italie, on appelle *canone* la redevance annuelle d'une emphythéose. En vendant ces redevances, le gouvernement perçut aussi le droit nommé *laudemium*, que l'acquéreur paie au nu-propriétaire comme prix d'investiture.

pôt ne suffiraient pas à les solder. Dans l'état de choses actuel, c'est aux seuls emprunts que l'on devra recourir ; mais ce mode d'acquittement appesantit toujours les charges du trésor ; toutefois, quelques essais ont été faits dans le courant de 1839 pour bonifier l'actif. On a mis à ferme la vente exclusive de la poudre au prix annuel de 5,701 écus pendant neuf ans, avec participation aux bénéfices de 25 p. 100 les trois premières années, de 35 dans les trois suivantes, et de 40 jusqu'à la fin du bail. Le droit d'exportation des chiffons fut également affermé 30,000 écus, avec participation de 12 p. 100 au profit du fermier. On calcule que ces deux branches de revenus produisent 70,000 écus par an ; enfin le partage des bénéfices de la régie des sels et tabacs a dépassé, en 1840, 55,000 écus, et augmenté en 1841, car le goût du tabac à fumer s'étend sans cesse dans les Etats ecclésiastiques comme en France. Ceci prouve combien il serait aisé, en supprimant les dépenses extraordinaires, de combler le déficit.

Il faut maintenant jeter un coup-d'œil sur quelques perceptions et dépenses.

Il n'existe point d'autres contributions directes que l'impôt foncier , la taxe sur les chevaux de luxe et les eaux distribuées à la capitale ; celle-ci sert à l'entretien des aqueducs, et serait municipale dans toute autre ville que Rome , qui n'a point de mairie, et où les attributions communales sont entre les mains du gouvernement. Sur les biens ruraux, on paie environ 1 pour 100 du capital; à ce prix, la valeur des terres serait de 250,000,000 d'écus, ce qui est plus que l'estimation cadastrale donnée au commencement de ce volume, et qui ne la porte qu'à 160,000,000. Quant aux propriétés urbaines, il n'est aucun moyen de les estimer avec exactitude, attendu qu'elles sont extrêmement ménagées. Le rapport entre leur taux réel et l'imposition est entièrement fautif; ainsi, les plus grands palais paient comme s'ils ne valaient que 10,000 écus.

L'impôt sur la mouture n'est point perçu dans les légations de Bologne, Ferrare, Forli et Ravenne, où il est remplacé par un droit de consommation.

Le timbre est soumis à peu près aux mêmes lois qu'en France, mais il n'est pas productif à cause du petit nombre des transactions et du peu de mouvement commercial.

L'enregistrement est ou proportionnel ou fixe. Le premier se perçoit pour tous les actes concernant les mutations de propriété, les usufruits, prises de possession de biens, obligations, quittances et liquidations. Les autres contrats, en dehors de cette énumération, ne sont frappés que d'une taxe de 1 fr. à 5. Léon XII avait à peu près aboli le droit proportionnel au profit des grands propriétaires et des riches héritiers; mais aujourd'hui il est rétabli et s'élève d'un quart à 1 p. 100. Les successions et donations sont les plus fortement taxées; cependant, la ligne directe ne doit rien. Les collatéraux acquittent un droit de 2 à 7 p. 100, selon la parenté, qui est déterminée d'après les règles canoniques; passé le sixième degré, on paie huit, sans augmentation, quelle que soit la descendance.

Les hypothèques sont régies comme en France, et leurs perceptions sont basées à peu près sur les mêmes tarifs.

L'impôt des patentes est très-peu profitable au fisc à cause des nombreuses exceptions qu'il admet. Toutes les personnes enrôlées dans la garde civique en sont exemptes.

Les postes rapporteraient, dit-on, beaucoup plus si elles étaient mieux administrées, si les employés n'abusaient pas du privilége de recevoir gratis leur correspondance, vraie ou prétendue; on assure qu'il n'est pas rare de les voir amasser en peu d'années plusieurs milliers d'écus.

La loterie fut long-temps défendue à Rome, et Benoît XIII la frappa d'anathême en 1724; mais en 1730, son successeur, voyant que ses sujets allaient jouer dans les Etats voisins, l'établit, à condition que le produit en serait entièrement appliqué aux œuvres de bienfaisance. Il paraît que es commis de cette administration se considéraient comme les premiers pauvres à soulager, et mettaient en pratique le vieil adage que charité bien ordonnée commence par soi-même. Le cardinal Tosti, ministre des finances, a mis de l'ordre dans cette partie du revenu public, et augmenté de beaucoup, en même temps, le salaire des employés, qui néanmoins s'en sont montrés très-mécontents. Sur chaque mise on prélève un demi-bajoque ou à peu près trois centimes. Ces petites fractions produisent 43,000 écus, le vingtième de la recette totale ; ce qui indiquerait que les mises sont fort peu élevées, et qu'elles proviennent principalement de la classe pauvre. Leur nombre monte donc à 8,600,000, et donne, pour une population de 2,700,000 âmes, environ trois mises par tête et par année.

Parmi les dépenses, une des plus modérées est celle affectée à ce qu'on pourrait appeler la liste civile, la maison du pape ; elle comprend tout ce qui concerne la personne du Souverain-Pontife et les cardinaux, et ne monte qu'à 391,551 écus (2,094,797 fr.). Cette somme paraîtra certainement minime, si l'on considère qu'il ne s'agit pas seulement du chef de l'Etat, mais aussi des membres du sacré collége, dont plusieurs, arrivés à la pourpre par leur mérite, sont dépourvus de fortune. Ce que l'on paie directement au pape ne dépasse pas 240,000 écus, sur lesquels il faut prélever l'entretien de la garde suisse et de la garde noble ; il n'entre donc dans la cassette privée que 80,000 écus. Une aussi faible allocation suffit aux frais de la cour papale, par la raison, qu'excepté les gens de service, peu payés et peu nombreux, les fonctionnaires attachés au palais reçoivent presque tous, au lieu de traitement, des bénéfices et pensions ecclésiastiques. On doit dire cependant que la part qui revient au pape sur les produits de la daterie et du secrétariat des brefs augmente son revenu personnel.

Outre les pensions de retraites civiles et militaires, une somme de 229,460 écus (1,227,611 f.) est destinée à des traitements de réforme. Léon XII, et à son exemple le ministère du pape régnant, supprimèrent un grand nombre de fonctions inutiles, et accordèrent aux employés congédiés une demi-solde. L'économie ne sera complète qu'au décès des derniers titulaires, si toutefois leurs places ne sont pas rétablies comme déjà il est arrivé pour plusieurs.

La dette publique est une lourde charge pour le trésor ; elle montait, en 1839, à 2,851,535 écus (15,255,712 fr.), près du tiers de la recette, et se divisait en rentes perpétuelles, rachetables et temporaires. La perpétuelle formait la masse la plus considérable, puisque, sur 2,851,535 écus, elle en comprenait 1,394,302 ; la rachetable, 765,574, et la temporaire, 671,008. Il est inutile de parler d'un faible capital de 8,000 écus qui ne doit aucun intérêt. Proportionnellement à l'étendue, la population et la richesse des deux pays, la dette romaine est plus pesante que celle de la France.

L'administration des provinces est assez coûteuse, ainsi que celle de la justice ; elles s'élèvent ensemble à 820,103 écus (4,387,551 fr.). Les traitements des conseillers, comme ceux des assesseurs légaux, varient, pour les premiers, de 1,000 à 2,400 écus, et pour les seconds, de 720 à 1,800. Le maximum pour les uns est donc de 12,840 fr., et pour les autres, de 9,630 ; ces appointements sont comparativement beaucoup plus considérables que ceux de nos magistrats et des sous-préfets dont les fonctions sont analogues.

Les travaux publics emploient 543,950 écus (2,910,132 fr.). Cette somme est minime, et cependant les routes sont bien entretenues, beaucoup de nouvelles voies de communication ont été ouvertes, et l'on a construit des ponts d'une belle architecture ; mais tout ne se fait pas aux dépens de l'État, et les provinces fournissent leur contingent ; quelquefois elles entreprennent des travaux coûteux entièrement à leur charge. Le lecteur doit se rappeler que la commune de Civita-Vecchia a tracé et achevé à ses frais la grande route qui longe le littoral et aboutit à la Toscane.

L'armée, qui n'est et ne peut être qu'une garantie de sûreté intérieure, coûte 1,849,121 écus (9,892,797 fr.), et à peu près 600 fr. par tête, ce qui est considérable dans un pays où les vivres et les fourrages sont encore à bon marché ; mais les avantages dont jouissent les régiments étrangers augmentent la dépense.

Après ces observations préliminaires, il est temps d'arriver aux chiffres du budget de 1839. Les fractions de bajoques ont été négligées et seront cependant comprises dans l'addition totale.

RECETTES.

CHAPITRE PREMIER.

	écus.
Propriétés de la chambre apostolique	245,755
Impôt direct	2,551,057
Droits et revenus divers, tels que ceux de la daterie	168,583
Alunières, mines et carrières de l'Etat	25,018
Revenus extraordinaires	82,050

IMPOTS INDIRECTS.

CHAPITRE II.

Douanes	1,250,257
Impôt sur la consommation et la mouture	1,670,845
Régie des sels et tabacs et des salines de l'Etat	1,226,800
Taxes et droits divers	49,470

CHAPITRE III.

	écus.
Timbre et enregistrement.	527,840
Hypothèques	46,050
Etudes d'huissiers de la chambre apostolique.	14,250
Timbre sur les cartes à jouer	10,020
Patentes.	19,000

CHAPITRE IV.

Postes et ports de lettres	234,550
Revenus divers	25,024
Amendes	50

CHAPITRE V.

Loterie. Produit des mises.	1,081,679
Impôt sur les mises.	43,434
Produits divers	300
Total des recettes.	9,091,215
qui se divisent en recettes ordinaires.	8,965,042
et recettes extraordinaires.	126,173

DÉPENSES.

FRAIS DE PERCEPTION.

Propriétés de la chambre apostolique	120,065
Impôt direct.	62,250
Droits et revenus divers.	56,558
Alunières, mines et carrières.	21,655
Présidence du cens et du cadastre.	63,080
Douanes aux frontières	389,817
Droits de consommation et de mouture.	10,344

cus.

Régie des sels, des tabacs et salines de l'État.   66,550
Taxes, droits et frais divers.   42,403
Timbre et enregistrement.   80,538
Hypothèques.   10,878
Etudes d'huissiers de la chambre apostolique   1,220
Timbre sur les cartes à jouer   700
Patentes.   1,610
Postes pontificales, frais et charges diverses. 147,924
Loterie. Sortie des mises; aumônes, œuvres pies, ad-
    ministration. 840,452

       Total des frais de perception. 1,895,843

             En francs. . . . 10,142,760

DÉPENSES GÉNÉRALES.

LISTE CIVILE.

Entretien des palais, traitement des employés 257,318
Allocations supplémentaires aux cardinaux 154,252
Congrégations ecclésiastiques.   52,756
Agents diplomatiques   65,126
Allocation pour les employés des musées.   6,100
Agrandissement des musées.   5,500

DETTE PUBLIQUE.

Rentes perpétuelles. 1,594,502
Dette rachetable. 765,574
Dette temporaire. 671,008
Dette sans intérèt.   8,000
Arriéré.   12,650

ADMINISTRATION.

Personnel. 275,764
Frais d'administration. 200,251

	écus.
Frais des présidences........................	13,859
Tribunaux.................................	326,065
Police....................................	154,772
Prisons et bagnes..........................	359,265

INSTRUCTION PUBLIQUE.

Écoles élémentaires, colléges, universités, etc.......	87,846
Beaux-arts...............................	16,857
Encouragements à l'industrie, à l'agriculture......	6,369
Solennités, fêtes publiques...................	18,000

CHARITÉS PUBLIQUES.

Secours, aumônes, frais d'administration.........	172,145
Salaire des pauvres employés au déblai des monuments antiques...................	56,984
Hôpital des aliénés	20,000
Hospice de Saint-Michel pour l'entretien des individus qui ne peuvent plus y travailler..............	750
Conservatoire caméral de travail à Civita-Vecchia...	4,000
Enfants-Trouvés de Ponte-Corvo...............	750
Indemnités pour remplacer certains revenant-bons..	12,604
Œuvres pies..............................	1,404
Œuvres diverses...........................	35,081
Supplément de solde aux pauvres occupés à l'entretien de la propreté dans Rome..............	1,500

TRAVAUX PUBLICS, PROPRETÉ ET ÉCLAIRAGE DE ROME.

Routes des Etats pontificaux..................	131,585
Travaux hydrauliques dans les provinces.........	41,644
Navigation du Tibre, port de Fiumicino..........	10,956
Marais-Pontins............................	17,500
Aqueducs et fontaines de Rome................	11,019

écus.

Rues de Rome.................................. 45,416
Nettoyage de Rome.......................... 16,899
Eclairage de Rome.......................... 25,117
Frais généraux, eaux et chaussées, ingénieurs. . . . 52,579

TRAVAUX PUBLICS DÉPENDANT DE LA CHAMBRE APOSTOLIQUE.

Entretien des ports de l'Etat..................... 41,998
Restaurations d'églises......................... 50,588
Conservation des antiquités et monuments 24,492
Embellissements de Rome...................... 5,100
Routes de la Campagne de Rome 51,000
Route de Faenza 5,152
Propriétés camérales 15,141
Gouvernement et administration 10,578
Justice et police............................. 10,595
Instruction publique et beaux-arts............. 662
Troupes, service de santé, marine............. 290
Palais apostolique, Sacré-Collége............. 100
Dépenses générales 5,575

FORCE ARMÉE.

Ministère de la guerre : 94 employés.......... 56,255
Etat-major-général de places et de santé......... 55,054
Marine...................................... 5,625
Génie....................................... 4,749
Artillerie................................... 85,974
Infanterie................................... 575,229
Cavalerie 145,656
Troupes de réserve et volontaires pontificaux. 56,287
Artillerie suisse 22,764
Infanterie suisse............................. 514,995
Carabiniers à pied et à cheval................. 529,049

écus.

Tirailleurs.   100,889
Matériel du génie, de l'artillerie, habillement, re-
  monte, transports, casernement, etc.   259,929
Garde civique de Rome.   9,940
Corps des pompiers de Rome.   12,897
Corps des gardes-chiourmes.   18,197
Casernement des carabiniers à Rome   3,400
Troupes autrichiennes à Bologne et à Ferrare (1). . .   3,600
Santé maritime   37,135
Santé continentale.   1,864
Capitainerie des ports d'Ancône et de Civita-Vecchia.   7,407
Employés dans les arsenaux.   4,728
Hôpitaux militaires à Terracine et Porto-d'Anzo. . . .   3,532

FRAIS ET DÉPENSES ÉVENTUELLES.

Ordinaires.   28,654
Extraordinaires.   125,000

Total des dépenses.   9,791,046

qui se divisent :

Premièrement. En dépenses ordinaires.   9,248,142
            Et en dépenses extraordinaires.   542,903

Total égal.   9,791,046

Deuxièmement. En dépenses relatives à la perception
            des recettes   1,895,201
            Et en dépenses générales.   7,895,845

Total égal.   9,791,046

(1) Cette dépense n'existe plus depuis que les Autrichiens ont évacué les
légations.

BALANCE.

	écus.
La dépense étant de.	9,791,046
Et la recette de.	9,091,215
Il y a déficit de.	699,831

ÉVALUATION EN FRANCS.

	fr.
Recettes.	48,956,194
Dépenses.	52,724,785
Déficit.	3,768,590

Tel est ce budget dont les frais de perception absorbent le cinquième des recettes (1); il a fait naître une vive polémique au sujet du déficit qu'il révèle et qui paraît exister depuis assez long-temps, avec plus ou moins de variations. Trois opinions sont en présence; la première maintient ce déficit comme un état devenu normal; la seconde, tout en avouant son existence, en diminue le chiffre, en prétendant qu'il faut en défalquer une somme de 150,000 écus portée par prévisions à divers chapitres, comme dépenses extraordinaires, mais qui le plus souvent ne sont pas faites, et dont les allocations retournent au trésor à l'expiration des exer-

---

(1) Ces frais sont de 25 pour 100 pour plusieurs impôts, de 11 pour les douanes, de 16 pour le timbre et l'enregistrement, de 60 pour la poste, et de 69 pour la loterie.

cices ; la troisième enfin nie tout déficit et se fonde sur l'exactitude du gouvernement à payer ce qu'il doit sans avoir contracté de nouveaux emprunts depuis quelques années ; le fait est vrai, et l'on doit avouer que toutes les charges de l'Etat sont régulièrement acquittées. Mais la question est de savoir si c'est uniquement au moyen des recettes par l'impôt, ou si des rentrées qui auront un terme, ne contribuent pas à cette régularité actuelle. Or, si l'on en croit les bruits répandus à Rome, il paraît que le dernier emprunt est payable par annuités égales, montant à plusieurs millions de francs, et dont la dernière échoit dans deux ou trois ans ; ce sont elles qui permettent aujourd'hui de fidèles paiements. Mais quand cette ressource temporaire manquera, il faudra ou augmenter l'impôt ou recourir encore aux prêteurs. Comment alors l'Etat, déjà obligé de consacrer à peu près un tiers de la recette aux rentes publiques, pourra-t-il servir les intérêts d'autres dettes ? Devra-t-il rouler dans un cercle vicieux et se créer sans cesse de nouveaux créanciers pour satisfaire les anciens ? L'action de l'amortissement suffira-t-elle à diminuer ce fardeau ? Une économie dans les frais exorbitants de perception et un accroissement bien entendu d'impositions, allégées par d'habiles encouragements donnés au commerce ainsi qu'à l'agriculture, seraient préférables de tous points.

Tels sont les dires contradictoires des Italiens s'occupant de finances, et l'auteur a dû les faire connaître. Sans doute il ne peut que se louer de l'accueil qu'on a daigné lui faire dans la capitale du monde chrétien, et il en conserve une profonde gratitude; mais en écrivant ce voyage, sa conscience l'oblige à mettre autant que possible ses lecteurs sur la voie de la vérité, et on n'y parvient, dans les questions controversées, qu'en exposant le pour et le contre.

Rome fut long-temps privée des avantages que présente une banque commerciale, et ce n'est que depuis peu de temps qu'il en existe une dans ses murs; son établissement éprouva d'abord beaucoup d'obstacles de la part des banquiers qui sentaient qu'ils ne seraient plus maîtres de fixer l'intérêt de l'argent, et, il faut le dire avec franchise, qui lui sont encore hostiles aujourd'hui. Elle fonctionne assez péniblement avec un capital de 400,000 écus (2,140,000 fr.) fournis par des actionnaires, et la faiblesse de sa mise de fonds prouve combien le mouvement d'affaires est peu considérable dans la première ville des Etats-Romains. Escomptant à cinq pour cent le papier des négociants, faisant des avances en billets ou en numéraire sur dépôt de métaux précieux ou de pierreries, en général ses opérations sont les mêmes que celles des autres banques d'Europe ou d'Amérique, à la différence cependant qu'elle n'a aucun rapport avec le gouvernement. En octobre 1841, on parlait de lui faire subir des modifications, de la soustraire à l'influence de riches capitalistes, qui s'en servaient trop à leur avantage, et peut-être de la confondre avec le mont-de-piété. Cependant rien n'annonce qu'on ait donné suite à ces projets.

INSTRUCTION PUBLIQUE.

On s'imagine ordinairement en France que les Etats-Romains sont plongés dans une honteuse ignorance, trompé que l'on est par l'esprit de parti et par des récits mensongers ou par des observations superficielles; il n'en est rien, et on va le voir par l'exposé de ce que le gouvernement et les particuliers ont fait pour favoriser l'instruction élémentaire et les études d'un ordre plus élevé.

Les campagnes, les villes sont abondamment pourvues de moyens d'instruction appropriés aux besoins de leurs populations, et dans chaque commune rurale il existe au moins une école primaire, tenue soit par un maître salarié à ses frais, soit par des ecclésiastiques séculiers ou des corporations religieuses. Je me bornerai ici à rendre compte de celles de Rome que j'ai attentivement examinées, et dont je peux parler avec connaissance de cause.

La ville pontificale possède 374 écoles primaires employant 492 maîtres ou maîtresses, et recevant 15,000 élèves des deux sexes ; je ne sais si ce nombre n'est pas, en proportion, plus grand que celui des enfants suivant les écoles parisiennes. Rome n'a que 158,000 habitants; Paris en contient à peu près 900,000 ; pour qu'il y eût parité proportionnelle, il faudrait donc que notre capitale vît ses écoles remplies par 90,000 écoliers : pourrait-on les y compter? Ce nombre de 15,000 pouvait être ainsi divisé en 1841 : dans les écoles entièrement gratuites, 3,294 enfants mâles et 3,190 du sexe féminin ; dans celles où les maîtres reçoivent une légère rétribution, 2,125 garçons et 1,600 jeunes filles ; dans les *scuole infantile*, et qui sont de véritables salles d'asile pour la première enfance, 4,800. Ces écoles infantiles doivent être comptées parmi les établissements d'instruction primaire, attendu que, dès l'âge de trois à quatre ans, les enfants, selon la précocité de leur intelligence, commencent à y apprendre les premiers éléments de la religion et de la lecture, et que plusieurs, en les quittant à leur sixième année, savent le petit catéchisme et lisent passablement ; ils peuvent donc, en entrant dans les autres, s'appliquer immédiatement à l'écriture et au calcul.

Un fait remarquable, c'est la rapide augmentation des élèves dans les écoles destinées à l'éducation des enfants pauvres ; en quinze années, de 1825 à 1840, leur nombre s'est accru de deux cinquièmes ; celui des écoles régionnaires (de quartier) a suivi la même proportion. Parents et fondateurs ont également apprécié les bienfaits de l'éducation ; bienfaits exempts des inconvénients qu'elle révèle quelquefois en d'autres contrées. En finissant ses études, le jeune Romain n'aspire point à élever sa position sociale, et, content du rang où le ciel l'a placé, entre modestement dans l'atelier paternel. Des principes religieux, sans cesse imprimés au cœur des élèves, sont la cause principale de cette heureuse modération. Dans la même période, on a vu s'établir une école de frères français de la doctrine chrétienne, celle du prince Massimo, deux nocturnes, les paroissiales, et plusieurs autres fondées par des dames charitables. Cependant, comme à la louange il faut, pour être juste, mêler aussi la critique, quand elle est méritée, je dois dire que le quartier le plus pauvre, le plus ignorant, le *Trastevere*, a été malheureusement le plus négligé, et, qu'à proportion de sa population de 24,000 âmes, c'est celui où l'on voit le plus d'enfants se livrer au vagabondage ; cependant on s'occupe en ce moment à réparer cet oubli.

Les écoles élémentaires coûtent peu au trésor public ; il ne dépense pour elles que 4,400 écus (23,760 fr.), auxquels il faut ajouter 3,800 (20,520 fr.) de rentes appartenant en propre à ces établissements, les dons volontaires, qui sont considérables, et les fonds spéciaux et perpétuels établis par les fondateurs. Toutes ces écoles sont, dans les provinces, sous la direction des évêques, et à Rome dépendantes du cardinal-vicaire ; excepté cependant celles tenues par les réguliers des deux sexes, placées sous l'inspection du prélat grand aumônier. Des délégués les visitent exactement au nom de ces dignitaires.

Voici le tableau de ces écoles avec le nombre de leurs élèves, et l'instruction qu'ils y reçoivent. Quelques détails seront ensuite donnés sur les principales.

NOMS DES ÉCOLES.	INSTRUCTION.	NOMBRE DES ÉLÈVES.	
		garç.	filles.
Régionnaires	Catéchisme, lecture, écriture, arithmétique, et dans quelques-unes le latin, le français, l'histoire et la géographie. . .	2,225	»
Pies.	Catéchisme, lecture, écriture et langue latine	415	»
De la Doctrine. . . .	*Idem.*	510	»
Chrétiennes.	Catéchisme, lect., écrit., arithmétique et langue italienne. .	1,320	»
Du prince Massimo.	Lecture, écriture, arithmét. .	80	»
Nocturnes.	Lecture, écriture, doctrine chrétienne	190	»
Paroissiales.	Lecture, écriture, arithmét. .	415	250
Régionnaires pour les filles.	Lect., écrit., broderie, dessin, langues italienne et française.	»	1,600
Pontificales.	Catéchisme, lecture, écriture; de plus, pour les femmes, travaux à l'aiguille.	120	490
Pies pour les filles.	*Idem.*	»	600
Autres écoles pies pour les filles, fondées par Clément XIII, en 1760 . . .	*Idem.*	»	1,180
Des Ursulines. . . .	*Idem.*	»	70
Des Religieuses du divin amour. . . .	*Idem.*	»	80
De Saint-Pascal. . .	Catéchisme, lecture, écriture, travaux à l'aiguille.	»	75
Dames du Sacré-Cœur	Catéchisme, lecture, écriture, arithmétique, histoire sacrée et travaux à l'aiguille.	»	260
Des Sourds-Muets. .	. . . .	40	30
Enfantiles, où les sexes sont mêlés. .	. . . .	4,800	

Le prélat Morichini, dans son bel ouvrage, imprimé en 1835, avoue qu'il a pu commettre quelques erreurs sur le nombre des élèves, et qu'il lui a manqué plusieurs documents, malgré les hautes fonctions qu'il remplit à Rome. A plus forte raison, ne puis-je répondre de la parfaite exactitude de ce tableau, et je donne les chiffres de 1841 tels qu'on a bien voulu me les communiquer.

Les plus anciennes écoles sont les régionnaires, et, comme leur nom semble l'indiquer, il est probable qu'il y en eut d'abord une pour chaque quartier. Aujourd'hui il en existe environ soixante, et si un réglement ne les obligeait pas, pour leur éviter une dangereuse concurrence, à se placer à 100 cannes architectoniques (1) les unes des autres, on peut croire qu'elles seraient plus multipliées. La moyenne des élèves, pour chacune, est de 37, et comme elles suivent la méthode individuelle, chaque maître peut difficilement en instruire un plus grand nombre. Sa rétribution mensuelle est de 4 à 10 pauls par élève.

En prenant les moyennes de 37 enfants et de 7 pauls, son salaire est donc de 139 fr. 50 c. par mois, ce qui à Rome est suffisant pour se procurer une honnête existence. Si le nombre des élèves

(1) La canne des architectes est égale à 2 mètres 254 millimètres, ou à 1 toise 10 pouces 6 lignes de nos anciennes mesures.

dépasse la moyenne, les règlements l'obligent à se faire aider par un adjoint. Les enfants sont admis dès l'âge de cinq ans, doivent être exempts de maladies contagieuses, et ont peu de congés, contrairement à ce qui se pratique en France et même à l'Université, où l'on semble multiplier à plaisir les jours d'oisiveté. Les classes durent trois heures le matin, autant l'après-midi, commencent et finissent par la prière, et chaque jour les élèves sont conduits à la messe. Les instituteurs ne peuvent exercer qu'après avoir subi un sévère examen de capacité, et leur brevet est renouvelé tous les ans par la commission de surveillance. Chaque maître est obligé de verser mensuellement 3 pauls dans une caisse de prévoyance, à laquelle le gouvernement ajoute aussi, par mois, 10 écus; ces contributions forment un fonds de retraite et de secours. De plus, l'Etat entretient, à ses frais, deux suppléants chargés de remplacer les professeurs atteints de maladies. Je ne répéterai point quelle est la somme d'instruction que l'on acquiert dans les écoles régionnaires, le tableau précédent l'indique suffisamment.

Les écoles pies gratuites, fondées en 1597 par saint Joseph Calasanzio, et augmentées en 1625 par le prélat Mazucchi, ne furent point établies sans avoir de rudes combats à soutenir contre les maîtres d'écoles régionnaires, qui, seuls en possession depuis un temps immémorial, se croyaient armés d'un privilége exclusif. Enfin, soutenu par le gouvernement et le bon curé de Santa-Dorotea, Antonio Brendani, Calasanzio obtint la victoire, et ouvrit le premier enseignement gratuit dans deux salles que Brendani lui accorda. Aujourd'hui son Institut possède deux établissements à San-Pantaleo et à San-Lorenzo in Borgo ; celui-ci est le moins important. L'école de San-Pantaleo se divise en trois sections, dont l'enseignement est gradué. La première se borne au catéchisme, à la lecture et à l'écriture ; la seconde fait connaître les éléments de la grammaire, et la troisième la grammaire supérieure. Les enfants ne sortent point en désordre de l'école ; mais, rangés sur deux files, par petites brigades, et sous la surveillance des frères, ils parcourent les divers quartiers, et rentrent chez leurs parents. Jadis la chambre apostolique accordait une subvention de 400 écus à l'école de San-Lorenzo, et une autre plus considérable à celle de San-Pantaleo. Aujourd'hui ce don annuel est remplacé par des propriétés foncières.

Les pères italiens de la Doctrine, dont l'institution remonte à 1592, ne furent introduits à Rome, par Benoît XIII, qu'en 1727. Ce pape leur donna l'église et le cloître de Santa-Maria in Monticelli, et depuis ils se sont encore établis à Sant'Agata *in Trastevere*. L'enseignement est entièrement gratuit, et la méthode employée la simultanée ; quelquefois les élèves se livrent à des interrogations mutuelles que blâme le prélat Morichini, en disant que si elles remplissent la mémoire, elles laissent vide le cœur. Jamais, pourtant, on n'accuse en France les pères de la Doctrine de négliger le moral des enfants confiés à leurs soins. Ils ont à Santa-Maria 200 écoliers, et 110 à Sant'Agata. Outre le revenu de leurs propriétés, ils reçoivent du trésor public un secours de 120 écus (648 fr.) destinés à Sant'Agata.

Les frères de la Doctrine chrétienne, qui, d'après leur institution, ne peuvent être élevés à la prêtrise, vinrent de France à Rome en 1702, et y fondèrent d'abord une école près de la place Barberini, aujourd'hui transférée à Santa-Trinita dé Monti. Pie VI leur en fit établir une seconde à Santo-Salvatore in Lauro, et Léon XII une troisième sous la dénomination de Santo-Antonio di Padova. Toutes trois, situées dans les quartiers les plus pauvres, gratuites, honorées et chéries du peuple et de ses enfants, qui s'y rendent avec plaisir, sont, après les régionnaires, celles qui comptent le plus grand nombre d'élèves. La Trinité en possède 370, Saint-Sauveur, 430, et Saint-Antoine, 520. Les classes durent six heures, trois le matin et autant le soir. L'Etat accorde à ces écoles 450 écus par année, et les dames du Sacré-Cœur de la Trinitédes-Monts, sont obligées, sur le revenu de leurs biens, de donner 100 écus par mois à celle de Saint-Antoine de Padoue. Aussi, grâce à l'abnégation, à la pauvreté volontaire des instituteurs, 1,650 écus (8,910 fr.) suffisent à la nourriture, à l'habillement de 16 frères, à l'entretien des bâtiments, et à l'éducation de 1,320 enfants. Opérez donc de tels miracles d'économie avec des laïques!

De 1825 à 1828, sous le pontificat de Léon XII, plusieurs curés pensèrent que, sans détourner de leur vraie destination les secours applicables aux aumônes, ils pourraient en affecter une partie à la charité morale, à l'instruction populaire. Le pontife accueillit leurs demandes, et des écoles paroissiales, gratuites pour les deux sexes, furent établies; elles ont prospéré. Celle de Sainte-Marie-Majeure contient 150 élèves sous la direction de deux frères de la Doctrine chrétienne, détachés de Saint-Antoine de Padoue. Saint-Adrien, paroisse pauvre de 5,000 habitants, voit son institution fréquentée par 60 enfants mâles et autant de filles; Saint-Nicolas arrive au même nombre; Saint-Ange de la Poissonnerie en compte 50, ainsi que Sainte-Marie du Petit-Champ, et Saint-Vincent et Saint-Anastase chacun 60. J'ignore à quel chiffre atteignent les autres paroisses.

En 1665, Alexandre VII fit ouvrir plusieurs écoles pour les jeunes filles, et ce furent les premières recevant à Rome cette destination. On prit d'abord les maîtresses parmi celles déjà attachées au Conservatoire de mendicité, fondé depuis peu, et qui avaient acquis l'habitude de l'enseignement. Chaque maîtresse recevait, du palais apostolique, quatre écus par mois, somme assez considérable alors, et devait instruire au moins 30 élèves; pour attirer celles-ci, on assurait des dots aux plus instruites à la fin de leur éducation, et leurs parents recevaient des distributions de vivres à certaines époques de l'année. Maintenant, ces établissements, au nombre de dix-neuf pour les filles, et de trois pour les enfants mâles, sont entretenus par l'aumônerie apostolique, et comptent 600 élèves.

Les écoles nocturnes, à Santo-Nicola degl' Incoronati et à Santi Simone e Giudo, furent fondées, en 1816, par Jacques Casoglio, simple et pauvre sculpteur en bois. Il commença par rassembler quelques enfants, et les conduisait aux exercices religieux du soir; peu à peu ces réunions se convertirent en véritable école qui s'ouvre après le coucher du soleil, à l'heure où cessent les travaux des artisans. Pour y être reçu, il faut être ouvrier, et ne fréquenter aucun autre établissement d'instruction; on est admis à tout âge. Une demi-heure est destinée à l'écriture, une autre à la lecture, et le reste de la séance à connaître la doctrine chré-

tienne; le jeudi est consacré à un cours d'arithmétique élémentaire. On fournit gratuitement tout ce
qui est nécessaire pour apprendre à lire et à écrire.
A la fin de l'année, les prix distribués aux élèves,
qui appartiennent presque tous à la classe indi-
gente, consistent en vêtements. L'avocat Gigli,
homme d'une immense charité, fonda, au collège
Piceno, une seconde école semblable à la première, et la transporta, plus tard, près de l'église
de Santi Simone e Giudo; là, il loua un local, et
dirigea lui-même l'établissement, aidé par deux
instituteurs charitables; tous trois adoptèrent la
méthode d'enseignement suivie à Saint-Nicolas.
M. Gigli portait encore plus loin son amour pour
ses chers ouvriers, et s'en occupa sans cesse; afin
de les soustraire aux dangereuses séductions des
jours de ropos, tous les dimanches, après les exercices religieux, il les conduisait dans un jardin,
situé près du Vatican, et, sous sa présidence, les
occupait à divers jeux; il y faisait aussi en public
la distribution des prix. Depuis deux ans ce digne
citoyen a terminé son utile carrière.

L'avocat consistorial don Pasqual di Pietro en-
voya à Paris don Tommaso Silvestri pour qu'il
apprît, sous l'abbé de l'Epée, l'art d'instruire les
sourds-muets. Revenu à Rome, Silvestri ouvrit,
en 1784, son école qui d'abord ne fut pas appré-
ciée comme elle devait l'être et n'eut qu'un petit

nombre d'élèves. Silvestri mourut cinq ans après, et ne laissa aucun instituteur capable de le remplacer. L'école allait donc périr, si Camillo Mariani, encouragé par l'avocat consistorial, n'eût, à force d'études et d'intelligence, appris la méthode des sourds-muets eux-mêmes; il la modifia sur plusieurs points, et ne cessa de la perfectionner pendant quarante-deux années. L'école fut long-temps tenue dans la maison de l'avocat di Pietro, son promoteur, et ce n'est que sous Léon XII qu'elle a obtenu la jouissance de deux salles dans le collége romain, l'une pour les hommes et l'autre pour les femmes. Les élèves, actuellement au nombre de 70, ont plusieurs fois soutenu de brillants examens.

En terminant cette notice sur l'instruction primaire, il faut citer encore celle fondée et dotée par le prince Massimo, non qu'elle présente rien de particulier sous le rapport de l'instruction, mais parce qu'elle fut établie dans le pauvre et ignorant quartier de *Trastevere.*

Si l'instruction élémentaire a pris une grande extension, grâce aux soins du gouvernement et de plusieurs particuliers, on va voir, par le nombre des chaires fondées à la Sapienza (université), que le haut enseignement n'a pas reçu une moindre protection, et que depuis Léon X le mouvement progressif ne s'est pas ralenti. Les cours scienti-

fiques sont divisés en cinq facultés, et le tableau
suivant montrera tout ce qu'on y enseigne.

THÉOLOGIE.

Dogmatique.
Saintes Ecritures.
Histoire ecclésiastique.
Physique sacrée.
Théologie morale.
Eloquence sacrée.

JURISPRUDENCE.

Droit civil.
Pandectes de Justinien.
Droit canonique.
Droit ecclésiastique.
Droit naturel et des gens.
Droit criminel.

MÉDECINE ET CHIRURGIE.

Anatomie.
Physiologie.
Chirurgie théorique.
Zoologie.
Hygiène et Thérapeutique.
Pathologie.
Physiologie comparée.
Médecine légale.
Clinique médicale à l'hôpital du Saint-Esprit.
Clinique chirurgicale à l'hôpital de Saint-Jacques.
Botanique.
Botanique pratique dans le jardin de l'Université.
Chimie.
Pharmacie théorique et pratique.
Chirurgie vétérinaire, théorique et pratique.

SCIENCES EXACTES.

Eléments de mathématiques.
Géométrie descriptive et projection des ombres.
Optique et Astronomie.
Introduction au calcul supérieur.
Hydraulique.
Architecture statique et hydraulique.
Minéralogie.
Physique théorique et expérimentale.

PHILOLOGIE.

Archéologie.
Langue arabe.
Langue syrio-chaldaïque et Liturgie des chrétiens orientaux.
Langue hébraïque.
Histoire, Eloquence et Poésie romaine.
Langue et Philologie grecques.

Plusieurs de ces chaires sont divisées, et possèdent des adjoints professant ainsi que les titulaires.

Les études universitaires doivent beaucoup à Léon XII, qui, par sa bulle *Quod divina sapientia,* régla tout ce qui regarde l'ensegnement, et y apporta d'utiles modifications. Il établit une meilleure forme de concours pour le choix des professeurs, l'obtention des licences, du doctorat, et voulut, qu'au lieu de perdre la moitié du temps à dicter, les maîtres fussent obligés de rédiger un cours imprimé et d'employer l'heure de la leçon à professer réellement ; il augmenta leurs honoraires, et, en les portant graduellement de 200 à 400 écus, les rendit égaux à ceux de l'université de Bologne ; de plus, il assigna des fonds pour l'augmentation de la bibliothèque, l'entretien des cabinets de chimie, de physique, d'histoire naturelle, et les nouvelles acquisitions d'instruments et d'échantillons minéralogiques ou de zoologie. La Sapienza possède aussi, à Longara, dans le quartier *Trastevere*, un jardin de botanique d'une médiocre étendue, et rangé selon la méthode de Linnée. Les serres contiennent peu de rares végétaux exotiques ; les magnifiques familles des monocotylédones si belles, si variées, et presque toutes d'un si ample feuillage, y paraissent à peine, et aucun palmier tropical n'y frappe la vue. L'habile professeur qui dirige ce jardin n'a pas à sa disposition les sommes nécessaires pour l'augmenter.

Outre l'université, et sous le rapport de l'importance marchant presque parallèlement à ses côtés, se trouve le collége romain, tenu de nouveau par les jésuites, depuis que la bulle de Clément XIV a été abrogée. L'immense bâtiment occupé par ces religieux, près de la rue du Cours, et construit sous le pontificat de Grégoire XIII, contient 1,100 étudiants, tous externes, et les moyens d'élever leur instruction à la hauteur des connaissances modernes ; car, on ne peut se dissimuler que cette fameuse société a toujours suivi les progrès de l'esprit humain, et fait preuve ainsi d'habileté et de bonne politique. Pour le prouver, il suffira de citer quelques-uns des professeurs dont les noms sont illustrés dans le monde savant : Secchi, célèbre helléniste, et possédant à fond le sanscrit ; Pianciani, chimiste et physicien, qui vient de publier nouvellement des institutions physico-chimiques ; Garnochi, ingénieur-mécanicien ; Marchi et Tessieri, archéologues et numismates ; Caraffa, auteur d'un ouvrage intitulé : *Mathématiques appliquées à la Physique :* Vico, astronome, directeur de l'Observatoire, élève et successeur du père Dumonchel, Français, et sorti de notre Ecole polytechnique, où l'auteur de cette relation eut le bonheur d'être son camarade. Indépendamment des cours ordinaires d'humanités, on professe encore au collége romain :

La Théologie dogmatique et morale.
Les Institutions canoniques.
L'Eloquence et les Rits sacrés.
La Philosophie de la religion.
La Logique et la Métaphysique.
La Philosophie morale.
La Physique.
La Chimie.
Les Mathématiques transcendantes.
Les Langues et Littératures hébraïques et grecques.

Cet établissement a le privilége de conférer le

doctorat en théologie et en philosophie, et par conséquent aussi le baccalauréat et la licence.

L'influence morale des instituteurs est grande sur les élèves, même lorsqu'ils entrent dans l'âge où l'ardeur de la jeunesse et de ses passions se développe. Lors des troubles politiques qui agitèrent l'Italie en 1831, les universités furent obligées de suspendre leurs cours, tandis que le collége romain continuait paisiblement ses travaux. Aucun symptôme d'agitation ne s'y manifesta.

Le collége possède une bibliothèque de 35,000 à 40,000 volumes, peu riche en manuscrits; un cabinet d'antiquités étrusques et romaines, et un autre de minéralogie. Si on ne connaissait pas ceux de Naples, de Florence, du Vatican et de Paris, on trouverait que le premier doit attirer l'attention des archéologues; quant au second, il renferme un assez grand nombre de minéraux et d'ossements fossiles; mais le tout n'est point systématiquement classé et ne forme qu'une collection de troisième ou de quatrième ordre.

Il faut dire aussi quelques mots sur la Propagande, institution à la fois religieuse et scientifique, dont les jeunes lévites, préparés à leurs saintes missions par de fortes études, ne sortent que pour embrasser une vie toujours pleine de privations, de périls, et souvent se livrer au martyre. Le but de l'établissement est la propagation du catholicisme, comme son titre l'indique, et voici ses moyens pour y arriver.

Par une bulle du 22 juin 1622, Grégoire XV érigea une congrégation de cardinaux, appelée Propagande de la foi, et chargée de la mission d'étendre le nom chrétien dans les pays encore infidèles, *in partibus infidelium*. Son successeur, Urbain VIII, dota cette congrégation d'un collége destiné à recevoir des jeunes gens de toutes nations, qui, après avoir suivi, pendant six ans, leurs études théologiques et scientifiques, et reçu les ordres sacrés, doivent embrasser la carrière des missions sous l'autorité et la direction de la Propagande. Quelques années plus tard, le cardinal Barberini fonda des bourses pour des élèves géorgiens, perses, nestoriens, jacobites, melchites, cophtes, éthiopiens, birmans, arméniens, russes et grecs; enfin, Clément XI constitua un capital de 4,000 écus pour une bourse en faveur d'un Albanais. De plus, il existe à Naples un collége chinois dépendant de la Propagande, et dont il a été déjà fait mention dans le second volume de ce voyage. Toutefois, depuis quelques années, on admet dans l'établissement romain de jeunes Chinois venant des provinces voisines de Canton; on a reconnu l'utilité de cette mesure pour les Européens se destinant aux missions de la Chine; ils apprennent à parler avec facilité la langue du pays. Le nombre des élèves est d'environ une centaine, il leur est interdit d'entrer dans les corporations religieuses, et tous s'engagent à prendre l'ordre de la prêtrise et à se consacrer aux missions dans leur patrie. Par suite de cet engagement, on n'admet pas à la Propagande des sujets nés dans les contrées catholiques, excepté ceux de l'Irlande et du nord de l'Allemagne.

L'enseignement consiste dans la théologie dogmatique et morale, l'écriture sainte, l'histoire ecclésiastique, le droit canon, la logique, la métaphysique, la philosophie et les mathématiques. Les principales langues apprises sont le latin, le grec, l'hébreu, le turc, l'arabe, le syriaque et chaldaïque, l'arménien, le cophte, le chinois, le persan et l'indien. Pour que sa prononciation soit correcte, tout professeur doit être du pays dont il enseigne l'idiôme. Chaque année, un exercice public montre les progrès des élèves, et les plus instruits y produisent, dans leur langue maternelle, des poëmes qu'ils ont composés. En 1841, quarante-deux récitations de ce genre ont illustré la séance.

La bibliothèque se compose de 60,000 volumes. Outre les grandes collections de théologie, de bibles, de commentateurs de l'Ecriture sainte, de droit, d'histoire, de littérature, de sciences, de voyages, d'archéologie, elle renferme, comme appartenant à sa spécialité, les dictionnaires et les classiques de presque toutes les langues connues.

Dans le musée Borgia, dépendant de cette bibliothèque, on conserve une collection de livres chinois, probablement la plus riche et la plus précieuse
de l'Europe, et de nombreux manuscrits orientaux,
indiens et cophtes; ces derniers sont uniques de
leur espèce. On doit aussi faire une mention particulière du fameux manuscrit mexicain reproduit
dans les antiquités du Mexique de lord Kingsbo-
rough, et d'un grand nombre d'anciennes cartes
sur parchemin, indiquant les connaissances géo-
graphiques du moyen-âge, et du quinzième et du
seizième siècle. Une d'elles porte la célèbre ligne de
démarcation tracée de la main d'Alexandre VI, qui
fit ainsi, d'un trait de plume, le partage de l'Inde
et du Nouveau-Monde entre les Espagnols et les
Portugais.

L'imprimerie de la Propagande possède une
immense collection de caractères étrangers. Elle
imprime en hébreu, en chaldaïque, estranghélo,
syriaque, cophte, arabe, éthiopien ghéez et amha-
rique, persan, turc, chinois, arménien, thibétain,
birman d'Ava et de Pégu, indoustan, pali, sanscrit, télinghi, et dans tous les autres idiomes de
l'Inde, ainsi qu'en grec moderne, allemand, russe
et anglais.

Puisqu'il vient d'être fait mention de la bibliothèque de la Propagande, parlons tout de suite de
celles qui existent en grand nombre à Rome,

excepté toutefois de la Vaticana, dont la description
est réservée pour le moment où il sera question de
Saint-Pierre et du Vatican; ces deux sanctuaires,
si voisins l'un de l'autre, où se trouvent réunies
toutes les œuvres les plus brillantes des arts et des
sciences. Onze de ces dépôts des connaissances humaines sont ouverts au public, savoir : les bibliothèques Vaticana, Casanatense, Angelica, Alexan-
drina, Lancisiana, Ara Cœlitana, Barberini, Corsini,
Chigi, Vallicelliane et Albani.

Casanatense prend son nom de son fondateur,
le cardinal napolitain Casana, et s'appelle aussi de
la Minerve, à cause de sa mitoyenneté avec les
murs de cette église. On y arrive par un cloître à
élégantes arcades, dont les voûtes et les parois
sont décorées de fresques remarquables, représentant la vie de la Vierge, et peintes par Valerio,
mais que Neppi et Lelli ont restaurées. De ce
cloître on monte à la bibliothèque la plus riche en
ouvrages imprimés, après celle du Vatican, et
contenant 120,000 volumes et près de 5,000 manuscrits; elle est la plus fréquentée, et possède
une nombreuse collection de livres d'arts, de voyages, d'archéologie et de gravures dont les cuivres
sont déposés à la calcographie camérale. Plusieurs
de ses manuscrits sont précieux par leur ancienneté et leur conservation. Deux, que l'auteur de
ce *Voyage* aexaminés attentivement, lui ont paru

être, l'un du neuvième ou dixième siècle, l'autre du treizième : le premier, sur parchemin, est un pontifical orné de belles miniatures retraçant les diverses cérémonies des ordinations ; l'autre est encore plus curieux, en ce qu'il révèle les premiers rudiments de l'imprimerie. C'est une bible, aussi en parchemin, dont les lettres ont été frappées isolément au moyen de poinçons ; ces espèces de manuscrits, nommés chiriographiques, sont d'une rareté extrême. Le vaisseau de cette bibliothèque, construit par Carlo Fontana, est un des plus beaux de l'Europe ; sa longueur dépasse 80 mètres.

L'Angelica est due à la munificence d'Angelo Rocca, qui, en mourant, légua sa nombreuse bibliothèque au couvent des Augustins. Elle reçut ensuite d'importants accroissements par l'adjonction de celles de Luca Olstenio, du cardinal Noris, et enfin par l'acquisition, au prix de 30,000 écus (160,500 fr.), des livres précieux du savant Passioneï. Richement dotée, s'augmentant sans cesse, et abondamment pourvue de livres appartenant aux lettres et aux sciences, elle possède aujourd'hui, au dire des bibliothécaires, 2,945 manuscrits, dont la plus grande partie est des quatorzième et quinzième siècles, 85,000 volumes et 61,000 opuscules et mélanges. Parmi les manuscrits, il faut remarquer une traduction, en syriaque, de l'Evangile, datant de 616; plusieurs des œuvres de Platon et de Boëce, des quatorzième et quinzième, et ceux, en cophte et en chinois, du père Bonjour, missionnaire français. Luigi Vanvitelli fut à la fois l'architecte du couvent et de la bibliothèque.

L'Alexandriana, placée près de l'université, fut établie par le pape Alexandre VII, qui lui assigna des revenus qu'administre le collége des avocats consistoriaux. Aux livres, datant de la fondation de cette bibliothèque, on a réuni ceux ayant appartenu à Costantino Gaetano et aux anciens ducs d'Urbino, dont, par faute d'héritiers, les Etats ont fait réversion au Saint-Siége. Dernièrement, Léon XII l'a augmentée d'une collection d'ouvrages d'art; elle est principalement fréquentée par les jeunes étudiants de l'université.

Lancisiana doit sa naissance au docteur Lancisi qui, par dispositions testamentaires, fit don à l'hôpital du Saint-Esprit de sa bibliothèque de médecine, d'anatomie, de physique et de mathématiques. Louis XIV se plut à l'augmenter d'ouvrages rares, et les commandeurs de l'ordre du Saint-Esprit, s'associant à sa généreuse pensée, la pourvurent souvent de livres modernes relatifs aux sciences médicales.

Ara Cœlitana était riche autrefois en manuscrits et livres précieux, mais pendant les troubles et les envahissements de la fin du dernier siècle et du commencement de celui-ci, elle fut dépouillée d'une grande partie de ses trésors littéraires. Le zèle des pères mineurs Observantins répara autant que possible ces pertes déplorables par des achats exécutés avec intelligence.

La bibliothèque Barberini, possédant jadis 100,000 volumes, fut réduite, par les mêmes spoliations, à 50,000, et en conserve maintenant 60,000. Parmi ses 10,000 manuscrits, ceux en langue grecque sont au premier rang, et jouissent d'une grande réputation par leur ancienneté et leur perfection calligraphique ; les italiens, très-nombreux, proviennent presque tous de la collection Strozzi, et furent apportés de Florence. Il faut y ajouter les autographes des plus illustres auteurs d'Italie des quinzième, seizième et dix-septième siècles, et de temps plus anciens, tels que des ouvrages ou annotations dus à la plume de Pétrarque, Bembo, Galilée, le Tasse, Bellarmin, Pallavicini, et 400 lettres originales de notre savant provençal Peiresc. Une multitude de livres imprimés sont chargés de notes marginales d'Alde et Paul Manuce, de Scaliger, d'Hœschel, de Barbadori, et surtout du Tasse ; ceux-ci sont en grand nombre. Un Platon, traduction latine, est non seulement annoté de sa main, mais de celle de Tasso Bernardo, son père, lui-même littérateur distingué.

La Corsiniana occupe huit salles du palais des princes Corsini, et renferme deux célèbres collections : la première des éditions du quatorzième siècle, et la seconde d'estampes gravées au burin, à l'eau-forte et sur bois, une des plus complètes et des plus rares de l'Europe ; elle peut montrer aussi aux amateurs de beaux manuscrits et des lettres de Christine, reine de Suède, qui habita long-temps ce palais, et y termina sa vie capricieuse et si agitée. L'usufruitier (1) actuel de cette bibliothèque, le prince Thomas Corsini, l'augmente journellement avec un zèle digne d'éloges.

Le pontife Alexandre VII fut le premier auteur de la bibliothèque Chigi, et ses neveux ont soigneusement accru ses richesses maintenant très-considérables ; elles consistent principalement en une immense quantité de manuscrits grecs et latins, dont quelques-uns remontent, dit-on, au quatrième siècle, ce qui, pour ma part, me semble douteux, car je ne crois point qu'il y en ait d'authentique de cette époque. Quoi qu'il en soit, plusieurs sont ornés de belles et curieuses miniatures ; un des plus anciens, et dont l'extrait de naissance paraît exact, est le Denys d'Halicarnasse. La collec-

(1) Les bibliothèques publiques, fondées par les cardinaux ou princes romains, sont substituées, et leurs héritiers, forcés de les entretenir, ne peuvent s'en dessaisir.

tion en vingt volumes de pièces originales, inédites et relatives à la paix de Westphalie, paraît avoir été inconnue des écrivains qui se sont occupés de ce grand événement. Outre cette précieuse collection, la Chigiana contient une foule de pièces historiques et de documents du plus haut intérêt que l'on a trop négligés. Il faut aussi demander à voir un traité inédit du saint de si bonne compagnie, si doux, si charitable, si spirituel, du dix-septième siècle, de l'évêque d'Annecy, François de Sales. Les musiciens doivent également examiner les nombreux manuscrits de musique française, datés depuis 1490 jusqu'au milieu du règne de Louis XIV; ils acquerront la preuve qu'elle jouit pendant cette longue période de l'estime générale en Italie; des annotations marginales, et une entre autres d'Alexandre VII, qui écrivit *stimata molto buona,* le démontrent. Contre l'intention de son fondateur, cette bibliothèque n'est plus entièrement accessible au public; ce n'est qu'après en avoir obtenu la permission qu'on peut y faire des recherches.

Vallicelliana est établie dans le couvent de Sainte-Marie in Vallicella, et porte aussi le nom de Saint-Philippe de Neri; c'est une des plus riches en manuscrits ecclésiastiques et historiques. Les plus précieux sont une explication des psaumes, par saint Augustin, du sixième au septième siècle; une

Bible du huitième, qu'on assure avoir appartenu à Alcuin, le grand promoteur de la renaissance des études sous Charlemagne; des codes grecs, latins et italiens, plusieurs autographes du célèbre auteur des *Annales ecclésiastiques*, le cardinal Baronius, et des pièces historiques se rattachant aux règnes de Henri III, Henri IV et Louis XIV. Le gouvernement français, qui fait faire actuellement de si utiles recherches pour découvrir de nouveaux documents relatifs à notre histoire, s'il envoyait à Rome un élève de l'école des chartres, y trouverait de véritables trésors.

Albani, dépouillée de ses livres les plus rares, comme d'autres bibliothèques, lorsque la république romaine fut proclamée à la fin du siècle dernier, s'occupe à réparer ses pertes. Le nombre de ses livres ne dépasse pas aujourd'hui 20,000.

Tels sont les moyens d'instruction amassés, à Rome, pendant une suite de siècles, et de nos jours encore augmentés. Qu'il soit permis maintenant d'ajouter aux noms des savants, déjà signalés comme professeurs au collége romain, ceux d'hommes studieux, entièrement dévoués à cette linguistique, si long-temps négligée, et que chez toutes les nations civilisées on cultive avec tant d'ardeur aujourd'hui. Plaçons en tête les grands dignitaires de l'Eglise, cardinaux Orioli, Pacca et Angelo Maï. Le premier doit la pourpre dont il est revêtu à son profond savoir et à l'éloquence de la chaire ; le second a publié des ouvrages justement appréciés, et le troisième, à la tête des philologues italiens, s'est illustré par sa patiente découverte, sur un manuscrit palimpseste (1), de la République de Cicéron, que l'on croyait perdue à jamais.

Entrons à présent dans les étroites cellules où des érudits travaillant en silence, au milieu du calme des monastères, sont connus de toutes les sociétés littéraires et presque toujours ignorés des touristes.

A la tête de ceux professant à la Propagande, plaçons M. Drach, célèbre orientaliste, et peut-être le premier hébraïsant de l'Europe ; l'abbé Umpierr, qui a passé de longues années à la Chine, et qui parle, écrit le chinois comme sa langue maternelle, et possède à fond tous les auteurs classiques, poètes et prosateurs du céleste empire.

Le jeune Liang, Chinois de nation ; à l'âge de vingt-deux ans, il avait rédigé le catalogue raisonné de la bibliothèque chinoise du musée Borgia.

(1) Palimpseste. Manuscrit sur papier ou parchemin dont on a fait disparaître l'ancienne écriture pour y écrire de nouveau ; celle du manuscrit où Mgr Angelo Maï découvrit la *République* de Cicéron, avait été heureusement mal effacée. Les palimpsestes ont, au moyen-âge, détruit beaucoup d'ouvrages de l'antiquité qui, sans eux, seraient parvenus jusqu'à nous.

A l'université, l'abbé Lanci, professeur d'arabe, joint à sa profonde érudition dans cette langue le talent, unique en Europe, d'expliquer avec facilité les inscriptions cufiques les plus compliquées, dont souvent les orientaux eux-mêmes ne peuvent saisir le sens.

Le père Ungarelli possède les principaux idiômes de l'Orient, et s'applique plus spécialement à déchiffrer les hiéroglyphes égyptiens ; il a fait faire un pas immense à la grammaire de la langue jadis en usage sur les bords du Nil, et travaille maintenant, par ordre du gouvernement, à l'illustration des obélisques de Rome chargés de caractères hiéroglyphiques.

Il existe à Rome une congrégation arménienne semblable à celle de Venise, et se livrant aux mêmes travaux philologiques. Le membre le plus illustre de cette réunion d'hommes, tous dévoués à la science, est M. Aucher, qui a publié des fragments précieux d'Eusèbe et de Philon, découverts dans une ancienne traduction manuscrite en arménien.

Trois savants orientaux, fixés à Rome, ont su pareillement obtenir un rang distingué dans la république littéraire : ce sont MM. Mahaseb et Scha-Huan, professeurs d'arabe et de syriaque, et M. Alcuschi, possédant à fond les langues sémitiques.

Telles sont les institutions destinées à répandre à Rome l'instruction primaire, et à protéger le haut enseignement. Mais le gouvernement ne s'est pas borné à favoriser la capitale ; les provinces ont été aussi abondamment pourvues d'universités et de colléges. En y comprenant celle de Rome, les universités sont au nombre de sept ; et vingt-et-un colléges reçoivent les enfants d'une classe plus élevée que ceux dont l'éducation commence et s'achève dans les écoles communales. En voici le tableau.

UNIVERSITÉS.

LOCALITÉS.	ANNÉE de la fondation.	NOMBRE des étudiants.	BIBLIOTHÈQUES.
Rome	1248	860	700,000 volum.
Bologne	1119	650	200,000
Perouse	1307	500	50,000
Camerino.	1824	200	. . . .
Fermo.	1824	200	. . . .
Ferrare	1824	400	80,000
Macerata. . . .	1824	200	20,000
		2,810	1,030,000 volum.

COLLÉGES.

Rome.	4	Forli	1	Ancône	1
Ascoli.	1	Frosinone	1	Rieti.	1
Bénévent.	1	Viterbe.	1	Poleto.	1
Civita-Vecchia. .	1	Pesaro	1	Tivoli	1
Civita-Castellana.	1	Ponte-Corvo. . .	1	Urbin	1
Ferrare.	1	Ravenne	1	Rimini.	1

Il est à remarquer que, suivant le mouvement qui entraîne les peuples vers l'instruction, le gouvernement a fondé quatre universités dans la même année 1824. Celles de Bologne et de Perouse furent célèbres au moyen-âge et à la renaissance, et produisirent de célèbres docteurs en droit et en médecine; Bologne conserve sa réputation et ses habiles professeurs.

Plusieurs sociétés littéraires ou savantes fleurissent à Rome depuis long-temps; celle des Arcades, dévouée aux œuvres poétiques, fut jadis trop adonnée peut-être aux sonnets et aux concetti; mais ses travaux deviennent plus sérieux. L'académie des *Lincei* se consacre uniquement aux sciences physiques, mathématiques et naturelles; elle réside dans une partie du palais Sénatorial au Capitole, et possède un riche cabinet de machines et un observatoire astronomique placé dans la tour érigée, au commencement du quinzième siècle, par Boniface IX. Le but de l'institut archéologique, fondé ou plutôt reconstitué par notre compatriote, M. de Gérando, pendant l'occupation française, est l'explication des monuments antiques, et par eux la fixation de dates et l'éclaircissement de points historiques encore obscurs. L'Académie des beaux-arts, ou de Saint-Luc, remonte à l'an 1577 et diffère de la nôtre en ce qu'elle tient école et professe la peinture, la sculpture, l'architecture et la gravure pour médaille et sur pierres dures; on y donne, aux élèves, des leçons de géométrie, de perspective, d'optique, d'anatomie, d'histoire, de mythologie et de costumes. A ces académies reconnues et protégées par le gouvernement, il faut ajouter les nombreuses réunions scientifiques ou littéraires que l'administration provinciale autorise. Il est bien peu de villes, même les moins importantes, qui n'aient des assemblées régulières à jours fixes, où les hommes aimant l'étude peuvent s'éclairer mutuellement. Autrefois une poésie un peu futile et des travaux sur l'antiquité charmaient seuls leurs loisirs; mais aujourd'hui le cercle de leurs occupations s'agrandit, les intelligences tendent à l'utilité et à la noble et sérieuse littérature; les sciences exactes, les questions d'économie politique sont à l'ordre du jour.

Peut-être, comme pour le chapitre sur l'organisation judiciaire, a-t-on trouvé que celui-ci est trop chargé de détails; mais des voyageurs superficiels ont si souvent reproché aux États ecclésiastiques leur ignorance et leur immobilité, que c'était un devoir de repousser cette injuste accusation.

HOPITAUX, HOSPICES,

ÉTABLISSEMENTS DE BIENFAISANCE A ROME.

Nulle part la charité du gouvernement et des particuliers n'a été plus généreuse et plus variée qu'à Rome, nulle part les infortunes humaines n'ont trouvé des refuges plus consolans, plus appropriés au soulagement des peines physiques et morales, et nulle part aussi les secours accordés, sous la condition du travail, ne sont distribués avec plus de largesse et d'intelligence. Les fondateurs ont apporté à l'accomplissement de leurs œuvres, cette maturité de réflexion qui est un des caractères distinctifs du peuple italien, et la liste de tous les établissements de bienfaisance, suivie de la description des plus importants, le prouvera bientôt. C'est donc une erreur de croire que les pontifes et le clergé romain aient favorisé et favorisent encore la mendicité. Sixte-Quint la proscrivit, plusieurs de ses successeurs rendirent contre elle de sévères ordonnances, et même firent mieux que de la prohiber, car ils élevèrent de nombreux asiles pour fournir de l'occupation aux pauvres et les moyens d'apprendre des métiers. Dernièrement, Léon XII a transformé Sainte-Marie-des-Anges en un vaste atelier où 900 indigents trouvent toujours des travaux; la maison d'industrie du chanoine Manfredi fut fondée dans le même but; celle de Tata (1) Giovanni a, en partie du moins, une semblable destination, et l'immense hospice de Saint-Michel, par sa grandeur, vraie cité de miséricorde, où tous les genres de charité s'exercent, prend l'orphelin dès sa plus tendre jeunesse, et à vingt ans le rend au monde, non-seulement excellent ouvrier, mais quelquefois habile artiste.

Voici le tableau de ces établissements divisés en sept classes.

(1) *Tata* est l'expression enfantine qui signifie père; elle correspond au mot français papa.

HOPITAUX ROMAINS.

HOPITAUX ROMAINS.	DESTINATION ACTUELLE.	NOMBRE des lits.	MALADES reçus par an, en moyenne.	MORTS.	REVENUS en biens-fonds ou autres.	SUBSIDES accordés par l'Etat.
					écus.	écus.
Du Saint-Esprit. . .	Hommes fiévreux, scorbutiques, chroniques, phthisiques, blessés. — Cours de clinique	1,616	12,000	841	55,000	56,000
De Saint-Sauveur. .	Femmes fiévreuses, scorbutiques, chroniques, phthisiques	578	2,528	242	17,600	14,400
De Saint-Jacques. . .	Pour les deux sexes : maladies syphilitiques, ulcères, tumeurs graves, blessures et cas de haute chirurgie. .	556	1,625	188	15,240	16,760
De Sainte-Marie. . .	Pour les deux sexes : blessés, fracturés, luxés. . . .	156	826	45	8,550	5,750
De Saint-Roch. . . .	Pour les accouchements. . .	20	170	0. 70/100	1,800	690
De Saint-Gallican. .	Maladies cutanées.	238	349	25	2,600	10,000
Des Aliénés	Des deux sexes	420	495	26 40/100	5,000	10,000
Des Pélerins et Convalescents.	Des deux sexes.	488	8,590	. . . . . .	15,600	2,400
De Saint-Jean Calybite des ben Fratelli.	Maladies aiguës, ou du ressort de la chirurgie	74	1,064	64	. . . .	. . . .

HOPITAUX NATIONAUX ET PARTICULIERS.

HOPITAUX.	DESTINATION ACTUELLE.	NOMBRE des lits.	MALADES reçus par an, en moyenne.	MORTS.	REVENUS en biens-fonds ou autres.	SUBSIDES accordés par l'Etat.
De Sainte-Marie de Lorète.	Des boulangers.	14	. . . .	. . . .	. . . .	. . . .
De Sainte-Marie de Monserrat.	Malades et péler. espagnols.	. . . .		. . . .	. . . .	. . . .
De Saint-Ambroise et Saint-Charles. . . .	Malades et pélerins lombards	6	29	. . . .	. . . .	. . . .
De Saint-Stanislas. .	Malades et pélerins polonais.	. . . .		. . . .	. . . .	. . . .
De Saint-Jean. . . .	Malades florentins.	6		. . . .	. . . .	. . . .
De Sainte-Croix. . .	Malades lucquois	4		. . . .	. . . .	. . . .
De Sainte-Marie de l'Ame.	Malades et péler. allemands.	. . . .		. . . .	. . . .	. . . .
De Saint-Antoine. . .	Malades et pélerins portugais.	4		. . . .	. . . .	. . . .
De Saint-Bartholomée et Saint-Alexandre.	Malades de Bergame.	. . . .		. . . .	. . . .	. . . .

SECOURS A DOMICILE.

HOPITAUX.	DESTINATION ACTUELLE.	NOMBRE des lits.	MALADES reçus par an, en moyenne.	MORTS.	REVENUS en biens-fonds ou autres.	SUBSIDES accordés par l'Etat.
Aumônerie apostolique.	Malades des deux sexes. . .	. . . .		. . . .	Revenus fixes. 7,000 écus.	. . . .
Compagnie de la Charité.	Maladies chroniques des deux sexes.	. . . .		. . . .	648	. . . .

HOSPICES ET ASILES POUR LES ENFANTS TROUVÉS, LES ORPHELINS, LES VIEILLARDS, LES PÉNITENTES ET LES VEUVES.

HOSPICES.	DESTINATION ACTUELLE.	HOMMES.	FEMMES.	REVENUS en biens-fonds ou autres.	SECOURS accordés par l'Etat.
				écus.	écus.
Hospice du Saint-Esprit.	Enfants trouvés des deux sexes. .	809	708 , de plus 550 sont élevés dans un Conservatoire.	50,000	. . . . . .
Maison de Sainte-Marie in Aquiro. . . .	Pour les jeunes orphelins.	50	. . . .	14,500	. . . . . .
Hospice apostolique de Saint-Michel. . .	Orphelins et Invalides des deux sexes.	250	520	50,000	. . . . . .
Maison d'industrie du chanoine Manfredi. .	Pour des orphelins.	. . . . . .	. . . .	. . . . . .	. . . . . .
Hospice de tata Giovanni.	Orphelins abandonnés	100	. . . .	1,600	2,760
Hospice de Sainte-Marie-des-Anges. . . .	Mendiants des deux sexes	550	550	4,000	55,000
Hospice ecclésiastiq.	Pauvres prêtres invalides.	10		1,000	
Hospice de Ste-Galle.	Pour recevoir les pauvres mâles pendant la nuit.	240 lits.	. . . .	. . . . . .	. . . . . .
Hospice de St-Louis.	Pour recevoir les pauvres femmes pendant la nuit.	50 lits.	. . . .	. . . . . .	. . . . . .

CONSERVATOIRES POUR LES ORPHELINS,

ILS Y REÇOIVENT DE L'ÉDUCATION ET Y APPRENNENT UN MÉTIER.

CONSERVATOIRES.	DESTINATION ACTUELLE.	HOMMES.	FEMMES.	REVENUS en biens-fonds ou autres.	SECOURS accordés par l'Etat.
				écus.	écus.
Conservatoire des Néophytes.	Pour recueillir des néophytes. . .	. . . . . .	24	. . . . . .	2,000
Conservatoire de Sainte-Catherine.	Pour les orphelines pauvres et de bonnes familles	. . . . . .	8	3,290	310
Conservatoire de la divine Providence.	Idem.	. . . . . .	100	3,599	5,111
Conservatoire des Quatre-Saints	Pour des orphelines	. . . . . .	12	. . . . . .	. . . . . .
Conservatoire des Mendiantes.	Pour des orphelines	. . . . . .	90	788	4,512
Conservatoire Saints Clément et Crescent. . . .	Pour des orphelines	. . . . . .	65	900	2,625
Conservatoire Pie.	Pour des orphelines	. . . . . .	50	2,400	1,565
Conservatoire de Sainte-Marie-du-Refuge. . . .	Pour des orphelines adultes	. . . . . .	25	1,500	. . . . . .

Conservatoire des Trinitaires.	Pour les orphelines, filles des employés du gouvernement.	……	50	3,500	574
Conservatoire de Borromée	Pour les orphelines abandonnées.	……	40	2,000	……
Conservatoire des Périclitantes.	Jeunes filles exposées aux séductions et à une mauvaise conduite.	……	50	645	3,585
Conservatoire de Notre-Dame-des-Douleurs.	Où, pour une très-modique pension, de jeunes filles sont reçues.	……	……	……	……

ASILES ET REFUGES.

Pieuses maisons	Asiles où les veuves sont reçues.	……	……	……	……
Refuge de la Croix	Pour les jeunes filles sortant de l'hôpital de Saint-Jacques.	……	20	360	1,200
Refuge de Sainte-Marie-Transtévérine	Pour les femmes sortant du pénitentiaire de Saint-Michel.	……	14	200	800
Refuge de Lorète	Pour les femmes sortant de l'hôpital de Saint-Jacques	……	14	1,000	……

INSTITUTS D'AUMONERIE ET DE SECOURS.

INSTITUTS.	DESTINATION ACTUELLE.	INDIVIDUS SECOURUS.	REVENUS en biens-fonds ou autres.	SECOURS accordés par l'Etat.
		prêts.	écus.	écus.
Mont-de-Piété.	. . . .	200,000	52,000	. . . . . .
Secours par travaux publics. . .	Pour les pauvres valides.	. . . .	. . . .	55,295
Aumôneries apostoliques.	Aumônes à domicile et dans les grandes solennités.	. . . .	9,760	. . . . . .
Commissions des secours.	Aumônes à domicile, fixes, extraordinaires et par urgence.	48,000	. . . .	172,145
Secours fournis par les caisses de la daterie, des brefs et de la loterie.	Aumônes fixes, extraordinaires et dans les grandes solennités.	. . . .	15,000	45,000
Confrérie des Saints-Apôtres. . .	Secours à domicile aux bonnes familles tombées dans la misère.	. . . .	840	. . . . . .
Congrégation de la Divine-Pitié. .	Idem.	. . . .	4,000	. . . . . .
Secours ecclésiastiques.	Pour les pauvres clercs étudiant à Rome.	. . . .	400	. . . . . .
Fondations Carmignano, Chiesa et Cavalieri.	Secours pour les pauvres honteux, les jeunes filles pauvres exposées aux séductions et les pauvres prêtres.	. . . .	Fonds réunis. 5,600	. . . . . .
Treize confréries pour doter de jeunes filles.	. . . .	Nombre total des dotés, 1,096	Fonds réunis. 57,905	5,500
Confréries de Saint-Yves et de Saint-Jérôme.	Patronage et gratuite plaidoirie pour les pauvres.	. . . .	. . . .	. . . . . .
Confrérie des prisons.	Secours aux prisonniers, et surtout à ceux de la classe ouvrière.	. . . .	. . . .	. . . . . .

Tels sont ces hôpitaux, hospices, conservatoires, secours en travaux publics, confréries de bienfaisance et leurs attributions. On peut y ajouter le Vicariat, tribunal ecclésiastique, se livrant aux mêmes œuvres que nos sociétés françaises des mariages, qui, dans l'intérêt de la morale et des enfants, cherchent à faire transformer en liens religieux et légaux des nœuds illégitimes. Les revenus en biens propres que possèdent tous ces établissements, montent annuellement à 198,120 écus (1,069,848 fr.), et les secours du gouvernement à 378,376 écus (2,042,580 fr. 40 c.); total en écus, 576,496, et en francs, 3,112,428; somme qui, divisée par le chiffre de la population romaine, donne près de 20 fr. par tête, et à laquelle il faut ajouter toutes les charités inconnues, tous les dons faits chaque jour aux divers établissements.

D'après des renseignements obtenus de deux médecins attachés aux hôpitaux, il parait que la moyenne des journées de malades est de 90 centimes, et qu'un marché est passé à 1 franc par le gouvernement, pour les militaires traités dans les hospices. Mais cette moyenne est calculée sur la dépense générale comprenant les frais du personnel, de l'administration et le salaire des médecins; ce n'est donc pas 90 centimes que coûte la journée.

Le lecteur ne s'attend pas sans doute à des détails circonstanciés sur tous les établissements inscrits au tableau précédent; il faudrait lui présenter un travail aussi considérable que celui publié en 1835 par le prélat Morichini, et qui forme un gros volume plein de faits historiques et administratifs du plus haut intérêt. Depuis que ce livre a été mis en lumière, il s'est accompli plusieurs perfectionnements dans le traitement médical et dans l'administration, car la science marche à Rome aussi bien qu'ailleurs; mais l'ouvrage du charitable et habile prélat n'en est pas moins ce qui a été publié de plus complet sur la matière. Je vais donc me borner à parler des hôpitaux, hospices, conservatoires et refuges que j'ai visités. Voudra-t-on me suivre dans ces asiles de douleurs, d'infirmités, mais où la charité chrétienne asseoit à leur côté l'espérance et de saintes consolations?

L'hôpital du Saint-Esprit, situé dans la cité Léonine, entre le Tibre et le Vatican, a une double destination : il reçoit des malades et des enfants-trouvés; ses premiers commencements furent dus à un roi saxon, qui établit au même endroit, en 717, un hospice pour des soldats de sa nation; mais son vrai fondateur fut le pape Innocent III, élevé au trône pontifical à la fin du douzième siècle (1198); successivement augmenté, il est devenu un magnifique et vaste hospice; trop peut-être, car on sait maintenant que les hôpitaux renfermant un petit nombre de malades sont préférables. Plusieurs salles construites par Sixte IV, Alexandre VII, Benoît XIV et Pie VI, sont d'une grandeur remarquable. Une d'elles a 39 mètres de longueur, une autre 45. Celles de Pie VI, encore plus étendues, occupent deux étages, séparés par une rue du bâtiment principal. Tous les lits ont des supports en fer et des planches vernissées d'une extrême propreté; de deux en deux lits, des tables de marbre portent les objets et les médicaments nécessaires aux malades; entre chaque lit, des signes tracés sur des tablettes indiquent leur état, leur traitement et la nourriture qu'ils peuvent prendre : ainsi l'erreur est impossible; ces tablettes se posent et s'enlèvent au moyen de coulisses. Chauffé en hiver par la vapeur, l'hôpital en tout temps est nettoyé quatre fois par jour, et au printemps, lorsque les malades sont moins nombreux, on saisit ce moment pour blanchir les murs, laver les lits et vernisser les banquettes. Des courants d'air et des fumigations acides rendent à l'atmosphère de l'hospice sa pureté, et sous les dalles une eau toujours courante reçoit et entraine dans le Tibre toutes les immondices. Autant que possible, chaque espèce de maladie est séparée des autres; ainsi les scorbutiques, les phthisiques, les maux chroniques sont chacun réunis dans la même salle; celle de Saint-Philippe est réservée aux opérés, et, pour l'instruction des chirurgiens, Benoît XIV fonda un amphithéâtre et un cabinet d'anatomie que Pie VI agrandit considérablement, et auquel le cardinal Zelada ajouta de précieuses imitations en cire. A Rome, il est bien peu d'hommes riches ou éminents en dignité qui ne répandent des bienfaits sur les institutions utiles à l'humanité, aux arts ou aux sciences : c'est une des vertus nationales que l'on doit hautement proclamer. Quoique tous les malades soient reçus à Saint-Esprit, cependant sa principale destination est le traitement des fièvres, si fréquentes pendant la saison de l'*aria cattiva*. Tous les fiévreux y sont admis, quelles que soient leur patrie, leur religion ; on porte même plus loin la charité en leur faveur. Il existe une salle appelée d'observation, où sont reçus ceux qui ne sont pas encore atteints de la maladie, mais qui prétendent qu'ils le seront bientôt ; ce sont surtout les soldats, les douaniers, les paysans saisis de la fièvre, au milieu des campagnes malsaines et sur les bords de la mer, qui affluent dans cet hôpital.

Le personnel médical et chirurgical est très-nombreux, et même il y a superfétation et trop de spéciales fonctions inférieures qui pourraient être facilement confiées à la même personne. Quatre médecins et deux chirurgiens font la visite le matin et le soir ; ils ont chacun un substitut à résidence dans l'établissement. Il existe aussi des surnuméraires en cas d'augmentation du nombre des malades, en sorte que chaque surveillant n'a jamais plus de soixante-dix ou quatre-vingts lits à inspecter. Cinq jeunes étudiants admis, après examen, à coopérer au traitement ordonné par les chefs, sont appelés *maggiori ;* le premier est chargé des saignées ; le second pose les vésicatoires et les sinapismes ; le troisième applique les sangsues et les ventouses ; le quatrième surveille la salle des blessés, et le cinquième se borne à inscrire les entrants, les sortants et les morts. La journée se divise en quatre gardes, de six heures, présidée par l'étudiant *caporale*, assisté de deux autres, de deux chapelains, de quatre infirmiers et d'autant d'hommes de peine. La salle des opérations chirurgicales est aussi occupée jour et nuit par deux étudiants ; quatre autres, attachés à l'école de clinique, notent exactement, sur des feuilles imprimées et préparées à cet effet, les diverses phases des maladies, les conséquences qu'ils en tirent et les variations du thermomètre, du baromètre et de l'hydromètre. La magnifique pharmacie est sous la direction d'un habile chimiste ayant sous ses ordres cinq aides et deux manœuvres ; elle ne borne pas ses distributions à l'hôpital du Saint-Esprit, mais fournit encore des remèdes aux hospices des aliénés, des enfants-trouvés, aux nourrices, au conservatoire et à tous les employés de ces établissements. Une bibliothèque médico-chirurgicale, fondée par le docteur Lancisi, et continuellement augmentée, est digne d'attention ; l'académie de médecine y tient ses séances. L'hôpital possède encore cinq cours chirurgicaux, et outre la clinique, un institut médical et des chaires de médecine, d'anatomie, de chirurgie théoriques et pratiques. Il est impossible de voir un établissement de ce genre administré avec plus de zèle et mieux pourvu de moyens d'instruction.

Dans la salle des morts, les cadavres sont étendus sur un lit de camp; des cordons attachés à leurs mains répondent à des sonnettes placées dans une chambre où réside sans cesse un surveillant. Si le malade n'avait été frappé que de léthargie, on en serait averti au moindre mouvement qu'il ferait en reprenant ses sens. C'est à M. Cioja, commandeur-général de l'hospice, que l'on doit cette humaine précaution.

Depuis 1781, on publie annuellement le nombre des malades entrés à cet hôpital et celui des décès. Le prélat Morichini en a donné un tableau commençant à 1823 et finissant en 1832 ; je me borne donc à le continuer jusqu'au 31 décembre 1840.

ANNÉES.	RESTE de l'année précédente.	ENTRÉS dans l'année courante.	TOTAL.	PARTIS.	MORTS.
1833.	488	10,483	10,975	9,665	1,020
1834.	288	7,152	7,420	6,580	690
1835.	580	7,545	7,695	6,685	675
1836.	559	12,545	12,882	11,652	745
1837.	487	15,545	16,050	13,716	1,807
1838.	507	14,249	14,756	13,524	985
1839.	547	16,452	16,999	14,759	1,364
1840.	876	17,885	18,759	16,612	1,490

De ces chiffres il résulte que le nombre total des
malades traités au Saint-Esprit, dans les huit dernières années, a été de 105,514, et celui des décès de 8,772. Moyenne des morts : 8 $^1/_4$ pour 100
par an. Cette moyenne serait un peu moins forte
sans le choléra de 1837, qui accrut les décès de
près d'un millier.

On aura remarqué peut-être avec étonnement
l'inégalité considérable existante dans les chiffres
annuels des malades; ainsi l'hospice en a reçu
7,420 en 1834 et 18,759 en 1840; mais, comme il
est principalement destiné aux fiévreux, la quantité des entrées dépend surtout du plus ou du moins
d'intensité du mauvais air, qui du reste a sévi rigoureusement à Rome depuis cinq ans et constamment étendu ses ravages. En 1840, sur 18,759
admis, 16,642 étaient en proie aux fièvres intermittentes.

L'hospice des enfants-trouvés, annexé à l'hôpital du Saint-Esprit, fut également fondé en 1198, par Innocent III, et le premier asile ouvert, en Europe, aux tristes fruits de la débauche ou aux victimes de parents dénaturés (1).

Un tour garni de matelas reçoit l'enfant, même de plusieurs mois, et une sonnette annonce le dépôt; un préposé, *caporale di guardia,* le porte aussitôt aux nourrices, dont la directrice défait les langes du nouvel arrivé, et constate s'il porte des signes de reconnaissance, qu'elle inscrit sur un registre, ainsi que l'année, le jour et l'heure de la réception. Si un certificat d'un curé n'atteste pas que le baptême a été administré, l'enfant, porté aussitôt à l'église, est baptisé sous condition.

On entretient, pour le premier allaitement, des nourrices placées dans trois salles de 50 lits. Deux de ces salles contiennent les enfants bien portants, et la troisième est destinée aux maladifs; ainsi aucune contagion n'est possible. On confie ordinairement, mais pour peu de jours, deux enfants aux nourrices recevant, au reste, une surabondante nourriture, car elle se compose d'un potage, de deux livres huit onces de pain,

____

(1) On prétend qu'Innocent III conçut l'idée de cette fondation en apprenant qu'un pêcheur avait retiré de ses filets trois enfants jetés dans le Tibre.

d'une livre quatre onces de veau (1), et de trois mesures de vin ; jamais elles ne sortent de l'établissement, et on en conçoit la raison. On se hâte, autant que possible, de confier leurs nourrissons à des femmes de la ville ou de la campagne , qui viennent les demander, et doivent apporter un certificat de leur curé, attestant que leur enfant est mort ou sevré. Cette précaution est prise pour qu'elles ne puissent pas le réclamer après l'avoir exposé, et le nourrir aux dépens de l'hospice. Les femmes qui accouchent à celui de Saint-Roch, dont il sera question tout-à-l'heure, et dont les enfants entrent à Saint-Esprit, sont admises à les allaiter aux mêmes conditions que les autres nourrices ; savoir un écu par mois pour les quatorze premiers, et du quinzième mois à douze ans pour les garçons et à dix pour les filles, 60 bajoques (3 fr. 20 c.) ; on y ajoute un écu par année pour les vêtements. Les nourrices, examinées sous le rapport de leur santé et de l'abondance de leur lait , doivent être encore fréquemment visitées par des inspecteurs , soit à Rome, soit dans ses environs. Souvent les nourrices, au lieu de rendre leur nourrisson à l'hospice, à l'âge de huit à dix ans, le gardent, et l'on a remarqué qu'il est traité à l'égal des enfants légitimes ; ceux-ci ne paraissent point en concevoir de

(1) La livre romaine de 12 onces répond à 339 grammes.

jalousie. Les garçons, revenus à l'hospice, sont envoyés à Viterbe, dans un asile où on leur apprend un métier ; à vingt ans, ils en sortent avec une somme de 10 écus, et vont chercher du travail. Les filles, moins souvent adoptées par les artisans et les gens de la campagne, parce qu'elles leur sont moins utiles, rentrent à Saint-Esprit, et y forment un conservatoire où on les occupe à la lingerie et au blanchissage de leur établissement et de l'hôpital ; quelques-unes s'appliquent à la broderie et à d'autres travaux féminins. Quand elles trouvent à se marier, on leur donne 100 écus de dot. Ce réceptacle des naissances illégitimes est en proie au même fléau qui frappe ceux des principales villes de France ; on dépose dans son tour un grand nombre d'enfants venus des provinces voisines, et même du royaume de Naples.

L'hôpital de Saint-Sauveur se compose de quatre grandes salles, et de plusieurs chambres renfermant 578 lits ; quelquefois ils ont été occupés pendant les grandes chaleurs, mais le nombre moyen des malades est à peu près de 200. Maintenant Saint-Sauveur est uniquement destiné aux femmes affligées de maladies aiguës ou chroniques ; une chambre de 24 lits est réservée pour les phthisiques, séparées, comme à Saint-Esprit, des autres malades. Distingué par son admirable propreté, cet établissement a été confié aux soins des sœurs hospitalières, dont l'institut fut fondé, en 1821, par la princesse Doria Pamphile, et l'on doit s'étonner que la charité, si douce, si compatissante, si ingénieuse de ces saintes filles, n'ait pas engagé le gouvernement à les placer dans tous ses hôpitaux. Serait-il vrai, comme on l'a prétendu, que les mœurs du pays et le caractère italien ne peuvent le permettre pour les hospices où les hommes sont reçus? La discipline de Saint-Sauveur, la méthode du traitement sont les mêmes que celles du Saint-Esprit. Deux médecins en chef et leurs assistants, un chirurgien aidé par deux substituts, des surnuméraires et un pharmacien présidant à la composition des remèdes, forment le personnel médical.

Saint-Jacques traite les syphilis, les ulcères, les plaies graves et les cas de haute chirurgie. Selon les saisons, il reçoit de 200 à 300 malades, et possède une école de clinique chirurgicale due à Pie VII, un amphithéâtre anatomique, une chambre d'opérations, une bibliothèque consacrée aux étudiants, un laboratoire de pharmacie, un jardin botanique et des bains. Cet hôpital a deux médecins, deux chirurgiens, quatre substituts ou assistants, et quinze étudiants entretenus et logés dans la maison ; c'est le second hôpital où les sœurs hospitalières ont été introduites depuis quelques années, et il faut espérer que le bien qu'elles y ont accompli les fera recevoir dans la plupart des établisse-ments charitables.

Sainte-Marie de la Consolation, fondée en 1455, et agrandie au milieu du dix-septième siècle, fut destinée, par Alexandre VII, au traitement des blessés, fracturés, et de tous ceux que la chirurgie doit promptement secourir. Le nombre des malades s'élève au maximum, pendant le carnaval et en octobre, époques où le peuple romain, sobre ordinairement, se livre à de bruyantes parties de plaisir, suivies d'ivresse, de querelles et trop souvent de coups de couteau.

Saint-Roch, dont les commencements datent de 1500, est maintenant, par un bref de 1770, uniquement destiné aux femmes enceintes. Toutes y sont accueillies et entretenues gratis pendant leur grossesse et huit jours après leur délivrance ; dernier espace de temps qui, surtout dans la mauvaise saison, me paraît trop court et peu d'accord avec la charité et tous les autres soins prodigués avant l'accouchement. Le secret le plus absolu est gardé : on ne fait aucune question aux femmes qui se présentent ; elles peuvent même rester voilées, et si elles meurent, on ne les désigne que par leur numéro de réception. Celles qui ont quelques moyens pécuniaires paient une rétribution mensuelle plus ou moins considérable, selon le traitement qu'elles exigent : 30 pauls (16 fr. 50 c.) par mois sont le minimum de ces pensions. L'hôpital est indépendant des juridictions ecclésiastique et criminelle, et les femmes y sont à l'abri de recherches et d'inquiétudes. Nul, quel que soit son sexe, même les pères et mères, ne peut pénétrer dans cet asile ouvert aux seuls médecins, chirurgiens et femmes de service; je ne peux donc en parler que sur ouï-dire, et d'après l'ouvrage du prélat Morichini. Les enfants sont portés à l'hôpital du Saint-Esprit, et si les mères se réservent le droit de les réclamer, elles peuvent leur mettre un signe de reconnaissance. Le chirurgien attaché à Saint-Roch doit être professeur à l'université, et donner dans l'établissement des leçons d'accouchement aux sages-femmes. Le traitement des personnes admises monte, toutes dépenses comprises, à 22 bajoques (1 fr. 8 c.) par jour.

Voici un hôpital tenu et administré par des religieux, les Calybites ou Benfratelli, arrivés à Rome en 1572, et dont l'ordre ajoute aux trois vœux monastiques ordinaires celui de se consacrer au service des infirmités humaines. Certes, l'ordre, la propreté qui règnent dans les autres hospices romains, les soins qu'on y prodigue aux malades sont dignes des plus grands éloges, et cependant on s'aperçoit ici que le zèle chrétien, que la charité partant du fond du cœur surpassent ce que dicte le devoir à l'infirmier salarié. On traite à

Saint-Jean-Calybite les hommes frappés de maladies aiguës; mais tous ne sont pas reçus, il faut
qu'ils soient porteurs du billet d'un bienfaiteur de
la maison. On peut s'y faire soigner moyennant
une légère rétribution, et la France y entretient
deux lits, pour de pauvres Français, au prix de
1 fr. 13 c. par jour; ils sont dans un local à part.
Les autres lits payants s'obtiennent pour 20 bajoques (1 fr. 7 c.). Deux salles peuvent contenir 74
malades, et en recevraient davantage si les Benfratelli n'avaient pas adopté le salutaire usage de
ne placer les lits que sur un seul rang. La pharmacie
est remarquable et en grande réputation ; comme
elle fait commerce de ses remèdes, elle est soumise
à la visite des inspecteurs médicaux. Afin que les
malades boivent l'eau la plus pure, on va chaque
jour chercher celle de la fontaine de Trevi, appelée
virginale, et déjà reconnue la meilleure du temps
des Romains.

L'hôpital de la Trinité, étendu successivement
par diverses constructions, fut d'abord destiné à
recevoir les pélerins, et surtout pendant les années
du jubilé, revenant actuellement quatre fois dans
un siècle ; il est encore fidèle à l'esprit de son institution, et, en 1825, a reçu et nourri, pendant
le cours de l'année, 273,299 pélerins, dont la
moyenne par jour est 750.

Néanmoins, sa principale destination est aujourd'hui pour les convalescents, qui, au sortir des autres hôpitaux, viennent y recouvrer entièrement la santé, au moyen du repos et d'une nourriture saine et plus abondante. Ils y sont transportés dans des voitures entretenues à cet effet par tous les autres hospices ; institution éminemment charitable qui nous manque en France, et dont un seul similaire existe à Londres depuis 1791. Si le convalescent fait une rechute, il est ramené à l'hôpital dont il est sorti, à moins que son état ne s'oppose au transport ; dans ce cas, il reste à la Trinité, où on lui donne les soins nécessaires dans un local à part. Les femmes, dont la convalescence est lente, sont, sans les fatiguer cependant, occupées à quelques travaux de couture. Le tableau, placé au commencement de ce chapitre, montre que cet hôpital possède 488 lits, que le nombre moyen des convalescents qu'il reçoit est de 8,3go, et qu'ordinairement il n'a aucun mort à inscrire sur ses registres.

L'hospice des aliénés, pénible à parcourir, et prouvant à notre orgueil combien est fragile cette raison humaine dont nous sommes si fiers, mérite un sérieux examen. Dans son excellent ouvrage, mais remontant à une époque déjà reculée, M. de Tournon annonçait que, de son temps, on n'employait guère, dans cet établissement, que les coups et de cruels traitements, comme moyens de guérison ou de contrainte pour les insensés ; aujourd'hui, on suit les progrès de la science ; les remèdes curatifs sont doux et rationnels, et si les fureurs du malade obligent à l'enchaîner, ses liens, dont bientôt une description sera donnée, sont préférables même au gilet de force ; aussi le succès a-t-il suivi le perfectionnement, et maintenant les guérisons sont à peu près, sur des moyennes de plusieurs années, de 36 pour 100.

Les bâtiments, construits depuis un siècle, laissent sans doute beaucoup à désirer, et ne séparent pas assez les individus les uns des autres ; mais on cherche à réparer cet inconvénient par les soins physiques et moraux, et le danger du contact en est affaibli. L'ensemble de l'hospice se compose de deux vastes cours équilatérales, entourées de portiques superposés, donnant entrée, au rez-de-chaussée, dans la chapelle, les réfectoires, les cuisines et les salles de bains. Au premier étage sont les dortoirs et quelques cellules pour les furieux incurables ; une chambre est garnie de lits où des courroies peuvent les attacher, si leur état l'exige ; toutes ces pièces reçoivent abondamment l'air et la lumière. Excepté le chef, les employés à la cuisine sont des aliénés dont la folie n'a rien de dangereux, et ils font leur service avec zèle et intelligence ; je crois me rappeler que, pour ne pas les exposer trop long-temps à la fatigue et à l'ardeur des fourneaux, on les divise en brigades se succédant de quatre en quatre heures. Chaque sexe a ses dépendances et sa cour séparée, où on laisse en liberté les aliénés le plus long-temps possible ; ceux même sujets à de subites irritations s'y promènent, non pas bridés par un gilet de force, mais avec un appareil de retenue ainsi composé : une ceinture, de cuir sur les deux tiers de sa longueur, et sur l'autre de fer matelassé, leur entoure le corps au-dessus des hanches ; à la partie en fer sont fixées deux chaînes légères terminées par des menottes ; ces chaînes se raccourcissent ou s'allongent selon le plus ou le moins de liberté d'action que l'on veut laisser au malade. Cet appareil a l'avantage de ne point tenir les bras toujours dans la même position, et de permettre à l'aliéné des mouvements sans danger pour lui et pour ceux qui l'approchent ; il n'est pas fatigant, et m'a paru préférable au gilet : un habile médecin français (1), qui visitait cet hospice avec moi, s'en est procuré un modèle. Il est aussi une manière de s'emparer des furieux, lorsque l'accès commence, dont je dois faire mention, ignorant si elle est pratiquée ailleurs ; au lieu de les saisir avec violence, on leur jette sur la tête et le corps une toile à tissu lâche, et on les prend comme dans un filet ; pour le moment ils se calment, sembla-

____

(1) M. le docteur Lallemand, de Montpellier.

bles alors à l'animal féroce pris au piége. Ainsi que dans toute l'Europe, le nombre des fous augmente à Rome, et, le 21 octobre 1841, l'hôpital en renfermait 394, savoir : 250 hommes et 144 femmes. Les passions ardentes, l'ambition, la politique, produisent principalement l'aliénation mentale des hommes ; celle des femmes est presque toujours due à une cause hystérique : c'est le contraire en France, où, dit-on, la plus agissante sur le sexe féminin, est la vanité déçue. Les femmes sont plus difficiles à guérir, et souvent, lorsqu'elles ont passé l'âge critique, à leur surexcitation succède une imbécillité incurable. Les insensés enfermés à l'hospice ne proviennent pas uniquement de la ville ; on en reçoit des provinces voisines.

Je dirai peu de mots des hospices nationaux, fondés par la charité de cardinaux, d'évêques ou de simples particuliers en faveur de leurs compatriotes ; presque tous sont établis sur de petites proportions et possèdent peu de lits, mais le sentiment pieux et patriotique qui anima leurs auteurs n'en mérite pas moins et nos éloges et notre reconnaissance.

L'hôpital de Mont-Serrat, pour les Espagnols, s'éleva, en 1350, par les soins et aux frais de Jacqueline Fernandez et Marguerite Maïorica, toutes deux Barcelonaises ; il reçut de Charles-Quint 500 ducats de rente, et des dons importants de plusieurs riches hidalgos. On l'a réuni à celui de Saint-Jacques, fondé en 1450, et destiné à recevoir les pèlerins de la même nation, malades ou blessés.

A Saint-Ambroise et Saint-Charles, des lits furent établis pour les Milanais, qui durent ce bienfait à des hommes de leur pays, favorisés par Sixte IV, élu en 1471. Un siècle plus tard, les cardinaux milanais donnèrent plus d'extension à cet établissement, qui peut soigner douze malades, et repousse, il faut bien le dire, ceux atteints de maux chroniques ou contagieux.

Stanislas Osio, évêque polonais, établit, sur la fin du seizième siècle, un asile pour les pèlerins de sa nation ; ils y trouvent logement et nourriture pour plusieurs jours, et, en cas de maladie, des soins attentifs jusqu'à parfaite guérison.

Les Florentins, les Lucquois, les Portugais, les Allemands, possèdent de semblables hospices. Comment la France, qui jouit à Rome d'un revenu de 100,000 francs en propriétés foncières, a-t-elle laissé périr celui de Saint-Louis, dont le local, attenant à l'église française du même nom, lui appartient toujours ? Le rétablir ne serait-il pas un acte digne de l'humanité, de la grandeur nationale, et néanmoins peu coûteux, car tous les éléments de sa restauration existent. Vainement dira-t-on que l'on place aux Benfratelli les Français malades indigents ; est-ce la même chose pour eux de recevoir des soins étrangers, de ne pouvoir souvent se faire comprendre des médecins et des infirmiers? Non, non, et rien n'équivaut à la charité d'un compatriote et aux doux accents de l'idiôme maternel.

En terminant ce qui concerne les hôpitaux, et après avoir donné par colonnes le nombre des entrants et des morts à l'hôpital du Saint-Esprit, je me bornerai à présenter ici les moyennes des malades qui ont succombé dans les principaux établissements du même genre.

HOPITAL.	MALADES entrés pendant 10 ans.	MALADES morts pendant 10 ans.	MOYENNE ANNUELLE des morts dans ces 10 années.
De Saint-Sauveur.	25,280	2,426	9 5 dixièmes. pour 100.
De Saint-Jacques.	16,257	1,880	11 7 dixièmes. La plus grande mortalité est due aux espèces de maladies traitées à Saint-Jacques.
De Sainte-Marie. .	8,261	453	5 4 dixièmes.
De Saint-Roch. . .	femmes entrées pour accouchement, 1,708	12	. . . .
De Saint-Jean. . .	10,645	642	6 8 dixièmes.

On voit, par ces chiffres, que le nombre des morts est très-faible en proportion des entrants, surtout eu égard au climat, si pernicieux pendant les quatre mois des grandes chaleurs. Ces heureux résultats sont dus aux soins prodigués aux malades, et aussi à la division des hôpitaux, dont beaucoup ne traitent qu'une espèce de maladies ; ceux qui en reçoivent plusieurs ont l'attention de leur assigner des locaux séparés.

Après avoir décrit les lieux où les douleurs physiques sont admises et soulagées, il faudrait, pour compléter l'examen des œuvres de charité, s'occuper des asiles, des refuges offerts aux ecclésiastiques, aux enfants privés de leurs parents, aux veuves, à la mendicité, au vice revenu à résipiscence, ou au moins des plus importants, tels que le conservatoire de Sainte-Marie in Aquiro, où des orphelins se livrent presque tous aux lettres ou aux arts, celui des Mendiantes, occupant de jeunes filles aux travaux de la soierie, de la frangerie, de la ganterie et du tissage des étoffes de coton ; il faudrait aussi parler des logements à part et décents accordés gratis à de pauvres veuves jadis moins malheureuses, des refuges des femmes repentantes ; mais ce chapitre deviendrait un volume, et il faut se borner à deux établissements hors ligne, au conservatoire de Sainte-Marie-des-Anges et à l'hospice apostolique de Saint-Michel. Trois longues matinées, consacrées au plus sérieux examen, n'ont point lassé ma vive curiosité, et me permettent d'en faire une exacte description.

La fondation de Sainte-Marie-des-Anges remonte au temps de l'occupation de Rome, sous l'empire français, et l'honneur en appartient à notre administration ; elle rassembla les mendiants dans le palais de Latran et dans le couvent de Sainte-Croix de Jérusalem, alors inoccupés, et en fit un dépôt de mendicité, demeuré dans le même état jusqu'à l'avènement de Léon XII ; ce grand pontife, auquel on doit tant de perfectionnements matériels et moraux, voulut en étendre la destination, et en faire une maison de travail et de plusieurs genres d'industries pour les pauvres. Sainte-Marie est aujourd'hui principalement consacrée aux enfants indigents, et, autant que possible, à ceux qui ont perdu ou leur père ou leur mère, car les orphelins ont d'autres refuges assurés. L'établissement fut transféré aux thermes de Dioclétien, auparavant affectés à la conservation des grains, et mélange confus de constructions antiques et modernes, malheureusement peu appropriées aux besoins de leurs nombreux habitants. Tel qu'il est maintenant, cet hospice contient 900 élèves, savoir : 400 garçons, 500 filles, et un personnel dirigeant, composé de frères de la Doctrine chrétienne, de sœurs du Refuge du Calvaire et d'employés laïques ; il est inutile de dire que les deux sexes ne peuvent avoir ensemble aucune communication. Les bâtiments, situés sur une hauteur exempte du mauvais air et entourés de jardins et de cultures, se divisent en quatre corps de logis ; trois longent un des côtés d'un boulevart planté d'arbres, et le quatrième est en face.

Les ateliers, les dortoirs, les infirmeries sont vastes et parfaitement aérés, et les lits en fer placés généralement à deux mètres l'un de l'autre. Dans les infirmeries, ceux destinés aux malades dont l'organe de la vue est attaqué, présentent d'épais rideaux de laine interceptant le jour. Les enfants jouissent, en général, d'une bonne santé, et dans l'infirmerie des garçons, cinq seulement recevaient un traitement médical au mois d'octobre 1841.

Pour tous les enfants des deux sexes, l'instruction religieuse, la lecture, l'écriture et l'arithmétique sont d'obligation ; ceux que leur âge ou leur faiblesse éloignent des travaux manuels y emploient une partie de la journée, les autres deux heures le soir.

Les métiers que l'on apprend aux garçons sont très-variés et proportionnés à leur intelligence ; on les destine même aux arts s'ils montrent d'heureuses dispositions ; ils deviennent donc tisseurs d'étoffes de coton, teinturiers, tailleurs, cordonniers, marbriers, serruriers, ébénistes, imprimeurs, sculpteurs, musiciens. Les cordonniers et les tailleurs confectionnent les chaussures et les uniformes de la troupe ; chacun de leurs ateliers contient quatre-vingts ouvriers. Deux autres sections beaucoup plus petites sont occupées à faire les souliers et les habits nécessaires à l'hospice ; les tisseurs, moins nombreux encore, fabriquent des étoffes et des couvertures de coton ; les teinturiers colorent tous les fils employés par les tisserands des deux sexes, et m'ont paru assez habiles : les rouges et les violets qu'ils produisent sont beaux, et l'on sait que le coton reçoit assez difficilement une belle et solide couleur violette (1). Les autres élèves s'appliquent aux arts et métiers dont j'ai fait mention. Tous sont employés par des entrepreneurs qui passent des marchés avec l'hospice, et l'on a trouvé cette méthode plus économique pour ses finances ; les typographes cependant font exception ; ils impriment des catéchismes et des livres de piété vendus ensuite au compte de l'hospice ou même gratuitement distribués. Les musiciens ne forment point une section à part, mais, choisis parmi tous les jeunes gens qui montrent d'heureuses dispositions, ils s'appliquent chaque jour, pendant quelques heures, et sans renoncer à leur métier, à la musique instrumentale militaire, et servent souvent à recruter celles des régiments. Le

---

(1) C'est le chimiste Chaptal qui, le premier, parvint à l'y bien fixer.

gain résultant du travail se divise en trois parts ; la première est pour l'hospice, la seconde est remise à l'ouvrier, et la troisième forme un pécule qu'il reçoit en quittant la maison. Telle est la partie de l'établissement destinée aux garçons, et l'on est frappé, en la parcourant, de son ordre méthodique au milieu de tant d'occupations diverses, du paisible contentement de tous les élèves et du respect bienveillant qu'ils témoignent à leurs supérieurs.

Un seul genre d'industrie est concentré dans le conservatoire des filles, et l'on n'y produit que des étoffes de coton pour vêtement ; ces tissus, à couleurs vives et tranchantes, comme le demande le goût des peuples méridionaux, m'ont paru d'une bonne fabrication et annoncer une main exercée de la part des jeunes ouvrières. Cent quatre métiers, rangés parallèlement dans un vaste rez-de-chaussée, n'emploient pas des fils au-dessus du numéro anglais quarante ; dans un local voisin sont les ourdissoirs du dévidage. Les autres habitantes de la maison s'occupent aux travaux de ménage, à blanchir, à confectionner et à raccommoder les vêtements en lin et en coton à l'usage des deux sections de l'établissement. La dépense moyenne de chaque individu est de 67 centimes, et la commission des secours accorde 35,000 écus (189,000 fr.), car les profits du travail n'en procurent que 4 à 5,000 ; mais Sainte-Marie-des-Anges ne fut point fondée pour obtenir des bénéfices ; on voulut procurer par le travail et l'instruction des moyens d'existence aux jeunes indigents ou vagabonds, et l'institution atteignit le but qu'elle se proposait ; cependant, il est un reproche de charité mal entendue qu'on peut lui adresser : les filles n'en sortent volontairement que pour se faire religieuses, se marier où entrer en service chez des particuliers ; il en résulte qu'un grand nombre d'entre elles vieillissent sous le toit qui les reçut dès leurs premières années, et empêchent d'autres enfants de profiter du même bienfait.

L'hospice de Saint-Michel est le plus vaste, le plus important, le plus complexe des établissements de bienfaisance de Rome qui ne sont pas destinés à recevoir des malades, puisqu'il contient à la fois des orphelins et orphelines et des vieillards des deux sexes : Carlo Fontana fut son architecte. Successivement agrandi par le cardinal Odescalchi et par les papes Clément XI, Clément XII et Pie VI, cet immense bâtiment est cependant d'une forme régulière, d'une architecture noble et simple, et n'a pas moins de 335 mètres de longueur sur 80 de largeur, et 26,800 de surface, plus de 7 arpents, ancienne mesure de Paris. Divisé en quatre cours principales, entourées de logements et d'ateliers, il sépare les sexes, les âges et les diverses occupations des habitants qu'il accueille par charité ou qu'il renferme par punition, et l'on peut dire que nulle part il n'existe de conservatoire de ce genre plus approprié à sa destination, plus varié dans ses applications, et où surtout la vocation des jeunes élèves soit mieux étudiée. Dans le local destiné aux garçons, un grand nombre de salles, consacrées à presque toutes les espèces de travaux, montrent l'ingénieuse sollicitude des administrateurs pour les pauvres enfants confiés à leurs soins; depuis les arts les plus difficiles, tels que la gravure sur cuivre, celle des camées, la sculpture du marbre et du bois, la peinture et la musique, jusqu'aux métiers les plus communs, on trouve le moyen d'utiliser leurs dispositions et d'assurer leur avenir. Ceux qui suivent la carrière des arts d'imitation vont à l'école Capitoline étudier d'après le modèle vivant, et suivent des cours d'anatomie, de mythologie et d'histoire. Il est sorti de cet hospice des hommes d'un grand mérite, et l'on pourrait en citer deux, actuellement établis à Paris, et placés au premier rang des graveurs; d'autres cours de géométrie, de mécanique et de chimie appliquée soit aux arts, soit aux manufactures, complètent la haute éducation de ces jeunes gens. Plusieurs d'entre eux sont employés à la comptabilité de la maison, lorsque leur éducation est terminée; ou ils restent au service de l'hospice avec un salaire, ou ils trouvent à se placer comme intendants et régisseurs des riches familles romaines.

Les orphelins moins favorisés sous le rapport de l'intelligence sont graduellement appliqués à des travaux selon leur ordre de difficultés : à l'imprimerie, reliure, ébénisterie, quincaillerie, serrurerie, teinture, fabrication des draps et tapis, chapellerie, aux coiffures militaires et fournitures, pour les troupes, de plaques, de ceinturons, boucles et agrafes. Chaque atelier est complet et suit la fabrication dans toutes ses phases; ainsi pour celui de la draperie, pourvu de nouvelles machines, la laine est cardée, filée, retordue, teinte, et disposée en chaine et en trame; à son tour le drap est tissé, foulé et tondu. Il en est de même pour les tentures et tapis imitant les Gobelins, fabriqués par leurs procédés, et seule manufacture de ce genre que possède l'Italie; c'est à Saint-Michel que les fils reçoivent leurs mille nuances. Cette partie de l'hospice est donc, comme le dit le prélat Morichini, une espèce d'école polytechnique; mais pourtant d'un ordre secondaire. Le nombre des jeunes gens participant à ses bienfaits est de deux cents; quelques-uns y sont admis en payant une faible pension annuelle de 60 écus (321 fr.). Maintenant que la part de justes éloges est faite, et bien sincèrement, je risquerai une timide critique. Il m'a semblé qu'une trop grande quantité de ces orphelins s'appliquait aux beaux-arts. Rome surabonde en peintres, sculpteurs, mosaïstes, ornementistes sur bois, et c'est de bons ouvriers dont elle a besoin pour perfectionner ses manufactures. Je pense donc que c'est vers ce but qu'on aurait dû tendre presque uniquement, et ne permettre l'étude des arts qu'aux élèves doués de dispositions remarquables.

Deux cent quarante orphelines, séparées des jeunes gens par la cour des vieillards, occupent l'extrémité opposée du bâtiment, et y retrouvent la même charité, les mêmes soins, la même surveillance que dans les autres parties de l'hospice ; elles couchent dans neuf dortoirs placés chacun sous la police de la plus âgée. Afin d'entretenir l'émulation, la prieure et la sous‑prieure sont choisies, tous les trois ans, parmi les filles de Saint-Michel dont la conduite est exemplaire et l'instruction remarquable ; elles apprennent tout ce qui a rapport aux travaux du ménage et reçoivent des leçons de lecture, d'écriture, de calcul et de musique ; on les applique aussi à diverses industries, telles que la broderie, le tissage de la soie, du lin, la fabrication des ornements d'uniformes militaires, et une partie du bénéfice leur est abandonnée comme encouragement. Les étoffes, résultat de leur travail, sont employées dans la maison ou achetées par des marchands romains. Ainsi qu'à Sainte-Marie-des-Anges, elles ne quittent l'hospice que de leur propre mouvement; faculté qui entraine avec elle le même inconvénient que j'ai déjà signalé.

Les vieillards des deux sexes résident au centre des bâtiments. Les hommes, au nombre de 120, doivent être Romains ou habiter Rome depuis cinq ans; 100 sont reçus sans aucune rétribution de leur part, les 20 autres en payant une modique pension. Par une sage disposition, empêchant l'avarice de se substituer frauduleusement à la réelle pauvreté, les admis doivent faire connaître leur état de fortune, et, en cas de fausse déclaration, encourent la peine de confiscation au profit de l'hospice. L'admission des malades atteints de maux incurables ou contagieux est également interdite et fondée en raison, puisqu'il est des hôpitaux qui leur sont spécialement affectés; il faut donc, avant d'être agréé, subir une visite des médecins. Divisés en deux classes, selon le degré de force et de santé, ces vieillards sont employés à la cuisine, à garder les portes, à coopérer aux travaux des jeunes gens, surtout à ceux du triage, du cardage et de la filature de la laine, ou bien dispensés de toute occupation. Ils peuvent sortir de Saint-Michel à certaines heures, et si leur débilité les en empêche, une galerie couverte leur sert de promenoir. On a soin de donner à tous une nourriture confortative, et, outre leur boisson étendue d'eau, à peu près un tiers de litre de vin pur. Quatre-vingt-dix vieilles femmes reçoivent le même traitement ; mais elles ne sont point, ainsi que les vieillards, assujetties à un vêtement uniforme, et l'hospice leur accorde une somme annuelle pour qu'elles s'habillent comme elles l'entendent. La promenade extérieure leur est aussi permise.

Saint-Michel contient encore le pénitencier des femmes, situé dans un local à part, et dont la description trouvera sa place au chapitre des prisons.

Mgr le cardinal Tosti, aujourd'hui ministre des finances, et long-temps administrateur de cet établissement, l'a porté, par son zèle actif et constant, par sa puissante intelligence, à un haut degré de perfection, et on peut le proclamer son second fondateur ; c'est lui aussi qui a terminé l'église long-temps inachevée, et où maintenant les deux sexes assistent séparément au service divin. Qu'il me soit permis de lui exprimer ici ma vive reconnaissance des facilités qu'il a daigné m'accorder pour la visite des prisons et de toutes les institutions de bienfaisance.

Une caisse d'épargne est ouverte depuis quelques années, et, il faut bien le dire, a médiocrement réussi auprès de ceux pour qui elle fut principalement établie ; le peuple, les ouvriers y portent peu d'argent, et c'est la bourgeoisie secondaire qui s'en sert le plus ; encore n'y a-t-elle recours que pour avoir un intérêt de ses économies, car les petits placements sont difficiles et peu sûrs à Rome ; cette classe citadine forme, à elle seule, les trois quarts des dépôts. Le local est donné par le prince Borghèse ; cependant les frais d'administration sont trop considérables et montent à 100 écus par mois (6,420 fr. par an). Cette caisse avait, en 1841, 900,000 écus en dépôt ; elle en plaçait 150,000 sur les fonds publics et 300,000 en comptes courants chez un petit nombre d'emprunteurs, la plupart appartenant à la noblesse et aux grandes familles, ce qui offrait un véritable danger, à cause des substitutions et des majorats insaisissables : en cas de mort de l'emprunteur, l'héritier pouvait méconnaître la dette. Il faut prévenir quinze jours à l'avance pour les remboursements au-dessus de 10 écus ; mais l'intérêt n'y est pas compris, il ne se paie que tous les six mois.

Les premiers monts-de-piété furent établis, avec autorisation pontificale, à Orviète et à Pérouse, en 1464 et en 1467, à l'instigation du prédicateur Barnabeo de Terni, pour soustraire le peuple aux énormes intérêts exigés par les juifs ; 1471 vit fonder celui de Viterbe, et en 1488 et 1506, Césène et Bologne adoptèrent cette institution ; Rome n'en

possède que depuis 1530; en 1584, Grégoire XIII
y joignit une caisse de consignation pour la sûreté
des veuves et des mineurs, et Sixte-Quint lui accorda la faculté de recevoir toutes sortes de sommes
en dépôt. Tels qu'ils sont aujourd'hui, les monts-
de piété font-ils plus de mal que de bien? C'est
une question souvent agitée et non encore résolue;
mais, ce qui est certain, c'est qu'à Rome les emprunts augmentent prodigieusement pendant le
carnaval d'octobre et celui qui précède le carême,
et que leur nombre est quelquefois, alors, de plus
de mille par jour; ce n'est pas la misère qui les multiplie à ces époques, mais l'amour des plaisirs et de
la bonne chère. Le taux de chaque prêt a été successivement élevé, depuis 1814, de 3 écus à 10, à
20, et enfin à 50, et l'on n'en peut trouver d'autre raison que celle d'une mesure financière augmentant les profits. La même personne est libre de
revenir plusieurs fois et d'apporter d'autres gages;
excepté ceux d'un écu, qui se renouvellent gratuitement, les autres sont vendus, au bout de six
mois, si le déposant ne contracte pas un second
engagement en payant un intérêt de 5 pour 100.
Lorsque l'emprunteur néglige de se présenter au
jour fixé, le mont-de-piété met les effets à l'enchère, retire la somme et les intérêts, rend le surplus ou le conserve au compte du propriétaire,
s'il tarde à reparaître. Les métaux précieux sont,

en défalquant la façon des bijoux et de la vaisselle, estimés au prix réel, selon le titre, et les autres objets, entre la moitié et les deux tiers de la valeur.

En terminant cette nomenclature des établissements de bienfaisance et leur description, je croirais manquer à mon devoir, à la gratitude que l'on doit à un digne citoyen, à un bienfaiteur de l'humanité, si je ne faisais pas mention de l'institut agricole établi par M. Paolo Campa, à demi-lieue de Rome, près de la villa Albani, et destiné à recevoir de jeunes vagabonds ou détenus correctionnellement qu'on lui confie ; c'est le pendant de l'institution de Mettray, mais il l'a précédée. Avec une médiocre fortune et une ferme volonté, avec une pensée et une action de tous les jours, M. Campa est parvenu à rassembler, entièrement à ses frais, 85 enfants, dans un domaine de 20 rubi (37 hectares), et ce n'est que depuis peu de temps que le trésor public lui accorde annuellement 10 écus par tête.

Le but de l'établissement étant de retirer ces enfants du vice, et d'en faire des agriculteurs, tous sont successivement appliqués, selon leur âge et leurs forces, et sous la direction d'instructeurs, aux divers travaux de la campagne et aux soins des bestiaux et de la laiterie. Dix-huit vaches et des bœufs de labour leur sont confiés ; si, pendant l'hiver, la mauvaise saison suspend les travaux extérieurs, on les occupe à fabriquer des chapeaux de paille, des paniers, des ustensiles d'osier ou de bois, et à tout ce qui concerne les vêtements, la chaussure des campagnards, et les réparations d'une ferme. A mesure qu'ils arriveront à l'âge de vingt-un ans, on tâchera de les coloniser, dans les lieux les moins malsains de la Campagne de Rome, avec des fonds du gouvernement ou de riches particuliers, et déjà le prince de Piombino a offert son généreux concours. Les sortants seront immédiatement remplacés par de nouveaux adoptés : ainsi l'institut deviendra une pépinière de cultivateurs instruits, servant de modèles aux paysans routiniers. Le soir, deux heures sont consacrées à l'instruction religieuse, à la lecture, à l'écriture, au calcul et aux éléments de la musique, car, pour charmer leur travail, ils chantent souvent en chœur, et toujours en revenant à domicile le soir, et au moment des repas; d'ailleurs, ce talent est recherché dans les paroisses rurales, et peut contribuer à leur bien-être. Surveillés par des chefs de brigades, ils couchent dans des dortoirs, non point réunis sous un même toit, mais dispersés en de petites maisons, situées çà et là au milieu du domaine, et anciennement bâties. L'exiguité des ressources n'a pas permis de nouvelles constructions. La nourriture consiste, le matin, en une demi-livre romaine (170 grammes) de pain, auquel on ajoute des fruits de la saison ou une soupe de maïs ; à dîner, les mets sont à peu près les mêmes, et le soir, pour réparer la fatigue des jeunes travailleurs, on leur donne un potage substantiel, du pain, des pommes de terre ou des châtaignes, et du vin coupé avec de l'eau ; ils ne mangent de la viande que les dimanches et les jours de fêtes : en tout on les habitue au régime qu'ils doivent retrouver dans les exploitations rurales. Malgré cette alimentation presque uniquement végétale, ils jouissent d'une bonne santé, sont d'une gaîté remarquable, et un air de satisfaction anime leur figure. En leur interdisant la sortie de l'établissement, sous quelque prétexte que ce soit, on les met à l'abri des rechutes, évitées, du reste, de leur propre mouvement. Conduits par la douceur, par le raisonnement, par l'émulation, contractant promptement des habitudes d'ordre et d'obéissance, ils chérissent avec respect leur bienfaiteur, le désignent par le doux nom de père, et aucun n'a cherché encore à s'échapper d'un local qui n'a que des haies pour clôture.

Chaque enfant coûte à l'établissement 55 centimes par jour, et, comme on le pense bien, le profit de leur travail ne peut couvrir la dépense. Tout ce que fait M. Campa est donc œuvre de charité.

PRISONS.

Les prisons devraient être ou sont effectivement des hospices moraux, et l'on doit par conséquent les ranger à la suite des établissements consacrés au soulagement des infirmités humaines.

Celles des adultes, à Rome et à Civita-Vecchia, laissent beaucoup à désirer, et j'en dirai peu de chose ; d'ailleurs, M. Cerf-Berr les a examinées, et en a rendu compte dans un ouvrage imprimé sur les prisons de l'Italie supérieure et des Etats-Romains ; mais il en est deux qui méritent toute l'attention de l'observateur, et dont la description terminera ce court chapitre.

La prison des prévenus, *Carceri Nuovi*, présente de graves inconvénients : amoncèlement des détenus dans les mêmes locaux, continuelle cohabitation, et par conséquent facilité de se corrompre réciproquement, et complète inoccupation, doublement funeste dans un pays où les formes, si lentes et si compliquées, de la justice font attendre long-temps le jour du jugement définitif. Sans doute, tant qu'ils ne sont qu'en prévention, il ne doit pas être permis de les employer à de pénibles travaux; mais ne pourrait-on pas leur apprendre quelque métier qui, en cas d'acquittement, deviendrait pour eux une utile ressource? Lorsque je visitai cette prison, en novembre 1841, le nombre des prisonniers s'élevait à 447. Il n'existe entre eux aucune séparation, aucune classification de crimes ou délits, et ce mélange d'hommes, qui ont parcouru tous les divers degrés de perversité, achève de corrompre ceux pour lesquels il serait encore possible de concevoir quelque espérance d'amélioration morale.

La prison du Capitole offre les mêmes défauts, et renferme ordinairement une cinquantaine d'individus arrêtés pour délits dont le jugement appartient au sénateur de Rome, qui peut condamner, sans appel, à cinq ans de réclusion. Pendant l'instruction du procès, les accusés sont placés dans des chambres nommées secrètes, et lorsqu'elle est terminée et qu'ils attendent le jugement, on leur rend un peu plus de liberté; alors ils vivent avec les autres prisonniers, et, deux fois la semaine, ils ont la faculté de respirer, pendant une demi-journée, l'air plus sain du préau. La nourriture est bonne, trop bonne peut-être, et l'on verra bientôt qu'il en est de même dans toutes les prisons de

Rome; celle du Capitole sert aussi à détenir les débiteurs insolvables, et, grâce sans doute à l'humanité des créanciers, ils y sont en petit nombre.

Reposons-nous maintenant sur un tableau plus consolant, et visitons le pénitencier des jeunes détenus, fondé par Léon XII, en 1825. Le local est vaste, clair, d'une extrême propreté, et souvent blanchi à la chaux dans toutes ses parties. Le prince Odescalchi en est le directeur supérieur, et s'en occupe au moins quatre heures par jour; il instruit lui-même les condamnés, tous obligés, outre le travail manuel, d'apprendre à lire, à écrire, à calculer, et de recevoir des instructions religieuses de l'aumônier, qui, de plus, est leur surveillant assidu pendant les repas et la promenade dans le préau. L'exemple du prince excitant le zèle des employés, chacun remplit son devoir. La journée commence par l'audition de la messe, et chaque reprise de travail est précédée d'une courte prière : 41 enfants ou jeunes gens de quinze à seize ans peuplaient cette prison quand je la visitai. Un silence absolu leur est commandé entre eux et avec leurs maîtres, et ils ne peuvent faire usage de la parole que pour répondre lorsqu'on les interroge. Tous occupés, au milieu d'une vaste salle, à la filature de la laine, ils n'ont pour les maintenir dans la soumission qu'un gardien et un chef des travaux. Le gouvernement supporte tous

les frais; ainsi l'entier produit pécuniaire du travail revient aux détenus, et se divise en trois parts:
la première, montant à 11 centimes par jour, est
pour leur permettre une meilleure nourriture; la
seconde, déposée dans une caisse appelée *delli
premi*, des prix, se distribue, de six en six mois,
à ceux qui ont tenu la meilleure conduite : ainsi
les paresseux contribuent à récompenser les bons
travailleurs; la troisième part, mise en réserve, est
rendue au condamné à l'expiration de sa peine, et
au moment où l'on parvient ordinairement à le
placer chez un maître ouvrier : ce qu'il reçoit alors
monte souvent à 40 écus (224 fr.), et même plus
haut. D'après mes informations, il paraît que les
récidives sont plus rares à Rome qu'en France.
Tous les détenus ont un compte ouvert, jour par
jour, où se trouvent portés, sur plusieurs colonnes, leur nom, leur conduite, le poids de la laine
filée par eux, sa qualité, et ce qui revient, pour ce
travail, à leurs trois parts. Chacun couche dans
une cellule séparée, et doit, en se levant, se laver
les pieds, les mains et la figure. Un garde de nuit
veille dans les corridors, et avertit les supérieurs
en cas d'accident ou de subite maladie : les cellules
ainsi que l'infirmerie, grandes et bien aérées, sont
encore plus souvent reblanchies que les autres parties de la prison. La promenade dans le préau se
tire au sort par brigade, au commencement de la

semaine, mais sans que les prisonniers en aient connaissance ; en sorte qu'ils ne savent jamais quels seront leurs compagnons : cette précaution si sage empêche de dangereuses liaisons, et permet sans inconvénients un exercice nécessaire à la santé. Lorsque leur conduite est satisfaisante, et qu'on présume une réelle amélioration morale, il leur est permis de voir de temps en temps leurs parents au parloir, mais toujours en présence de l'aumônier, et la conversation doit être à haute voix. La dépense de chaque prisonnier est, par jour, de 9 bajoques 73 centièmes, environ 61 centimes.

Le pénitencier des femmes, établi dans une partie du vaste bâtiment de Saint-Michel, est loin, sous tous les rapports, de valoir celui des jeunes gens, et j'avouerai avec franchise qu'il m'a paru complètement défectueux ; étroit, sombre, mal aéré, il est peu approprié à sa destination. Autour des grandes salles de travail sont placées les chambres où couchent deux à deux les condamnées, hors de surveillance nocturne, et l'on conçoit l'inconvénient d'une pareille disposition, surtout pour la seconde division, dont je vais parler tout-à-l'heure ; de plus, ces chambres reçoivent continuellement les émanations fétides qui s'échappent des ateliers renfermant chacun au moins cent détenues. Toutes ces femmes sont occupées à filer la laine pour la draperie fabriquée à Saint-Michel, et, si le local l'eût permis, sans doute on aurait varié leurs travaux, car les condamnées à temps ne peuvent, en sortant de prison, trouver en ville de semblables filatures, et, faute de moyens de subsistance, doivent retomber dans le vice ou le crime.

Les prisonnières sont divisées en deux sections, appelées des crimes ou délits et de l'immoralité, l'une occupant le premier étage, et l'autre le second ; celle-ci contient les filles publiques ou les coupables de quelque grand scandale ; en novembre 1841, leur nombre s'élevait à 149 ayant toutes subi un jugement, car à Rome la police n'a point le droit de les détenir par mesure de sûreté. La première section renferme les criminelles à divers degrés de gravité. A la même époque, 116 accomplissaient leur peine temporaire ou étaient détenues à vie ; les voici fractionnées par ordre de criminalité ; plusieurs avaient obtenu le bénéfice des circonstances atténuantes, qui sont, dans les Etats-Romains, entièrement remises à l'appréciation des juges, puisque le jury n'existe pas.

Empoisonnement.   1
Homicides.   15
Infanticides.   20
Blessures.   14
Vols.   65

Faux témoignages. 2
Crime contre la religion. 1

Les deux sections réunies contenaient 265 prisonnières, coûtant, par tête et par jour, au trésor 7 bajoques et demi. Leur nourriture, peu variée, mais bonne et saine, consiste en 408 grammes d'un pain au moins égal à celui de Paris de seconde qualité, et en un potage gras, des légumes, des pâtes italiennes, et un demi-litre de vin; il est beaucoup d'honnêtes ouvriers qui ne sont pas aussi bien nourris. Je conçois que pour le condamné à vie, il existe moins d'inconvénients à lui procurer une espèce de bien-être ; mais, pour celui à temps, c'est presque un encouragement à retomber en récidive, et nous avons vu en France des accusés avouer qu'ils étaient rentrés dans la carrière du crime, parce qu'ils se trouvaient mieux en prison qu'à leur domicile. Le problème à résoudre, et j'avoue qu'il est difficile, serait que l'âme fût moralisée, s'ouvrît au repentir, reçût des consolations, et que, néanmoins, le corps sentît le châtiment.

Les peines corporelles, pour la répression des prisonniers indisciplinés ou commettant des fautes graves, sont encore employées et dépendent des gouverneurs ou des geôliers ; on se sert des fers, du fouet et d'une espèce de chevalet sur lequel on étend le coupable; cependant, il faut dire que, quoique la faculté d'infliger ces supplices arbitraires subsiste, on en use avec la plus grande modération, et que ce n'est qu'à la dernière extrémité qu'on y a recours ; on préfère l'isolement et la diminution de nourriture. L'expérience a prouvé que l'isolement est la punition la plus efficace, et qu'elle produit un prompt amendement dans le moral du détenu.

Le bagne de Rome contient environ 600 forçats condamnés, à temps ou à vie, aux travaux publics. En 1841, cent cinquante étaient employés à traîner les matériaux et les blocs de marbre destinés à la reconstruction de la basilique de Saint-Paul, détruite par un incendie. Une garde nombreuse devait les surveiller et les contenir ; on les contraint aussi à nettoyer les rues. Ces ignobles et rudes travaux ne sont pas infligés à tous les forçats, et beaucoup d'entre eux peuvent se livrer, dans l'intérieur du bagne, à la fabrication des étoffes, à la reliure, à l'imprimerie, et à d'autres occupations manuelles, qui ont sur l'adoucissement de leurs mœurs et leur conduite une salutaire influence. Leur travail, tarifé, est immédiatement payé, et les produits sont vendus, par le fournisseur-général, au profit de l'établissement. Plusieurs de ces condamnés deviennent d'habiles ouvriers, et assurent ainsi leur existence à l'expiration de leur peine.

Il existe deux autres bagnes dans les États-Romains ; le premier à Ancône, dont les bâtiments, l'administration et le régime intérieur sont défectueux de tous points, et le second à Civita-Vecchia ; celui-ci n'est point soumis au règlement commun imposé à tous les autres lieux de détention ; cependant ses détenus sont également appliqués aux constructions faites par le gouvernement, aux travaux des routes, du littoral et au tissage.

Il est à Rome une prison célèbre, spécialement destinée à renfermer les prisonniers politiques et les ecclésiastiques condamnés, que l'on ne peut confondre avec les forçats ; c'est celle du château Saint-Ange, et c'est là que l'énigmatique et fameux Cagliostro a terminé ses jours, après une longue détention. Ces détenus ne sont astreints à aucune occupation, emploient leur temps comme ils l'entendent, et peuvent se promener dans certaines parties de la forteresse placées hors des regards du public ; on leur accorde par jour deux pauls, un peu plus d'un franc, pour la nourriture ; mais ils sont libres de l'augmenter, et de faire venir de la ville, à leurs frais, ce qu'ils désirent. Chaque prisonnier a sa chambre ou cellule, située sur une petite cour.

Voici le nombre des détenus dans les prisons des États pontificaux, en 1832, par suite de jugements. Ce tableau est déjà ancien et emprunté au comte Serristori ; mais il n'a pas été possible de s'en procurer un plus récent ; cependant on peut, d'après des renseignements obtenus en 1841, dire, qu'en moyenne de dix ans, la quantité des condamnations n'a presque point varié depuis 1832, et que, sous ce rapport, il n'y a ni bonification ni accroissement du mal. Les mœurs changent difficilement dans un pays où l'entrée des journaux étrangers est interdite, où les nationaux s'occupent plus de littérature et d'antiquités que d'économie politique, où chaque habitant est cantonné dans sa province et se livre peu au commerce ; les modifications sociales y sont donc à peine sensibles dans un intervalle de dix années.

PRISONS.	PRISONNIERS qu'elles peuvent contenir.	NOMBRE des DÉTENUS.	DURÉE DE LA PEINE.				
			à vie.	20 ans.	10 ans.	5 ans.	au-dessous de 5 ans.
Civita-Vecchia.	1,200	1,146	220	556	210	117	45
Ancône.	450	408	5	25	80	72	228
Porto d'Anzio.	200	171	. . . . .	. . . . .	100	45	48
Spolète.	500	436	. . . . .	14	50	158	524
Narni.	200	80	. . . . .	. . . . .	25	25	20
San-Leo.	50	21	2	11	4	4	. . . . .
Château Saint-Ange. . .	150	56	. . . . .	. . . . .	. . . . .	9	27
Fermo	250	509	. . . . .	. . . . .	5	57	247
Civita-Castellana.	Inconnu.	. . . . .	. . . . .	. . . . .	. . . . .	. . . . .	. . . . .
TOTAUX.	2,980	2,627	225	606	454	485	957

INDICATION DES CRIMES ET DÉLITS.

PRISONS.	Homicides.	Blessures.	Vols avec effraction.	Vols sur les routes.	Vo's, larcins.	Filouterie.	Fausse monnaie.	Transgression de la surveillance de police.	Evasion de prison.	Résistance à la force armée.	Rapts, Enlèvements.	Sodomie.	Autres délits.
Civita-Vecchia. .	557	43	212	35	119	213	5	. . . .	1	12	40	14	95
Ancône	48	58	40	2	44	161	1	5	4	2	10	6	21
Porto d'Anzio. .	65	18	3	. . . .	9	79	. . .	1	. . . .	1	8	2	7
Spolète	59	66	21	6	32	181	. . .	8	1	6	10	2	41
Narni	5	11	4	1	4	42	. . .	. . .	1	. . . .	5	1	6
San-Leo.	2	. . .	3	1	1	8	. . . .	. . .	1	. . . .	. . . .	. . .	. . .
Chât. St-Ange. .	7	17	. . . .	. . .	. . .	7	. . .	. . . .	. . .	2	. . . .	. . .	. . .
Fermo.	38	60	9	1	5	112	1	17	. . . .	2	16	1	42
Civita-Castellana.	Incon.	. . .	. . .	. . .	. . .	. . .	. . .	. . .	. . .	. . . .	. . .	. . .	. . .
TOTAUX. . .	579	273	295	46	214	805	7	51	8	25	91	26	215

Les prisonniers de Rome ne sont point placés sur ce tableau ; mais si l'on doit s'en rapporter aux renseignements obtenus, en 1841, des diverses maisons de détention érigées dans la capitale, on pouvait répartir ainsi les prévenus et condamnés :

Bagne.	590
Capitole.	50
Prison neuve	450
Prison des femmes	265
Pénitencier des jeunes détenus.	40
Total.	1,395

En examinant les chiffres exprimant le nombre de chaque espèce de crimes ou délits commis par les détenus des provinces, on a dû remarquer dans quelle effrayante proportion se trouvent les homicides ; sans compter ceux dont les auteurs montèrent à l'échafaud, les jugements qui les ont frappés s'élèvent au quart du total des condamnations, et présentent un meurtrier sur 5,358 habitants, tandis qu'en France, en 1832, époque correspondante, on ne trouve, aux colonnes de la statistique criminelle, que 74 arrêts emportant la peine de mort, 228 les travaux forcés à perpétuité, 882 les travaux à temps, et 815 la réclusion. En supposant que, sur les 1,925 condamnés des trois dernières catégories, le dixième ait été coupable de meurtre, ce qui est beaucoup trop, on n'aura en tout, et en y comprenant les condamnations capitales, que 266 individus qui aient attenté à la vie des citoyens, c'est-à-dire à peu près 1 sur 124,000, la population française étant alors estimée à 33,000,000. On doit remarquer aussi que, dans les Etats pontificaux, le crime de rapt est assez fréquent, celui de fausse monnaie rare, et que le faux en écriture ne figure point sur le tableau. Le premier provient de l'ardeur des passions, et les deux autres, exigeant une froide réflexion et de l'industrie, sont moins dans le génie des peuples méridionaux.

Tels sont les documents qu'il a été possible de rassembler sur la statistique des pays soumis aux lois pontificales. En terminant ce travail, incomplet sans doute, fautif peut-être sur plusieurs points, et qui pourtant a exigé de nombreuses recherches, qu'il soit permis à son auteur de revenir à une question déjà sommairement traitée dans le premier volume de ce *Voyage*, et beaucoup plus controversée en France qu'en Italie : c'est celle de la réunion des divers membres de la Péninsule italique en un seul corps, en un seul Etat, gouverné par un seul pouvoir, et renfermé dans ses limites naturelles, les Alpes gauloises, rhétiennes, tyroliennes, et les deux mers Adriatique et Méditerranée. Au premier abord, cette idée, adoptée même par des hommes graves, est séduisante, et il semble

qu'un grand événement politique ou militaire
pourrait en permettre l'exécution ; mais l'examen
d'obstacles, prêts à s'élever de toutes parts, dissipe
bientôt l'illusion. Indépendamment de l'énorme
perturbation que l'Europe subirait avant de voir
l'accomplissement de ce désir, et des efforts déses-
pérés de l'Autriche pour conserver ses riches provinces vénitiennes et milanaises, il est d'autres raisons provenant de la diversité des races et de
prétentions rivales. L'Italie ne fut jamais habitée
par un peuple homogène ; dès la plus haute antiquité, une foule de petites nationalités étrusques,
samnites, volsques, grecques, gauloises, ibérien-
nes, se disputèrent son sol, et finirent par s'y can-
tonner et y naturaliser leurs mœurs, leurs gouvernements, et surtout la répulsion des coutumes
voisines ; un seul danger pouvait momentanément
les réunir, c'était celui d'obéir à une loi commune ;
aussi la puissante Rome eut-elle plus de peine à
les soumettre que le reste du monde ; et au comble
de sa puissance, la guerre sociale, née de la ré-
volte de ces peuplades, faillit l'entraîner à sa ruine.
Alors l'Italie était, ce qu'elle est encore en grande
partie aujourd'hui et ce que fut l'Espagne de tout
temps, plus portée à la provincialité qu'à la centralisation ; soit instinct provenant de l'organisation physique et morale de ses habitants, soit résultat de tant de conquêtes opérées, depuis le

quatrième siècle, par des nations diverses, qui chacune s'établirent sur un territoire restreint et se substituèrent aux aborigènes, elle a gardé ses habitudes d'isolement administratif; aussi vit-on ses races distinctes revenir avec joie, en 1814, au morcellement de cette magnifique contrée ; cette joie éclata surtout dans sa partie méridionale , et si la Lombardie et le pays vénitien exprimèrent des regrets, ce ne fut point à cause de la décentralisation , mais du joug étranger imposé par le traité de Vienne. Les vœux étaient pour demeurer Etat indépendant, non-seulement de l'Autriche, mais du reste de l'Italie. Un rapide examen des caractères et tempéraments des populations provinciales prouvera peut-être cette assertion.

Le Piémontais est presque entièrement français, éminemment courageux, et ajoute à nos qualités une disposition innée aux calculs, une finesse réfléchie ; il n'aime pas les Milanais, qui lui rendent avec usure son mauvais vouloir. Les Lombards, les Parmesans, comme les peuples du Nord, dont ils descendent, ont une constitution différente, et chez eux les systèmes sanguins ou lymphatiques dominent, aussi sont-ils amateurs du plaisir et de la bonne chère. Le Vénitien, toujours commerçant, du moins par le désir, a depuis long-temps perdu tout esprit militaire, et, conservant cette mollesse de mœurs attachée à l'ancienne classe bourgeoise, voit disparaître, par extinction ou misère, ses grandes familles sénatoriales où s'étaient réfugiées l'énergie et l'habileté. Le Toscan, distingué par son intelligence, par son aptitude aux arts, aux travaux intellectuels, n'aspire à aucun changement, heureux qu'il est sous un gouvernement le plus paternel, le plus sagement progressif de l'Europe, et ne voudrait pas encourir les dangereux hasards d'une révolution. Le Romain, fier encore de l'antique gloire de ses prétendus ancêtres, est devenu pourtant incapable de les imiter, et tout le monde sait que tant de sang étranger coule dans ses veines, qu'il ne forme plus réellement un corps de nation; trouverait-on chez lui l'ardent amour d'une commune patrie, un courage prêt à tous les sacrifices? Les Napolitains, héritant de la mobilité grecque, sont les grands enfants de l'Italie, et, pour en tirer service, il faut les dépayser; ainsi que les Irlandais, bons soldats en terre étrangère, ils ont toujours été vaincus dans leurs propres foyers, et vingt fois déjà la proie du premier occupant. C'est donc de tant d'éléments contraires qu'il faudrait composer un tout capable d'union et de résistance aux attaques des Etats limitrophes. Mais à ces difficultés, provenant de l'essence même des peuples, si l'on peut s'exprimer ainsi, on doit ajouter celles que feraient surgir les jalousies et les prétentions de cinq capitales italiennes ; de Naples et de Milan, enorgueillis de leurs nombreuses populations ; de Turin, gardien des Alpes, et si fier de ses remparts ; de Florence, qui penserait que sa position centrale et le développement de ses facultés spirituelles devraient lui faire accorder la préférence ; de Rome, enfin, donnant l'impulsion religieuse au monde catholique. Laquelle de ces grandes cités déterminerait les autres à reconnaître sa suprématie ? Ces mêmes difficultés s'élevèrent jadis en France ; combien n'a-t-il pas fallu de siècles pour réunir ses provinces, pour les courber sous une seule administration ? Et encore, sans la féodalité, sans les réversions à la couronne par droit de suzeraineté, cette réunion aurait-elle pu jamais s'opérer ! Même à présent, quoique l'œuvre du temps ait soudé ensemble toutes les parties du royaume, n'y voit-on pas quelquefois un esprit d'indépendance se réveiller et se répandre en plaintes exagérées sur la centralisation ? Les rives opposées de la Loire ne sont-elles pas toujours des lignes de démarcation entre les hommes du nord et ceux du midi ? On ne pourrait donc, et de long-temps, que former dans la Péninsule italique une grande association fédérative. Mais que d'inconvénients présente un pareil gouvernement ! la Suisse et les Etats-Unis peuvent l'attester ; d'ailleurs, qui ne sait que l'Italie, comprenant si bien, aux jours de sa splendeur, le système municipal, n'a jamais pu maintenir celui des confédérations, et que, par cet oubli de la puissance du faisceau, elle vit successivement Naples, Venise, Florence, Parme, Modène et Milan passer sous les lois de princes étrangers. Laissons donc, sans troubles, sans révolutions, chaque État séparé de cette belle contrée marcher en paix vers un perfectionnement social qui, grâce à la diffusion des lumières, fait chaque jour de rapides progrès, et songeons que le bonheur des habitants d'un pays ne dépend pas de la grandeur du territoire, mais de sages lois, et du repos qu'elles leur procurent ; aussi est-ce à ce but, et à lui seul, que les Italiens sensés aspirent ; ils savent que les populations ne sont pas encore préparées à recevoir des institutions représentatives, un gouvernement de majorité appliqué indistinctement à toute la contrée italique, et que se placer sous un sceptre unique serait tomber dans un autre inconvénient, celui du pouvoir absolu, et compromettre peut-être les libertés provinciales que déjà ils ont obtenues ; ce pouvoir aurait toute la force que donnent une grande armée et un trésor central.

FIN DU TROISIÈME VOLUME.

TABLE.

FIN.